A. DURRIEUX et R. FAUVELLE

# SAMARKAND

## LA BIEN GARDÉE

*Ouvrage accompagné de 23 gravures*

PARIS

LIBRAIRIE PLON

PLON-NOURRIT et Cⁱᵉ, IMPRIMEURS-ÉDITEURS

8, RUE GARANCIÈRE — 6ᵉ

1901

*Tous droits réservés*

# SAMARKAND

## LA BIEN GARDÉE

---

## DU Dr RENÉ FAUVELLE

---

**Les Étudiants en médecine de Paris sous le grand Roi.** — Essai sur leurs études, leur vie médicale et leur vie privée ainsi que sur la société bourgeoise dont ils faisaient partie. — PARIS, STEINHEL, 1899.

---

PARIS. — TYP. PLON-NOURRIT ET Cie, 8, RUE GARANCIÈRE. — 2133.

A. DURRIEUX et R. FAUVELLE

# SAMARKAND

## LA BIEN GARDÉE

*Ouvrage accompagné de 23 gravures*

**PARIS**

LIBRAIRIE PLON

PLON-NOURRIT et Cⁱᵉ, IMPRIMEURS-ÉDITEURS

8, RUE GARANCIÈRE — 6ᵉ

1901

*Tous droits réservés*

# PRÉFACE

Voyage ; tu trouveras une compensation à ce
que tu quittes.
Déplace-toi, vois du pays, car l'agréable en
cette vie est dans le déplacement.
Pour l'homme doué d'intelligence et de talent,
il n'y a point dans la vie sédentaire de
gloire à espérer.
Ainsi, quitte les pays où tu résides, et va à
'étranger.
Le repos de l'eau la corrompt.
Tandis que l'eau qui coule devient exquise et
s'altère si elle ne coule pas,
Le grain d'or est comme de la poussière tant
qu'il n'est pas sorti de sa gangue ou de son
filon ;
Et le bois d'aloès, si précieux, n'est, dans son
pays d'origine, que du bois à brûler.

*Vers persans.*

Samarkand ! Que de souvenirs évoque ce mot :
souvenirs de richesses fabuleuses et de drames sanglants. Tout ce passé flotte imprécis dans la mémoire,
inséparable des noms terribles de Gengiskhan et de
Tamerlan. Dans une même pénombre se confondent
la fiction et l'histoire, et les images enchantées des
*Mille et une Nuits* surgissent de toutes parts.

Tout enfants, un livre entraînant, la *Bannière*

*bleue* de Léon Cahun, avait excité notre enthousiasme pour les glorieuses chevauchées mongoles. Plus tard notre désir se précisa, de rechercher l'histoire de l'Asie centrale sous la fiction du roman. Ainsi, peu à peu, le mystère de ce pays s'éclaircit et les héros qui l'illustrèrent nous devinrent familiers. Mais nous considérions l'Asie centrale comme un pays inabordable, un de ces pays lointains où l'on ne va pas, et jamais nous n'aurions pu penser que les circonstances nous auraient mis à même, brusquement, de réaliser ce rêve.

Partis pour aller seulement jusqu'à Moscou, nous avons été amenés graduellement et sans préparation aucune à pousser jusqu'aux frontières de Chine, en pleine Asie centrale.

A Moscou, nous conçûmes le projet d'un voyage au Caucase; les plus hardis d'entre nous parlaient même d'aller jusqu'à Bakou, au bord de la mer Caspienne. Puis, à mesure que nous nous rapprochions des frontières de l'Asie, l'assurance nous vint; l'idée germa d'une pointe audacieuse aux pays rêvés de Samarkand et de Boukhara. Beaucoup d'obstacles se dressaient devant nous; insurmontables en apparence, ils furent cependant facilement vaincus. Nous pûmes parcourir, sans difficultés, ces régions encore peu connues et dont l'accès n'est possible, en principe, qu'avec l'autorisation formelle du gouvernement du tsar. Nous ne fîmes pas en vain appel à la bienveillance que les autorités russes témoignent aux Français ; grâce à elles, toutes les barrières s'abaissèrent devant nous.

Mais notre projet ne fut pas sans provoquer un étonnement profond chez ceux auxquels nous en parlions. Eh quoi ! disaient-ils, voyager, sans y être forcés, dans ces régions arides et brûlées ; franchir steppes et déserts pour aboutir à des pays sauvages ; risquer la terrible fièvre pour contempler quelques misérables ruines, peu dignes d'intérêt ; c'était là vraiment un projet fantasque et fait seulement pour séduire ces écervelés de Français !

Partout ces mêmes objections nous assaillirent comme un refrain, partout nous retrouvâmes les mêmes préjugés chez ces gens, dont aucun, d'ailleurs, n'était allé dans cette contrée perdue. A Tiflis, à Bakou, aux portes du Turkestan, c'était le même effroi de l'Asie, et personne ne put nous donner un renseignement précis sur le pays que nous allions parcourir.

Seul, un artiste, que nous eûmes la bonne fortune de rencontrer à Tiflis, nous encouragea chaleureusement à persister dans notre projet. Lui, revenait d'Asie centrale, et il en revenait émerveillé. Il nous fit de ce pays un tableau étincelant et évoqua Boukhara et Samarkand, joyaux précieux, jalousement gardés par leur ceinture de déserts. Il nous promit d'inoubliables jouissances d'artiste dans ce pays de lumière où, sur les robes chatoyantes, les émaux multicolores, l'ardent soleil d'Orient sème à profusion ses éblouissantes étincelles d'or.

L'esprit aventureux, apanage de la jeunesse, le désir de l'inconnu, peut-être un peu l'appât du danger, nous avaient fait réfuter les objections que nous trouvions, à chaque pas, sur notre route ; le tableau enthousiaste et coloré du peintre acheva de nous décider.

Nous allions retrouver, enfin, le souvenir de nos lectures, nous allions parcourir cette région si curieuse, sorte de pays frontière où la steppe du Nord vient rencontrer la terre fertile du Midi ; nous allions voir les descendants de ces innombrables tribus nomades, mongoles ou turkes, qui, de tout temps, se sont heurtées aux races sédentaires, aux *Sartes,* comme on les appelle aujourd'hui. Car ce pays fut l'éternel champ de bataille de deux races ennemies.

En effet, grâce à une évolution lente et fatale, qui semble amener progressivement son dessèchement et sa mort, l'Asie centrale présente trois natures de terrains très différentes : la terre cultivée, la steppe et le désert. A chacune correspondent des populations spéciales. Celles-ci se pénètrent intimement sans se mélanger, de même que le pays fertile, la steppe et le désert s'enchevêtrent sans se confondre.

Le sédentaire ou Sarte habite la terre cultivée ; la vaste steppe asiatique, qui s'étend des confins du pays chinois aux plaines de la Russie méridionale, est le domaine du nomade. Pour employer le langage de la légende, le premier représente la cause de l'Iran et le second soutient celle du Touran. Quant au désert, il est le refuge de tous les hors la loi, population hétérogène qu'on englobait autrefois sous les noms de *Kiptchak* et de *Kazak*.

Le rôle des nomades est considérable dans l'histoire de l'ancien monde; depuis des siècles, à travers les steppes immenses, ces tribus errent à la suite de leurs troupeaux, égayant leur vie par la guerre et le pillage. Pendant de longues périodes, ces masses restent sans unité, s'épuisant en efforts partiels; elles ne forment pas, à proprement parler, des peuples : ce sont des multitudes sans organisation.

Qu'un chef survienne et sache les grouper, elles s'élanceront à la conquête des pays sédentaires; c'est *Attila*, parcourant le monde ancien, de la Muraille de Chine aux plaines de la Champagne; c'est *Gengiskhan*, organisant méthodiquement le plus formidable empire qui ait existé, avec l'aide de généraux dont les exploits dépassent tout ce que relate l'histoire; c'est *Tamerlan*, le héros du Turkestan, édifiant son fameux empire, dont Samarkand fut la capitale; c'est enfin *Baber*, le conquérant de l'Inde, qui commença la dynastie des Grands Mogols.

Aujourd'hui un puissant empereur réunit lentement sous son autorité les nomades de la steppe, et, inéluctablement, viendra le jour prochain où, servant d'auxiliaires aux armées de ce tsar, qu'ils considèrent déjà comme leur chef futur et l'héritier des grands empereurs mongols, tous ces gens partiront à la conquête de l'Inde, comme sous Baber ; à la conquête de la Chine, comme sous Gengiskhan.

Nous sommes heureux de terminer cette courte préface en adressant tous nos remerciements à notre compagnon de voyage, M. le D' Trenel, qui a bien voulu mettre un certain nombre de ses clichés photographiques à notre disposition. Qu'il reçoive ici l'expression de notre gratitude, ainsi que toutes les personnes qui ont bien voulu nous aider dans notre tâche.

# SAMARKAND

## LA BIEN GARDÉE

### CHAPITRE PREMIER

#### LA CASPIENNE
#### BAKOU — KRASNOVODSK

Au loin, une ligne bleu foncé qui barre nettement la ligne blanche des sables : la Caspienne! La Caspienne, étrange et mystérieuse; la Caspienne, isolée de toutes les autres mers; la Caspienne, au delà de laquelle commence un monde nouveau.

Après les déserts brûlés et morts où, dans notre wagon, nous venions de passer des heures si longues, si pénibles, ce nous était comme une délivrance que cette vision d'azur, là-bas : tels les Grecs de Xénophon nous pouvions nous écrier, dans un élan de joie : *thalassa, thalassa.*

Nous suivons de loin le rivage de la mer, dont la nappe bleue s'étend devant nous implacable et déserte : dans la plaine se dressent par instants des rocs isolés et dépouillés, et, de tous côtés, c'est toujours la même absence de vie, la même désolation.

Le rivage découpé s'élève par instant en falaises

crayeuses, aveuglantes de blancheur, tranchant crûment sur le bleu sombre de l'eau, et, nulle part, une
maisonnette de pêcheur, une voile, un cavalier, ne
viennent animer ce paysage immobile.

Nous croisons, tout à coup, un train bizarre : tout
entier composé d'immenses cylindres de métal, il
s'allonge en une file interminable de voitures. C'est
un train de wagons-citernes qui porte vers Batoum et
l'Occident des milliers de tonnes de pétrole, la richesse
du pays : nous approchons de Bakou.

A l'horizon surgit une épaisse forêt couverte d'un
immense panache de fumée : on songerait à quelque
épouvantable sinistre, si la proximité de la ville ne
faisait penser de suite aux puits de pétrole : ce sont en
effet des milliers de caisses pyramidales dont chacune
est un puits, et l'exploitation immense que nous
venons d'apercevoir est celle de *Balah Khani* appartenant aux Rothschild et aux Nobel.

Au milieu d'une accumulation énorme de wagons-
citernes, occupant toutes les voies de garage, nous
entrons en gare de Bakou.

Et de suite, une épouvantable odeur de pétrole nous
prend à la gorge. Le pétrole, c'est la vie, c'est la
richesse de Bakou : c'est à cette huile précieuse encore
plus qu'à son commerce qu'elle doit son importance
et son extension sans cesse croissante : ici, on troue
sans relâche la terre, en quête du jet puissant qui vous
doit enrichir, et l'on retrouve la fièvre des placers d'or
dans cette ville noire et empestée.

Si le pétrole est la vie de Bakou, c'est aussi sa
mort : le pétrole est le maître, le roi, il empoisonne
l'air, il imprègne le sol, il corrompt l'eau, parfois il
allume d'immenses incendies. Presque toujours, c'est

seulement un puits qui s'allume, formidable torche qui, des semaines entières, couvre la ville de ses flammes gigantesque et de son âcre panache de fumée; quelquefois aussi, c'est tout un quartier qui flambe, et le sinistre prend alors une intensité inouïe. Bakou périra sans doute un jour gorgée de richesses et, nouvelle Gomorrhe, s'abîmera dans les flammes.

Bakou, du moins le Bakou moderne, n'a pas l'aspect d'une grande cité, mais plutôt d'une ville créée récemment tout d'un bloc. Autour de la vieille ville persane, qui garde jalousement dans ses vieux murs sa fierté musulmane, s'est bâti un quartier européen alignant au long de rues larges et droites des maisons carrées, basses, banales et toutes neuves. Pas un monument, pas une habitation pittoresque : ce n'est pas une ville de plaisir, c'est la ville de l'industrie et des affaires; et tous ces gens qui vivent du pétrole n'ont que faire du pittoresque et de la couleur locale dans leurs habitations.

C'est le long du port qu'il faut se promener, pour avoir une idée de l'activité commerciale de Bakou. Là, sur les larges quais s'entassent des marchandises, ballots, caisses, que déchargent continuellement les steamers amarrés dans le port. C'est une véritable flotte de navires marchands venus de Krasnovodsk, la tête de ligne du transcaspien; d'Enzeli, port persan de la Caspienne du sud, et d'Astrakhan. Ainsi, Bakou est l'entrepôt du commerce de la Perse du nord, du Turkestan et de la Volga, et les bateaux de l'importante compagnie « Caucase et Mercure » sillonnent la Caspienne pour apporter dans cette ville les produits de l'Asie centrale.

C'est là, à côté du pétrole, une nouvelle source de

richesses pour Bakou : c'était déjà à son commerce que la vieille ville persane devait son renom, mais la conquête russe des territoires transcaspiens a décuplé son transit commercial et en a fait une ville maritime de premier ordre.

Sur ces quais, d'ailleurs, on coudoie toutes les races : à côté du grave persan au bonnet d'astrakhan pointu, à la barbe rougie de henné (1), c'est le Sarte, l'habitant des villes du Turkestan, vêtu de soies éclatantes et enturbanné de blanc, puis le Turkmen à lourde toque de poil de mouton : des indigènes coiffés de calottes de feutre portent, sur de bizarres crochets de corde tressée, d'immenses fardeaux, et l'on se prend à plaindre ces pauvres diables, pliant et suant sous des charges énormes, pour gagner trois kopeks, au bout de leur rude journée. De nombreux Russes, tout de blanc vêtus, circulent, parmi les groupes d'indigènes, et leurs uniformes clairs s'harmonisent bien avec la couleur de l'ensemble. Dieu merci les Occidentaux sont très rares, et notre groupe forme à peu près la seule tache au joli tableau que nous contemplons.

Au seuil des innombrables boutiques de change, de commissionnaires, de marchands de tapis ou de denrées diverses, des commerçants indigènes sont assis gravement, au milieu de l'amoncellement de leurs ballots : ceux-là font le commerce en gros, et on n'a pas à subir les obsédantes sollicitations des bazars de l'Orient.

L'eau de la mer a un aspect irisé caractéristique : de larges plaques moirées, que le soleil pare de cou-

(1) Les indigènes donnent aux Persans le sobriquet de Kizil-bach, tête rouge, à cause de leur habitude de se rougir la barbe au henné.

BAKOU — PORTEFAIX INDIGÈNES

(v. p. 4)

BAKOU — UN COIN DE RUE

(v. p. 4)

leurs délicates, montrent là encore la présence néfaste
du naphte.

Pourtant, de nombreuses femmes indigènes et des
bandes d'enfants aux multiples nattes noires s'y ébat-
tent demi-nus et y lavent leur linge. Tous montrent
d'ailleurs une naïve impudeur, et l'on ne retrouve pas
ici la rigide claustration des femmes musulmanes :
seules, quelques persanes strictement voilées, que
nous croisons, nous rappellent que nous sommes en
pays d'Islam.

Tous ces groupes ne paraissent ressentir aucun
désagrément du contact de cette eau huileuse et malo-
dorante ; ils frottent leur linge, semblant d'ailleurs
ignorer totalement l'usage du savon, et ne prennent
souvent pas la peine de quitter leurs effets, chacun
les frottant sur le dos de son voisin ; et ne croyez pas
que ce soit par excès de pudeur qu'ils agissent ainsi,
car, dans leurs ébats, ils n'hésitaient pas à nous donner
par moments des spectacles très particuliers.

L'eau pétrolisée de la Caspienne ne saurait plaire à
tout le monde ; aussi, lorsqu'un raffiné désire prendre
un bain froid, doit-il tout d'abord faire balayer la mer,
luxe véritablement digne de Byzance, mais absolument
nécessaire ici pour écarter les nappes d'huile de
naphte ; puis il se plonge dans l'onde pure (?), et lorsqu'il s'est suffisamment rafraîchi, il sort de l'eau, reçoit
une douche d'eau distillée et se fait entièrement frotter
le corps avec un œuf frais pour neutraliser le pétrole :
c'est, comme l'on voit, une exquise récréation.

D'ailleurs l'eau ici est une rareté, et on la donne avec
une minutie extraordinaire. Les puits ont dû être dès
longtemps abandonnés, car ils étaient empoisonnés, et
l'on se sert uniquement maintenant de l'eau de la

Caspienne distillée : elle est fade, lourde, et garde, malgré tout, comme un relent de pétrole. Pleins d'astuce, nous demandâmes pour notre table de l'eau minérale ou du soda : on apporta de petites bouteilles dont l'étiquette portait le mot *Borjom*. Nous en bûmes avidement : hélas ! elle était salée... et purgative.

Dans l'eau pénètrent, pour se rafraichir, des chevaux attelés à des voitures de forme archaïque, rappelant les anciens chariots scythes; elles se composent d'une caisse très haute, juchée sur deux énormes roues, et surmontée d'un grillage; la voiture est entièrement peinturlurée de couleurs violentes, d'un effet curieux; d'ailleurs, le cheval lui-même est souvent teint au henné et conduit par un Asiatique à califourchon sur la bête, ce qui donne à l'ensemble un aspect très exotique. La voiture entre dans la mer jusqu'au moyeu, parfois même, si elle n'est pas chargée, elle flotte, et cavalier et monture restent immobiles, jouissant du contact frais de l'eau.

Notre promenade, le long des quais, nous a menés vers les confins de la ville, à une colline nue où sont étagées les tombes du cimetière. Aucune grille, aucune porte n'en marque l'entrée, et, sitôt qu'on a dépassé les dernières maisonnettes des vivants, commence, sans transition, le domaine des morts ! Les tombes sont parsemées au hasard, sans ordre, et bien peu sont l'objet de soins pieux. La pierre grise et rongée de lichens redit bien le nom de celui qu'elle recouvre, mais personne ne vient lire le nom du disparu. Chaque inscription est écrite dans une langue différente, étrangère au pays, et ces quelques mots sont le seul lambeau de la patrie que le mort emporte dans sa tombe.

Bakou, la ville du pétrole, comme les villes de l'or,
attire la foule cosmopolite, et ceux qui succombent
sont vite oubliés ; on ne peut même déchiffrer leur
épitaphe ! Entre les stèles, des touffes d'alfa, roussies
par le soleil, marquent encore le tableau d'une note
d'abandon plus grande : pas de fleurs, pas de verdure,
seulement les tristes herbes sèches des champs abandonnés.

Et pourtant, ils ne sont pas malheureux, ces morts,
ils dorment au flanc de la colline dans un site magnifique. C'est la grande mer bleue, la Caspienne, où
s'enfonce comme un énorme éperon, là-bas, la presqu'île d'Apchéron, le suprême contrefort du Caucase.
Puis, plus près, la grande ville, moins distincte, dans
la grisaille du soir, et, sur la colline, fièrement
debout, la vieille cité persane dressant, dans sa ceinture de pierre, les toits de ses palais et les coupoles de
ses minarets, dorés par le soleil à son déclin.

Tout se tait, un silence religieux enveloppe tout, et
la sensation est mélancolique, de cette paix d'outre-
tombe, si près de la vie intense de la fiévreuse cité.

Plus haut, sur la colline, sont dispersées les pierres
tumulaires du cimetière musulman. Là, près d'une
tombe sainte, à la blanche coupole, des femmes voilées
se groupent : quelques-unes, accroupies, disent une
lente mélopée, et l'une d'elles, qui portait une amphore
sur l'épaule, s'approche du mausolée, laisse tomber le
vase qui se brise et, d'un geste accablé, s'appuyant à la
pierre, reste un instant songeuse et immobile.

Et cette simple scène nous reporte très loin dans
l'ancienne Judée, et les versets de la Bible chantent
à nos oreilles. Les femmes s'éloignent lentement,
nous nous approchons alors, mais aucun signe ne

.révèle le nom de celui qui dort là : les débris du **vase** parsèment le seuil du tombeau, et pieusement **nous** en recueillons un morceau comme un précieux souvenir.

Et voilà qu'un autre tableau retient nos regards : un peu plus bas que nous, à l'arête descendante de la colline, un petit temple grec qui recouvre une tombe profile ses colonnes blanches sur la mer de saphir : et c'est la poésie de l'Hellade qui, dans une vision, nous apparait tout entière : le soleil couchant pare de ses tons magnifiques ces tableaux d'autrefois. La ville est dans l'ombre maintenant, seules brillent encore les coupoles des mosquées, et, tout là-bas, la presqu'île d'Apchéron, encore un nom qui rappelle la Grèce, se teinte des plus délicates nuances et passe du rose des rubis au violet délicat des améthystes. Et nous nous éloignons avec mélancolie, doucement émus de ces visions antiques.

L'agent consulaire avait bien voulu nous faciliter l'entrée d'une des exploitations de pétrole, celle de Bibi Khaïbat.

C'est à travers un paysage maudit que nous emporte la voiture : les chevaux marchent dans un terrain noir et mou, tout imprégné de naphte : des ruisseaux huileux, des flaques noires à reflets irisés, rappellent à chaque pas qu'on est dans le domaine du pétrole, et l'air est de plus en plus empesté de l'épouvantable odeur qui domine tout Bakou. Après trois ou quatre verstes à travers ce paysage lamentable, nous voyons se détacher, tout près de nous, les pyramides des puits : nous sommes à Bibi Khaïbat.

Le directeur, très aimablement, nous fait les hon-

BAKOU — PUITS DE PÉTROLE DE BIBI-KHAIBAT

(v. p. 8)

neurs de son exploitation et nous donne les plus intéressants renseignements. Il a déjà accompagné,
d'ailleurs, des visiteurs qui sont des compatriotes, et
cette rencontre fortuite et heureuse nous permet de
faire la connaissance du professeur P... et de sa charmante femme. Eux aussi sont attirés par l'attrait de
l'inconnu et désirent visiter la mystérieuse Asie centrale, et ils nous font le grand honneur de bien vouloir
se joindre à nous pour entreprendre ce voyage peu banal.

De toutes parts se dressent ces pyramides tronquées,
dont chacune est un puits. A l'intérieur de chaque
toit est un tube de métal plus ou moins profondément
enfoncé dans la terre et qui dépasse le sol de cinq ou six
mètres. Dans l'intérieur de ce tube fonctionne un piston
pipette qui s'ouvre lorsqu'il est au niveau de la couche
de naphte : il se referme aussitôt qu'il est plein et,
remontant, verse dans un caniveau de bois quelques
pouds (1) d'huile. Les caniveaux à leur tour se déver-
sent dans des rigoles tracées à même le sol et aboutis-
sent à des bassins où s'accumule l'huile naphtifère.
C'est là que des voitures-citernes viennent le puiser
pour le porter aux usines où il sera travaillé et épuré.

L'exploitation est donc très primitive, trois hommes
suffisent à exploiter un puits en marche et le prix de la
main-d'œuvre est très peu élevé : on emploie des
ouvriers indigènes que l'on paye cinq à dix kopeks, au
maximum. Aussi les frais sont-ils très minimes et,
malgré la perte assez importante de matière première,
qui résulte de l'emploi de moyens aussi rudimentaires, on ne songe pas à améliorer le matériel, pour ne
pas élever le prix de revient.

(1) **Poids russe qui pèse 16 kilogrammes.**

Nous pouvons voir un puits que l'on est en train de forer : c'est une série de tiges en pas de vis qu'on enfonce en terre pour faire les explorations ; suivant la nature du terrain que ramène la tige, on sait si l'on approche d'une couche de naphte et à quelle profondeur approximative elle se trouve. Si le forage reste stérile, ou si le naphte parait trop profondément situé, on abandonne l'exploration et on creuse à côté. Car, dans les terrains naphtifères, la proximité d'un puits n'indique pas du tout qu'un autre puits sera productif et, au contraire, un forage stérile peut être voisin d'un puits très riche. Les théories les plus diverses ont été émises pour expliquer ce phénomène, et l'on parait se rattacher à l'idée que l'huile de naphte, simple carbure d'hydrogène dû à des décompositions chimiques d'origine minérale, est enfermé dans des poches closes de terre argileuse. Le terrain naphtifère serait donc semblable à l'un de ces billards anglais où est ménagée une série de godets séparés, entre lesquels hésite une bille. Lorsque le tube rencontre un réservoir, le naphte jaillit ; lorsque le forateur passe entre deux godets, l'exploration reste infructueuse.

Quand la nature du terrain a montré la proximité du naphte, on introduit des tubes en métal de trente à quarante centimètres de diamètre et de deux à trois mètres de longueur au niveau du point foré. On enfonce ces tubes, à frottement dur, dans le trou fait avec une sorte d'emporte-pièce ; puis, lorsqu'un segment est presque entièrement enfoncé, on rive à son extrémité supérieure un autre segment, et ainsi de suite ; le cylindre descend peu à peu vers la nappe d'huile, tandis qu'à l'intérieur l'emporte-pièce creuse la terre et prépare la voie.

Parfois, l'emporte-pièce tombe, se brise ou se fausse dans le puits commencé, et alors le puits est inutilisable, car l'extraction des morceaux de la machine ferait perdre un temps précieux, et mieux vaut percer tout à côté un autre puits. Lorsque la nappe de naphte est atteinte, souvent le cylindre intérieur ramène sans fracas le précieux liquide : on installe dès lors le piston pipette et l'extraction commence. Parfois aussi l'instrument est alors violemment projeté en l'air et la source d'huile jaillit avec impétuosité (1).

Nous vîmes un de ces puits jaillissants : au sommet de la pyramide de bois, c'était un immense éclaboussement qui s'irisait magnifiquement au soleil.

Certains de ces puits jaillissent ainsi quelques heures seulement· on en cite d'autres qui, pendant une année, ont projeté avec force leur colonne liquide. Lorsque le puits jaillit spontanément les frais de l'exploitation sont nuls, car le liquide de lui-même se répand dans les rigoles qui le conduisent aux bassins. Lorsque le jaillissement cesse, on installe le piston et l'exploitation ordinaire commence.

Le débit des puits est variable, et l'on cite de bons puits qui peuvent donner un débit de cinq cent mille pouds par jour, soit environ huit millions de kilogrammes : on comprend les flots d'or que peuvent rapporter semblables exploitations.

Aussi la fièvre du pétrole existe-t-elle ici réellement. Il y a trente ans, alors que de petites exploitations s'étaient seules installées, de nombreux aventuriers, des Persans et des Arméniens surtout, achetèrent des

(1) Ce phénomène est dû à ce fait que le naphte est soumis dans le sol à de grandes pressions.

terrains, espérant toujours obtenir le jaillissement irisé qui apporte la richesse : on citait Nobel ou tel autre qui, presque aux abois, découragé, sur le point d'abandonner la lutte, avait soudain vu la fortune lui sourire dans un gigantesque jet de naphte. Et tous s'acharnaient, usaient leurs faibles forces, dévoraient leurs misérables ressources, et presque tous allaient là-bas, au penchant de la colline, grossir le nombre des tombes abandonnées. Encore maintenant, des persé-vérants cherchent : il y a des Arméniens qui possèdent un lopin de terre, et ils nourrissent l'espoir d'en faire jaillir la richesse : mais il faut des frais considérables pour un pauvre malheureux, et ne voulant pas céder aux puissantes compagnies l'espoir de la fortune pour un morceau de pain, ils vivent pauvres et sans res-sources sur des trésors insaisissables.

Quelquefois un puits s'embrase, et une gigantesque gerbe de flammes s'épanouit dans l'air : on se contente alors de couper les rigoles de naphte et de protéger les réservoirs, puis on laisse brûler la monstrueuse cheminée, sans effroi : les incendies restent partiels et l'on peut continuer l'exploitation des puits voisins ; c'est seulement le rendement du puits qui se trouve perdu, et, dans l'ensemble de l'exploitation, ce n'est pas compté comme un désastre.

C'est un beau spectacle qu'un puits en flammes, et il nous fut donné, à notre retour du Turkestan, de voir, à Bakou, l'un de ces formidables feux : sur mer, on apercevait de loin le sinistre embrasement, panaché de torrents de fumée noire.

La flamme monstrueuse s'élevait toute droite dans la nuit, et la lueur sanglante couvrait tout le pays d'une sinistre clarté.

Naguère, on pouvait aussi assister à un spectacle étrange et vraiment infernal, mais notre aimable guide s'excusa de ne pouvoir nous le montrer, des ordres sévères l'ayant interdit depuis peu : c'est l'embrasement de la mer. Dans certaines criques, l'huile de naphte s'accumule et flotte légère sur l'eau : lorsque venait la nuit, on lançait une torche dans la mer, et sitôt commençait le spectacle fantastique : un tapis de flammes recouvrait les flots, dont les vagues embrasées se tordaient en volutes éclatantes, et, véritable vision de l'Apocalypse, les spectateurs, illuminés par le sanglant reflet, semblaient s'agiter dans l'épouvante de quelque cataclysme monstrueux.

Nous circulions maintenant entre les ruisseaux d'huile de naphte jaune et transparente, côtoyant les grands bassins, où le liquide précieux se moirait par places de délicats coloris; puis, nous quittâmes cette région fantastique où la nature dérobe ses trésors sous une aride désolation.

Nous avions vu le naphte, la matière première, puisée et recueillie à sa source, il nous fallait encore assister aux diverses manipulations qui le transforment en pétroles épurés, propres aux usages multiples de la vie. C'est à la fabrique Rothschild, à l'autre bout de la ville, que nous devions suivre ces différentes manipulations. Pour atteindre ces lointaines usines, il nous fallait traverser les différents quartiers du Bakou moderne.

Bakou comprend plusieurs villes, strates successives autour de la ville persane originaire. D'abord, la ville russe, commerçante, qui entoure immédiatement les vieilles murailles; puis, la ville noire, aux maisons basses et sales : ici plus qu'ailleurs l'air est empesté et tout a un aspect misérable et sordide : c'est le quartier indigène; là se trouvent les petites usines arméniennes ou tatares : là, avec des moyens primitifs, et sans aucune méthode, on traite le naphte et on élabore des pétroles mal épurés et d'explosion facile. La négligence et l'insouciance des indigènes se retrouvent ici, non seulement dans l'agencement des humbles usines, mais dans la saleté et l'ordure des maisons et des rues : et pourtant les gens qui sont assis aux portes, car c'est dimanche, paraissent heureux : ils causent, chantent, et leurs vêtements assez propres jurent étrangement au milieu de cette infection.

Au delà, c'est la ville blanche, la ville des grandes usines européennes. Les rues sont propres, bien tenues, larges; les grands murs des usines Nobel s'allongent indéfiniment.

Des canalisations amènent le naphte directement aux usines : ce sont des *pipe-line*, tuyaux qui partent des puits de pétrole, notamment du plateau de Balah Khani, et vont jusqu'à l'usine. Ces canalisations évitent l'usage des wagons-citernes, du moins pour ce premier transport du naphte, et, comme la maison Rothschild a seule l'entreprise de ces wagons et qu'elle impose des conditions de transport très onéreuses, on se soustrait ainsi à son tribut.

Mais, par endroits, se voient néanmoins des siphons destinés à charger les wagons-citernes de pétrole raffiné, pour le transporter à Batoum et de là en Europe. On a songé aussi à construire un immense *pipe-line* de Bakou à Batoum, à travers toute la péninsule caucasique : on calculait que l'économie résultant de l'abandon des wagons-citernes couvrirait rapidement les frais de construction.

Les Rothschild, pour le pétrole, comme pour beaucoup d'autres choses, sont des potentats. A Bakou on les retrouve partout : à Balah Kani, ils partagent avec Nobel l'immense exploitation du plateau, à Bibi Khaïbat ils ont une autre exploitation : le transport est tout entier entre leurs mains, et l'usine énorme à laquelle nous atteignons maintenant est la leur. Le nom de Rothschild revient ici comme un refrain, on en est obsédé, on pourrait se croire dans son domaine, et l'on a peine à songer que cette puissance israélite se trouve en Russie, dans la nation qui a exilé systématiquement les juifs de son empire : on se serait plutôt cru en Palestine.

L'usine Rothschild, comme toutes les usines de raffinage de naphte, comprend une série de grands réservoirs, puis des alambics immenses chauffés par des pulvérisations d'éther qui donnent une chaleur intense.

Il en résulte une première distillation dont le produit se déverse dans des cuves où chaque rigole provient d'un alambic différent. Par le repos, se forme une série de couches qui correspondent à la série des huiles provenant de la distillation du naphte : les huiles légères contenant des principes volatils, les pétroles, les huiles lourdes : on sépare ces différents produits et on les mélange de nouveau, dans des proportions connues, pour constituer les pétroles de commerce, qu'on n'a plus ensuite qu'à expédier.

Une autre manipulation consiste à traiter certaines huiles par l'acide sulfurique, ce qui donne des huiles de machines et du bitume solide comme résidu. Quant

aux huiles légères, inodores et très raffinées, et aux
vaselines, on ne les fabrique pas ici. Les résidus de
naphte servent de combustible et alimentent les chau-
dières : la plupart des locomotives de la région caucasique sont chauffées ainsi.

La main-d'œuvre, très bon marché à Bakou, est
peu nombreuse, et quelques bons contremaitres suffisent à assurer la régularité du travail. D'ailleurs,
l'usine parait prospère, active, bien tenue, mais la matière traitée est par elle-même si ingrate que malgré les
efforts d'une direction éclairée, tout est sale et écœurant.

Il est vrai que le résultat obtenu est assez brillant
pour faire oublier les misères du travail : chaque jour
on charge par bateaux-citernes allant vers Astrakhan,
par le Volga, et par wagons-citernes, se dirigeant vers
Batoum, environ cinquante à soixante mille pouds (1) de
pétrole : ils se vendent trois à six kopeks le poud, à
Bakou, et augmentent d'un tiers à leur arrivée à Batoum.
Comme le prix de revient est à peine d'un à deux
kopeks le poud, on comprend que c'est une exploitation suffisamment rémunératrice !

Notre intéressante visite nous avait transportés en
plein industrialisme moderne, dans une ville manu-
facturière quelconque : rien ne nous rappelait l'Orient
et l'Asie ; mais lorsque, quelques heures après, nous
franchissions les murailles de la vieille ville, l'Orient
nous apparaissait tout entier.

Un dédale de petites rues étroites, tortueuses, odieu-
sement pavées, grimpait par de larges gradins iné-
gaux les pentes abruptes de la colline. C'est là l'as-

_______

(1) Poud = 16 kilogrammes.

pect caractéristique des vieilles villes orientales, les villes bâties dans les plaines ayant dès longtemps disparu, anéanties par la pourriture et les épidémies.

Les murs sans ouverture des maisons aux portes basses et toujours fermées alignent leurs hautes façades bleu pâle ou roses, déjà envahies par l'ombre du crépuscule. Sur les terrasses plates des hautes maisons, les indigènes respirent l'air frais du soir, mais les rues sont presque désertes. Quelques Persans ou Tatares regagnent leur logis, quelques femmes voilées se hâtent rasant les murs, mais rien ne rappelle le grouillement coloré des grandes villes de l'Islam : Bakou est une princesse persane endormie derrière ses murailles, et qui n'a aucune part à l'agitation commerciale et industrielle des cités nouvelles qui l'environnent.

C'est encore dans les rues solitaires et ombreuses de la ville persane que, le lendemain, nous passâmes les quelques heures de chaleur torride qui nous séparaient de l'embarquement. A la fraîcheur relative que nous pensions y trouver, à l'abri des hautes murailles, s'ajoutait l'attrait de cette flânerie en plein Orient.

Parfois, à l'angle d'une rue, une coupole éclatante, un élégant minaret, ajoutent à la note persane, mais c'est à l'ancien palais des Khans, bâti par Abbas le Grand, que l'on retrouve vraiment toute la beauté de l'architecture de l'Orient. Malheureusement occupé par des bâtiments militaires et abîmé par le vandalisme des ignorants, ce palais ne garde pas la majesté d'autrefois, mais on y retrouve des coins qui dénotent l'art le plus pur : notamment une cour, bordée d'élégantes colonnades, au centre de laquelle se trouve un charmant pavillon octogone, surmonté d'une coupole : de jolies arcades sont accolées à chaque pan du pavillon et ajoutent encore à sa légèreté, tandis qu'une porte merveilleusement décorée d'arabesques ciselées montre un des plus délicats spécimens de l'art persan.

Au moyen d'une échelle, et à la force des poignets, nous pûmes monter sur le toit, dont le bitume s'amollissait sous les morsures d'un soleil de feu.

De là, nous dominions toute la ville, et dans une lumière aveuglante où les coupoles, les dômes, les minarets blancs flambaient avec un éclat insoutenable, nous pûmes embrasser d'un coup d'œil l'admirable panorama de la ville persane se détachant sur l'indigo de la mer, entre la presqu'île d'Apchéron et la colline du cimetière : l'horreur des usines et de la ville commerciale était cachée par l'aveuglante confusion des maisons indigènes qui nous entouraient, et c'était l'aspect étrange et beau de quelque ville tropicale se dressant au bord d'un océan lointain.

Il nous restait malheureusement trop peu de temps pour aller visiter à *Sourakhaïn*, à quelques verstes à peine, l'antique temple de Zoroastre, encore fréquenté par les Guèbres qui habitent Bakou. Car Bakou, de tout temps, a été un centre religieux du culte du feu, ce qui n'a rien d'étonnant dans un pays où la richesse vient du feu, où la mer même peut s'enflammer ! Zoroastre a eu et a encore de nombreux sectateurs ici et le temple de *Sourakhaïn*, élevé dès l'antiquité, est encore debout.

Ces Guèbres qui se rattachent aux millions de Parsis de l'Inde sont, d'ailleurs, d'intelligents et actifs commerçants qui ont, pour la plupart, une bonne situation à Bakou : ce sont des indigènes autochtones et non, comme on pourrait le croire, des Hindous émigrés

Quelques heures après, nous avions pris passage sur l'*Impérator Nicolas II*, grand steamer de la Compagnie « Mercure et Caucase », et nous quittions la péninsule transcaucasique pour aborder les territoires si peu connus de Transcaspie.

Le mystère de ce pays restait aussi grand ici qu'en Russie. Personne n'avait pu encore nous donner de renseignements précis sur le chemin de fer transcaspien et sur les ressources et la nature du pays : c'étaient toujours les mêmes préjugés, la même terreur du désert turkmen, de la terrible fièvre d'Asie ; et tous ces hommes, habitant cet enfer qu'est Bakou, gardaient une réelle frayeur de l'Asie centrale.

Autour de nous, une véritable flottille : steamers, tartanes indigènes, bateaux-citernes, et, sur les quais, au milieu des amas de marchandises, l'animation de tous les embarquements, avec le pittoresque des costumes en plus.

Des officiers cosaques en tcherkeska (1), des fonctionnaires en tunique et casquette blanches, quelques jolies Géorgiennes semaient de couleurs claires et originales le pont d'arrière, et, à l'avant, dans le quartier des Asiates (2), assis sur les caisses et les ballots, toutes les races de cette région cosmopolite étaient représentées : des Persans, la tête rasée sous le bonnet, la barbe rougie ; des Tatares, coiffés de la calotte de feutre bordée de fourrure : une large bande rasée sur le sommet de la tête partage leur chevelure ; une veste

---

(1) Sorte de houppelande de drap très ajustée à la taille, garnie de fausses cartouches, que portent presque tous les peuples caucasiques et les cosaques.

(2) C'est ainsi que les Russes désignent indifféremment tous les indigènes.

plissée, un large pantalon serré à la cheville et des chaussures à bout pointu et relevé, à haut talon placé au milieu de la semelle, complètent leur accoutrement. Il y a là aussi quelques Sartes en turban, vêtus de soies éclatantes ; des Turkmens à houppelande brune, à bonnets de peau monstrueux ; des femmes persanes, strictement cachées à tous les regards par un voile blanc grillagé devant les yeux, complètent cet ensemble d'une attachante variété.

Le vapeur évolue pour sortir du port et la ville tout entière est groupée devant nous, le long de la jolie courbe du port, entre la presqu'île d'Apchéron et la colline du cimetière. Toutes les maisons de la ville commerciale se confondent en une masse anonyme, d'où surgit gracieusement la cité orientale toute blanche, hérissée de coupoles et de minarets.

Au devant, une immense et massive tour ovale, d'origine persane, l'un des plus vieux souvenirs historiques du pays, garde jalousement le Bakou d'autrefois.

L'eau est unie comme un lac, et le bateau glisse doucement sur la mer invraisemblablement bleue, et moirée par places de plaques irisées : ce sont des sources de naphte sous-marines qui s'épandent à la surface.

L'air est frais, on ne souffre pas de la chaleur, et c'est pour nous une bien agréable journée de repos, au cours de notre fatigant voyage.

La Caspienne est peu fréquentée, et lorsque se couche le soleil, derrière la presqu'île d'Apchéron, qui disparaît dans le lointain, nous sommes en pleine mer, sans qu'aucune voile n'égaye l'horizon. L'admirable lune d'Orient jette un tapis d'argent sur la mer maintenant très noire, et, peu curieux de nous enfermer dans une cabine, nous nous endormons sur le pont, caressés par la fraîche et douce brise du soir. Nous nous félicitâmes de notre décision, en voyant remonter précipitamment un voyageur effaré qui venait de soutenir, dans une cabine, une épouvantable lutte contre une armée de cafards.

Au réveil, des bancs de sable sont en vue, que signale un bateau-phare, le seul bateau que nous ayions vu depuis notre départ : il ne paraît même pas à l'horizon, pour animer la traversée, une de ces barques de pirates turkmens qui terrorisaient autrefois la Caspienne ; depuis la conquête russe, la piraterie a complètement cessé et le commerce peut se faire en toute sécurité.

La température, agréable tant qu'on était en pleine mer, devient de plus en plus chaude, et lorsque, vers neuf heures, nous abordons à Krasnovodsk, la chaleur est torride.

Krasnovodsk, située dans une baie bien abritée, est maintenant la tête de ligne du transcaspien ; elle a succédé à Michaïlovsk et à Ouzoun-Ada : l'un était dans une île et nécessitait un coûteux transbordement, et l'autre avait des hauts fonds et s'ensablait progressivement, ce qui rendait la navigation pénible et dangereuse.

Dominée par les crêtes nues et calcinées du grand Balkan, la ville masse ses maisons grises sur une plage brûlée et sans arbres : c'est une véritable fournaise où la réverbération du soleil est au moins aussi intolérable que sa chaleur. Là s'agite une population d'un exotisme étonnant : les Persans, les Turkmens, aux lourds bonnets de poils ; les Sartes, aux costumes multicolores, se pressent au débarcadère, tandis que des porteurs asiates, demi-nus, se bousculent pour s'emparer des paquets qu'ils transporteront au train.

Le moment est pour nous solennel, car on nous a dit que l'entrée du territoire transcaspien n'était pas libre pour les étrangers ; il faut une autorisation formelle pour pénétrer dans cette partie de la Russie qui est pays d'empire. Évidemment, c'est surtout pour empêcher l'invasion des Allemands, et surtout des Anglais, qu'est faite cette sévère prohibition, et pour ceux-ci l'autorisation de pénétrer en Turkestan n'est donnée que très rarement et à bon escient, tandis que les Français obtiennent avec la plus grande facilité cette permission.

Nous ne nous étions pas adressés directement au gouvernement impérial, mais nous avions bon espoir dans le succès de la demande que nous avions directement faite au gouverneur général de la Transcaspie.

Nous n'avions pas tort, car une dépêche de celui-ci avait prévenu de notre arrivée le chef de gare de Krasnovodsk, et non seulement nous avions la faculté de prendre le transcaspien, mais même le gouverneur avait poussé l'amabilité jusqu'à prier qu'on nous réservât un wagon. Une fois de plus, les Russes nous avaient prouvé que les Français ont raison de compter sur leur parfaite bienveillance.

Tout joyeux, nous prîmes donc notre billet pour Samarkand, ce qui, pour un trajet de soixante-cinq heures, coûte la somme de 10 roubles 40 kopeks, soit 27 fr. 50 ; voilà qui laisse rêveur, n'est-il pas vrai ?

Le train transcaspien est à quai. Formé d'une série de wagons tous peints en blanc, avec un wagon restaurant et une cuisine, il ne comprend que des voitures

KRASNOVODSK — LE DÉPART DU TRAIN TRANSCASPIEN

de 2<sup>e</sup>, de 3<sup>e</sup> classes et des fourgons de 4<sup>e</sup> classe où s'entassent les Asiates (1). Le voilà donc, ce fameux transcaspien, qui a mis définitivement le sceau à la domination russe dans le Turkestan, après avoir puissamment aidé à en terminer la conquête.

C'est, en effet, au commencement de 1880 qu'Annenkoff entreprit cette œuvre gigantesque. Il y employa des soldats russes, des moujiks et aussi beaucoup d'Asiates persans et tatares. Ceux-ci, bons travailleurs, résistants, sobres, laborieux, furent pour lui des auxiliaires précieux, mais jamais il ne put leur faire adopter pour les travaux de terrassement les moyens perfectionnés modernes ; toujours ils employaient la houe et la pelle à lame étroite, transportant la terre dans des sacs, dans de petites bannes ou dans un pan de leur vêtement.

Malgré ces moyens primitifs, le travail avançait relativement vite. Un train d'exploitation, fait de wagons à deux étages, logeait les ouvriers ; un autre allait chercher à la côte le matériel et les approvisionnements et faisait chaque jour la navette. On arrivait ainsi à poser quotidiennement, dans les endroits où la nature du terrain ne nécessitait pas de travaux d'art, jusqu'à cinq kilomètres de rails par jour, et ainsi le train avançait peu à peu, traçant lentement le sillon du progrès.

Lors de la campagne de l'Akkal, qui se termina par la prise de Géok Tépé, le tronçon de voie rendit déjà des services au corps expéditionnaire ; sitôt que la pacification fut définitive, il marcha à pas de géant et bientôt atteignit Aschabad, puis Merw (1885) ; mais là se dressa

---

(1) Depuis l'année 1900, certains trains comportent des voitures de première classe.

un obstacle effrayant que la ténacité d'Annenkoff put seule vaincre : les sables mouvants du Kara-Koum. La lutte fut âpre, mais l'homme triompha de la nature, aidé en cela par un modeste arbuste, le *saxaoul*, que nous étudierons plus loin.

Dès lors, le ruban d'acier traversa la région maudite et redoutée et aborda à la rive de l'Oxus (fin 1886). Les indigènes, terrifiés, virent passer la machine de fer qu'ils appelaient le *cheïtan arba*, la voiture du diable ; et ce prodige imposa définitivement dans leur esprit la supériorité du conquérant.

L'Oxus, à son tour, se dressa, formidable barrière protégeant la barbarie asiatique contre le progrès moderne. La hardiesse d'Annenkoff vainquit l'obstacle redoutable : sur un frêle pont de bois il osa faire passer les locomotives. Plus rien ne pouvait faire échouer l'œuvre, et, en dix mois, du 1ᵉʳ juillet 1887 au 15 mai 1888, le ruban ferré atteignait Samarkand.

Dès lors, les anciens foyers du fanatisme musulman, les derniers repaires de la barbarie orientale étaient scellés par un lien de fer à la civilisation d'Occident. Annenkoff était arrivé au but, et quand, le 26 mai 1888, on inaugurait solennellement le chemin de fer, on pouvait lui dire qu'il avait bien mérité de l'humanité.

C'était un général qui avait mené à bien cette gigantesque entreprise, c'étaient des soldats qui avaient posé les rails sur ce formidable parcours de treize cent trente-cinq verstes ; ce sont les soldats qui sont encore maîtres de la voie : les employés, le chef de gare, tout le monde est militaire, et le gouvernement général de Transcaspie est administré militairement.

D'ailleurs, de nombreux officiers prennent le train

pour regagner leur garnison ; il y a aussi nombre de
commerçants qui ont quitté le pays pendant la saison
chaude et qui reviennent maintenant, au début de l'au-
tomne ; aussi le train est-il plein de monde, et nous
bénissons le gouverneur dont la grande amabilité nous
permet d'éviter l'encombrement des voyageurs, et de
garder, pour nous sept, un wagon tout entier où
peuvent tenir près de trente personnes. Cet heureux
début est de bon augure pour le reste de notre voyage
en Asie centrale.

# CHAPITRE II

## LA TRANSCASPIE

Notre train côtoie, à petite allure, le rideau de montagnes du grand Balkan qui borde la Caspienne, et s'engage dans une vallée d'une incroyable aridité : la terre nue, toute semée de pierres blanches que l'éclat du soleil rend aveuglantes, évoque quelque paysage lunaire, avec la netteté de ces montagnes abruptes qui se détachent durement sur la pureté du ciel. Et ce devait être là une impression de début bien angoissante pour ceux qui entreprenaient jadis, comme Vambéry, par les lentes étapes des caravanes, le voyage vers les mystérieuses régions de l'Asie centrale.

Au milieu de cette désolation, un arrêt : de pauvres gens viennent offrir aux voyageurs de petits homards cuits, gros à peine comme des écrevisses, mets vraiment bien imprévu en cet endroit. Ce sont de malheureux pêcheurs de la Caspienne qui gagnent ainsi les quelques kopeks qui leur suffisent à vivre.

Là se trouve un train entièrement formé de wagons-citernes pleins d'eau, auxquels chacun va se désaltérer : cette eau est tiède, de goût désagréable, mais la température suffit à la rendre d'une saveur délicieuse, du moins si l'on en juge par la mimique expressive des nombreux consommateurs indigènes.

Ce train-citerne sert à ravitailler les postes de cantonniers qui, de trois verstes en trois verstes, veillent au bon entretien de la voie : chaque jour le train circule sur la ligne et distribue généreusement à chaque poste une cruche par homme : pauvres gens qui vivent dans de misérables huttes de bois, presque toutes creusées dans le sable, dans un désert absolu, sous un ciel de feu, à peine nourris, à peine payés, et qui ne songent pas à se plaindre! Décidément nous sommes très loin des revendications incessantes et sans cesse accrues de la classe ouvrière de nos pays.

Le soleil disparaît, superbe, derrière les montagnes maintenant moins élevées, dans un paysage mort et désolé. La nuit survient très vite, tandis que s'élève un vent d'une violence extrême et presque froid : c'est une sensation curieuse et inattendue que cette fraîcheur dont nous avions perdu le souvenir depuis tant de jours, et qui nous force à rechercher notre couverture. C'est d'ailleurs le moment de s'installer pour la nuit.

Nous nous éveillons dans une plaine immense qu'embrase un flamboyant soleil, et dont nous suivons la limite méridionale. Au sud, à quelques verstes à peine se dresse une chaîne de montagnes, le Kopet-Dagh, barrière entre la steppe transcaspienne et la Perse, entre les deux irréconciliables ennemis : le Turkmen, de race jaune, nomade, brave, pillard, et le Persan, de race blanche, sédentaire, riche et sans bravoure. Derrière ces crêtes, c'est Mesched la sainte, c'est Ispahan, c'est Téhéran aux noms enchantés.

Au nord, c'est la plaine infinie, immense, qui s'étend plate et nue, pendant des milliers de verstes jusqu'à la Sibérie, par delà la mer d'Aral. Déjà, dans les plaines du Don nous avions goûté pleinement le

charme de la steppe, ici nous en retrouvons très vives
toutes les impressions, et l'uniformité de ces horizons
plats, aux lignes immuables, réveille en nous des sen-
sations de douce mélancolie.

D'ailleurs, le pays que nous traversons n'est pas
inhabité : c'est l'oasis de l'Akkal (1), où la terre, sitôt
qu'elle a de l'eau, est capable de produire de magnifiques récoltes : malheureusement l'irrigation est rare
dans cette région, les habitants n'étant pas laboureurs,
et la sécheresse étend sur ces plaines, qui pourraient
être si fertiles, l'aride tristesse des déserts.

La terre est couverte d'une herbe courte, desséchée,
jaune, que broutent de nombreux moutons; par
endroits se voient des traces de culture et, disséminées
dans la plaine, des tentes paraissent çà et là, autour
desquelles se groupent des hommes, des femmes,
d'assez nombreux cavaliers : ce sont les *Turkmens
Tekkés* (2) dont nous traversons le pays.

Tout le monde nous en parle, de ces terribles Turk-

---

(1) L'oasis de l'Akkal forme le long de la chaîne du Kopet Dagh
une bande de terre plus ou moins fertile suivant son degré d'irrigation, longue de 217 verstes, large de 6 à 15 verstes, entre
Kizil Arvat et Géours (17 kilom. d'Aschabad). Au nord, cette oasis
borde le grand désert de Kara-Koum.

(2) Les Tekkés, dont le nom signifie chèvre, probablement à
cause de l'agilité qu'ils déployaient dans l'escalade des montagnes,
comptent environ 30,000 tentes réparties en plusieurs oasis :
l'Akkal, l'oasis de Merw. Dans chaque oasis habitent une ou plusieurs tribus qui comprennent chacune un grand nombre d'*aouls*
(village formé de tentes plus ou moins disséminées dans un certain
rayon). Chez eux pas de hiérarchie gouvernementale : les notables
des aouls se réunissent certains jours pour discuter les affaires intéressant toutes les tribus ; ils nomment les khans, résidant autrefois à
Merw et à Aschabad, dont l'autorité était plus nominale qu'effective.

mens dont la soumission a été pour les Russes le dernier et le plus dur effort de la conquête asiatique.
Braves, fiers, pillards, l'effroi des voisins, qu'ils combat-
taient toujours victorieusement, libres et jamais soumis
encore, ils opposèrent aux Russes une résistance
acharnée ; mais le jour où Géok-Tepé, après une lutte
terrible, tomba aux mains de Skobeleff, les Turkmens,
avec leur fatalisme oriental, reconnurent qu'ils avaient
un maître et devinrent, après leur soumission, d'utiles
auxiliaires pour les conquérants.

Dès lors tout le prestige de ces terribles nomades
passa aux Russes, qui avaient battu ceux qu'on ne pouvait vaincre !

Les Turkmens (1) occupent l'immense plaine qui
s'étend de la frontière persane au sud, au Khiva et à
la mer d'Aral au nord ; de la Boukharie à l'est, à la
Caspienne à l'ouest.

Disséminés très irrégulièrement dans cet immense
espace, ils forment trois groupements principaux : les
*Turkmens Tchaoudors*, soumis aux Khiviens, habitent
les confins du désert de l'Oust-Ourst, entre la Caspienne et la mer d'Aral, où ils sont en contact avec les
tribus khirgises ; les *Turkmens Youmoudes*, nomades

---

(1) Les Turkmens ou Turcomans forment, avec les Khirgises, les
représentants actuels de ces populations guerrières nomades qui
causèrent toujours tant d'effroi aux populations sédentaires et que,
suivant les époques, on désigna sous les noms de Scythes, de
Massagètes, de Huns, d'Alains, d'Avares et plus tard de Turks,
puis de Mongols et de Tartares. Quelques-uns de ces groupes,
ayant réussi dans leurs expéditions à accomplir de durables conquêtes, ont formé de puissantes et célèbres nations. Ce sont les
Magyars, établis au cœur de l'Europe ; les Turcs ottomans, aujour-
d'hui encore arbitres de l'Islam ; les Mandchoux, maîtres du grand
empire chinois.

qui circulent du pays de Khiva, auquel ils sont alliés, jusqu'aux rives de l'Atrek, au bord sud-est de la Caspienne, à travers le grand désert de Kara-Koum ; ils sont pasteurs et n'ont perdu aucune de leurs qualités combatives naturelles ; ils les font souvent sentir durement à leurs alliés qu'ils méprisent.

Enfin les *Turkmens Tekkés* (chèvres), qui habitent la région de Merw, jusqu'au Boukhara, le long de la frontière persane. Ceux-ci sont les plus nombreux et les plus belliqueux ; ils furent les plus rudes adversaires de la conquête russe, qui ne put les réduire qu'après l'épouvantable hécatombe de Géok-Tépé. C'étaient les Tekkés dont nous voyions les tentes, par la plaine, c'étaient eux dont on remarquait les curieux costumes aux arrêts du train.

Les Turkmens conservent jalousement les préceptes de la liberté et de l'égalité la plus absolue, le chef ne peut que donner son avis, chacun le peut critiquer, et le domestique comme le maître, le berger comme le chef peut prendre la parole dans le conseil de tribu qui réunit tous les hommes du même village. Ces réunions sont, paraît-il, empreintes d'une grande cordialité et l'entente ne tarde pas à se faire ; ce sont là des procédés que l'on devrait bien introduire dans nos assemblées parlementaires.

Ces assemblées sont d'ailleurs rares, maintenant surtout que la domination russe a supprimé la principale raison de ces conciliabules : la guerre contre les sédentaires persans ou boukhariens, ou la maraude qui n'était qu'une expédition au petit pied.

Ces *maraudes* ou *alamans* étaient la principale occupation des Tekkés, et ce n'est pas un des moindres mérites de la conquête russe, que d'avoir su mo-

difier si rapidement les mœurs séculaires des Turkmens, en leur faisant abandonner la pratique de l'alaman.

Avant Géok-Tépé, que l'on retrouve à chaque
instant, comme le point de départ d'une ère nouvelle,
la région des Tekkés était la terreur des caravanes, et
sans cesse les hommes des villes, les marchands en
voyage fixaient l'horizon, avec l'angoisse de voir surgir
les terribles nomades, les cavaliers pillards.

C'était la grande habileté du *kourvanbachi*, ou conducteur de caravanes, de pouvoir dépister les féroces
Turkmens, et beaucoup préféraient risquer les souffrances de la soif, en abandonnant la ligne des puits
pour se jeter en plein désert, à l'abri des attaques
inévitables.

Les alamans des Turkmens constituaient une de
leurs plus grandes sources de richesse, et ils reven-
daient un bon prix, aux marchands de Boukhara, le
butin fait aux malheureux caravaniers : ainsi les marchandises arrivaient à destination, ayant seulement
changé de propriétaire, et les Boukhariotes toléraient,
et même favorisaient quelquefois ce trafic peu scrupuleux, qui leur permettait d'acquérir à meilleur compte
les produits de la Perse.

D'ailleurs, si les caravanes étaient particulièrement
visées par les Tekkés, leurs razzias s'exerçaient aussi
contre les troupeaux khirgises et contre les agriculteurs persans : ceux-ci, réduits en esclavage, constituaient un très précieux butin et, sur les marchés de
Khiva et de Boukhara, un esclave persan se vendait
toujours un bon prix ; et puis, n'était-ce pas faire œuvre
pie, pour un bon sunnite, que de maltraiter et
d'abaisser un infâme schiite, un de ces musulmans

hérétiques qui ne vénèrent pas la descendance de Mahomet et qui sont la honte de l'Islam (1).

Ce n'est pas que les Turkmens soient vraiment fanatiques et dévots : un proverbe osmanlis dit même : « Turkmen, pauvre croyant, » mais la haine et le mépris qu'ils ont pour le Persan est surtout une haine de race, et la religion n'intervient que comme prétexte dans leur lutte séculaire. Et ainsi, ces indifférents se sont changés en sectaires intraitables. Chez eux, la politique a produit la foi religieuse, contrairement aux autres pays où la religion a le plus souvent dirigé la politique.

Leur façon de comprendre la religion diffère beaucoup de celle des sédentaires : les subtilités de la foi, les discussions théologiques leur paraissent volontiers choses oiseuses et inutiles, bonnes tout au plus à occuper les loisirs des mollahs : la religion ne tient pas une place capitale dans leur esprit.

Ce qui, dans le Koran, doit les séduire, ce sont les passages où Mahomet s'adresse à ses compatriotes immédiats, les Arabes nomades et batailleurs comme eux : « Le bonheur est attaché au front du cheval. » « Le paradis est à l'ombre des sabres. » Voilà les versets qui durent faire fortune et se fixer dans l'esprit de tous les nomades musulmans.

Mais revenons aux alamans. L'organisation de ces maraudes était des plus simples. Chaque tribu avait, à

_______

(1) Les sunnites sont les musulmans restés fidèles à la règle primitive (sunna) et qui reconnaissent la série des kalifes, entre Mahomet et Ali, c'est-à-dire Aboubekr, Omar et Othman; les schiites sont, au contraire, des hérétiques qui ne reconnaissent qu'Ali comme successeur immédiat de Mahomet : la plupart des Persans sont schiites.

côté de son chef civil (ked-kouda), un chef militaire
(serdär) (1). Celui-ci a-t-il appris qu'une caravane doit
essayer de franchir le pays tekké à une date fixée, il
prépare ses plans, puis convoque les hommes de la
tribu : suivant sa notoriété, il réunit sous son commandement un plus ou moins grand nombre de cavaliers armés et équipés ; il les emmène alors vers le
point qu'il s'est fixé, sans leur dévoiler ses projets.

Lorsque le moment de l'action est arrivé, il explique
à ses hommes ce qu'il attend d'eux et les lance contre
la caravane : la lutte est courte, d'ordinaire, car,
même s'ils sont armés, les timides hommes des villes
ne se défendent pas, pour éviter les représailles et
sauver leur vie : sitôt donc qu'on a rejoint le convoi
et arrêté les chameaux de la tête, la victoire est assurée
aux pillards nomades.

Alors, ils se partagent le butin, le chef prend
double part, on emmène les prisonniers en captivité,
attachés à la queue des chevaux, et toute la troupe reprend joyeusement le chemin des tentes, où elle est reçue
avec des acclamations et des coups de fusil d'allégresse.

Parfois, certaines caravanes particulièrement riches
et importantes étaient accompagnées par une force
armée importante ; si, alors, le *serdär* avait néanmoins
décidé l'attaque, la lutte était furieuse et ne se termi-
nait que par la victoire, sanglante dans ses représailles,
ou par la destruction à peu près complète des hommes
de l'alaman, car les Tekkés ne fuient pas, ils vain-
quent ou ils meurent.

Telle était la principale occupation du Turkmen

_______________

(1) Serdär, qui veut dire, en turk, *qui tient la tête*, est le même
mot que le titre militaire égyptien sirdar.

avant la conquête russe, et tous les récits de voyages
sont pleins de l'épouvante qu'ils inspiraient. Le Russe
est venu, et en quelques années le Turkmen est devenu
l'utile allié et le soldat fidèle de l'*ak-padichah* (1),
comme ils appellent le tsar ; ses qualités militaires ont
trouvé un emploi parfait dans les cadres de l'armée
russe, où ses anciens chefs peuvent acquérir des grades
élevés.

Dès lors, les serdars n'eurent plus le loisir d'organiser des alamans que punirait sévèrement le gouvernement russe, respectueux de la liberté individuelle,
mais impitoyable dans la répression : les hommes qui
ne sont pas devenus soldats sont pasteurs et cultivateurs, et lorsqu'on voit maintenant les gares encombrées de turkmens paisibles, on se figure difficilement que ces plaines étaient ensanglantées naguère encore par ces terribles maraudeurs, dont la devise favorite
suffirait à indiquer la férocité : « Quand le Turk est à
cheval, il ne connaît plus son père ; si l'on charge la
maison de ton père, sabre avec les compagnons. »

Souhaitons que, dans un avenir prochain, nous obte-
nions un aussi bon résultat auprès des intraitables
Touaregs, et que nous en fassions les gardiens fidèles de
notre futur chemin de fer transsaharien.

L'aspect des gares est des plus intéressants, car les
indigènes s'y pressent en grand nombre pour voir
passer le train : à part le chef de gare militaire, dans
un impeccable uniforme, et quelques soldats et gen-
darmes russes, les Turkmens forment la presque totalité du public.

(1) Le padichah blanc.

Ils sont de taille moyenne, bien proportionnés,
robustes; leur figure énergique et fière offre un type
net, malgré les variétés individuelles dues aux nombreuses unions avec des femmes persanes, enlevées
dans des maraudes; et l'origine mongolique se retrouve toujours dans quelques-uns de leurs traits.

Sous l'énorme talpak (1), la figure apparaît, maigre,
osseuse; les pommettes sont saillantes, le front large
et haut, le nez petit et retroussé sous les arcades sour-
cilières très proéminentes : les yeux très écartés,
petits, un peu bridés, sont vifs et brillants, seuls ils
bougent dans le visage impassible et basané. Le bas
de la figure disparaît sous une barbe noire, longue
souvent, peu fournie sur les joues. Les oreilles, très
larges, sont détachées de la tête par l'habitude d'en-
foncer fortement le bonnet. L'ensemble de la physionomie indique assez les qualités d'indomptable énergie
et d'extrême endurance de la race.

Tous portent le costume national : le large pantalon, la chemise sans col ouverte sur le côté droit, et
par-dessus, une ou plusieurs robes de laine brune,
unies ou rayées, à manches larges et très longues;
ces robes ouvertes par devant et maintenues croisées
sur la poitrine par une large ceinture d'étoffe enroulée
autour de la taille.

Une petite calotte coiffe le crâne, et par-dessus est un
immense bonnet de peau de mouton noir ou blanc
à longs poils, plus large que haut et arrondi, sous
lequel la tête a l'air comme écrasée : et l'on ne peut
s'empêcher de plaindre les malheureux qui, sous
ce ciel de feu, doivent supporter ce fardeau énorme,

_______________

(1) Bonnet de fourrure.

bien qu'ils n'en paraissent nullement incommodés.

Ce gigantesque bonnet de fourrure est la caractéristique des Turkmens, et de suite on peut les distinguer des Persans, au bonnet haut et conique; des Caucasiens, qui portent des coiffures en astrakhan fin, beaucoup moins volumineuses, et des Khiviens, dont les bonnets évasés en haut sont typiques. D'ailleurs les Turkmens paraissent tenir beaucoup à ce couvre-chef, et c'est la seule pièce de vêtement qu'ils ne consentent pas à modifier, même quand le reste de leur accoutrement a perdu presque tout caractère national.

Aux pieds quelques-uns ont des sortes de babouches, ou même des semelles de cuir fixées sous le pied par des cordes de laine : ce sont des sédentaires, voisins immédiats de la gare où ils sont venus à pied. La plupart portent cette étrange botte en cuir fauve, montant aux genoux et dont le talon incurvé en avant et se terminant en pointe, comme une corne renversée, doit rendre la marche extrèmement pénible, malgré la petite pièce de fer aplati qu'on adapte à la pointe pour donner plus d'assise au pied.

La forme de cette botte suffit à indiquer la vie du Turkmen : c'est un cavalier par essence, et quand il n'est pas dans sa tente, il est presque toujours à cheval : nous parlons bien entendu du Turkmen nomade, de celui qui a réellement conservé le caractère de sa race, et à qui s'applique le proverbe du pays : « On clouerait plus facilement chaque grain de sable du désert que de fixer le Turkmen. » Celui-là vit à cheval et aime, plus que sa famille même, son fidèle coursier.

Ce sont d'ailleurs des bêtes étonnantes et dont la réputation date de l'antiquité, puisque la légende fait remonter leur race à Bucéphale, le cheval d'Alexandre. D'une résistance extraordinaire, ils peuvent fournir sans fatigue, pendant plusieurs jours, des étapes fort longues, dépassant quotidiennement 100 verstes, et sont pour le cavalier, dans ces immenses plaines, un inestimable auxiliaire.

D'ailleurs, le Turkmen a toute confiance dans sa monture, et il garde toujours les rênes lâches, se fiant à l'instinct admirable et à la sûreté absolue du pied de son cheval.

Très facile à la main, très doux à la monte, celui-ci ne connaît que deux allures, le galop allongé ou le pas, qui, tantôt l'amble, est plus souvent une allure assez rapide, intermédiaire au pas et au trot et que l'animal peut conserver fort longtemps : c'est là une marche que l'on rencontre chez le cheval arabe. D'ailleurs, il est naturel qu'on retrouve dans la race turkmène quelques traits caractéristiques de la race arabe, puisque Tamerlan, au quatorzième siècle, et Nasr-Eddin, plus tard, envoyèrent aux Turkmens quelques centaines de juments arabes pour améliorer la race de leurs chevaux. Ceux-ci paraissent d'ailleurs avoir emprunté à l'arabe plutôt ses qualités que son aspect physique.

Le cheval turkmen, en effet, grand, bai ou alezan de robe, avec sa forte encolure, sa tête busquée, sa croupe déprimée et l'attache de sa queue basse, ne rappelle guère le cheval arabe : c'est d'ailleurs une noble bête qui, même au repos, a un beau port de tête, l'œil vif, large et intelligent, le naseau bien ouvert, l'oreille droite et mobile. Quand le cavalier est sur sa monture, on ne peut qu'admirer l'allure aisée, légère, de l'animal, dont les jambes fines, longues, nerveuses, portent légèrement le poids de l'homme : la bête marche allégrement, et, sans connaître le contact de la cravache ou de l'éperon, elle comprend la volonté du maître et se lance à toute vitesse par la plaine.

Le Turkmen soigne d'ailleurs son cheval en vue d'accroître ou de maintenir son entraînement : hiver comme été le cheval est dehors, et parfois en hiver on doit creuser des tranchées pour l'abriter contre les terribles bourrasques de la steppe : en toutes saisons, il est couvert de pièces de feutre, depuis le garrot jusqu'à la croupe, pour protéger son épiderme et le lustre de son poil contre le froid, la chaleur, le soleil, la poussière et le vent.

Son alimentation est aussi réduite que possible ; elle se compose d'une petite quantité de paille hachée, ou de farine d'orge quelquefois mélangée de graisse de mouton, ce qui faisait dire aux Persans qu'on alimentait les chevaux turkmens avec de la viande : quant à la ration d'eau, elle est réduite à un minimum incroyable. Il résulte de ces habitudes que le cheval tekké est maigre, sec, et que ses muscles seuls sont puissants.

Si le tekké soumet son cheval à ce dur régime, comparable d'ailleurs à celui qu'il s'impose à lui-même, il a pour lui des coquetteries et des attentions étonnantes.

Jamais il ne le frappe, et le fouet qu'il tient à la main n'est qu'un ornement. Sitôt que l'animal a la plus légère blessure, le plus petit accident, il le soigne avec un dévouement absolu, le met au repos, lui prodigue les soins les plus dévoués, n'hésitant pas à se lever la nuit pour veiller sur son compagnon.

Jamais il ne lui fait subir la contrainte du fer, laissant le sabot croître librement et le rognant seulement s'il devient trop épais ; jamais, par contre, il ne laisse pousser la crinière, jugeant que ces crins flottant sur l'encolure déparent l'attitude du cheval : il la rase fréquemment, laissant seulement la mèche entre les oreilles : la queue longue et fournie reste entière.

C'est à sa monture aussi que le Tekké réserve tout le luxe dont il peut disposer : le harnachement du cheval avec ses housses brodées de soie, sa selle de bois brillante, les ornements de soie et les lanières de cuir travaillé de la sous-gorge, de la bricolle, de la bride, souvent recouverts d'écailles d'argent imbriquées, parsemées de turquoises ou de cornalines, semble indiquer la monture d'un prince ou d'un seigneur revêtu de quelque féerique costume : c'est cependant un simple Turkmen à la sombre robe de laine brune qui va monter ce splendide coursier.

A chaque station, le même spectacle se reproduisait, et, à côté de la gare, le groupe des chevaux brillamment équipés attendait la venue du maître.

Au départ du train, tous remontent à cheval et partent au galop, debout sur les étriers et le corps un peu oblique en avant, suivant l'attitude habituelle aux gens du pays. Ils se dispersent dans la steppe, et souvent un ou deux luttent de vitesse avec le train : bien des fois, ils se maintiennent quelques verstes à la hauteur de nos wagons. Car nous allons avec une lenteur désespérante et inconnue dans nos pays de fièvre, où les heures comptent double. Du moins cela nous permet-il de nous imprégner plus complètement du charme spécial de ces vastes étendues que nous traversons depuis si longtemps.

Kizil Arvat, Bahmi, Kélata, — les stations se succèdent avec les mêmes groupes pittoresques, dans le même immuable décor. Partout de nombreux troupeaux paissent l'herbe sèche et jaune qui recouvre toute la plaine : quelques vaches, des chèvres, des moutons surtout, la seule richesse des tekkés, depuis que sont passés les beaux jours des alamanes : ce sont des chèvres à long poils gris et raides et des moutons stéatopyges (1), à laine fournie et peu frisée, ils parsèment par endroits la steppe d'innombrables points sombres. La laine de ces moutons, foulée ou tissée, constitue les étoffes épaisses des robes, les feutres des couvertures de chevaux : elle fait enfin l'objet d'un grand commerce, malgré sa qualité médiocre.

Le Turkmen ne se sert pas de la peau de mouton pour se vêtir, à l'encontre de la plupart des pasteurs; seule, sa gigantesque coiffure est faite de cette peau teinte en noir. Comme dans tous les pays musulmans, le mouton est, avec la chèvre, la seule viande en usage : la vache et le porc sont totalement proscrits pour des raisons religieuses : mais le Turkmen est trop pauvre pour se nourrir habituellement de viande, et c'est aux jours de réjouissance seulement qu'il sacrifie quelque tête de son troupeau, troupeau réduit souvent à deux ou trois bêtes.

Un mariage, l'inauguration d'une nouvelle tente, la fête religieuse de Canda-Yoli, sont prétextes à tuer le mouton gras.

On peut voir alors le sobre Turkmen, dont l'habituelle nourriture se compose seulement de pain, de riz, de bouillie de haricots, de potiron, de carottes ou d'oignons assaisonnés d'huile de sésame et de lait

(1) Ces moutons portent, à l'arrière-train, deux boules de graisse souvent énormes.

aigri, montrer des capacités gastronomiques étonnantes. Il mange jusqu'à ce que tous les plats soient
vides et n'en paraît d'ailleurs nullement incommodé :
cette faculté, pour des gens habitués à une nourriture
très sommaire, de pouvoir, quand ils en trouvent l'occasion, absorber impunément une quantité formidable
d'aliments, se retrouve d'ailleurs chez tous les nomades; ils semblent vouloir faire des réserves pour les
jours de disette.

Il est vrai que la qualité des mets offerts ne peut
qu'exciter la convoitise des estomacs turkmens : l'hôte
a, pour ce repas, donné tous les quartiers de mouton,
salés et faisandés à point, qu'il conservait précieusement dans la panse de l'animal, et aussi la viande
séchée qui constituait sa réserve : car chez les Turkmens, ce n'est pas le vin, c'est la viande qu'on garde
en cave.

Tous ces morceaux sont destinés à faire, avec les os
et les débris des moutons tués spécialement pour la
circonstance, une gigantesque soupe qui commencera
le repas. Autour de la marmite, les hommes prendront
seuls place : les femmes n'y sont pas admises : leur
rôle consiste seulement à confectionner la soupe; il
est vrai que, pendant cette opération, la femme et ses
voisines venues, soi disant pour causer, ont tour à
tour goûté la viande, pour voir sans doute si elle était
cuite à point, et ne se sont pas fait faute de lécher, à
tour de rôle, la cuiller à pot. Elles ont donc eu la
primeur du mets succulent, et c'est seulement lorsqu'elles ont assouvi leur gourmandise, qu'elles décla-
rent le degré de cuisson suffisant.

On verse alors sur ce qui reste de viande, l'eau,
assaisonnée de sel, piment, potiron, on emplit la mar-

mite de pain cassé et l'on sert chaud. Les hommes sont maintenant les maîtres souverains de la marmite, ils tiendront à honneur de ne la laisser qu'absolument vide. Pendant ce temps, dans quelque coin, les enfants ont leur part de la bombance : on leur a abandonné les intestins qu'ils font griller : c'est pour eux un régal sans pareil.

Après un pieux bismillah, le bénédicité mahométan, prononcé gravement par le maître, chacun à la ronde puise une cuillerée de liquide et prend, au hasard, avec ses doigts, un morceau dans le chaudron : on mange très vite et en silence, l'œil attentif à choisir les meilleurs morceaux, et le tour de rôle continue ainsi uniformément, jusqu'à épuisement complet de la soupe.

Ceci n'était qu'un simple hors-d'œuvre, et le plat de résistance apparaît maintenant sous l'aspect d'un formidable ploff (1) où les moutons sacrifiés, débités en morceaux et enrobés de riz, offrent aux convives leurs succulents appâts. Là encore chacun puise à son tour, s'efforce d'atteindre les plus gros morceaux et mange vite et en silence.

Si le maître est riche, les ploffs se succèdent, et l'appétit des convives paraît s'adapter admirablement à la magnificence de leur hôte : à chaque plat nouveau, ils font preuve de la même avidité : n'est-ce pas un plaisir, pour qui reçoit, d'avoir à sa table de belles fourchettes, si on peut ainsi parler dans ce pays où elles sont totalement inconnues.

Pourtant le Turkmen est prévoyant; au milieu de l'abondance il sait penser au lendemain et met quel-

_______________

(1) **Plat de riz à la viande de mouton.**

ques os en réserve. Revenu dans sa tente, il sera bien heureux de ronger ces os ; d'ailleurs, plein de générosité, il les passera ensuite à sa femme, celle-ci les grignotera quelque peu, et ils feront encore la joie des enfants avant d'être jetés aux chiens.

Il n'est si splendide festin qui ne doive se terminer : si le maître a été magnifique, il a encore fait servir des hachis placés entre deux plaques de pâte de farine et cuits sous le sable chauffé, enfin, il a arrosé le festin de flots de thé vert, de lait aigre et de lait de chamelle fermenté.

Pour indiquer que le repas est achevé, il se lèche les doigts, se frotte les mains jusqu'au poignet pour qu'elles soient également graissées, puis les passe sur sa figure pour assouplir la peau : enfin il frotte ses bottes, si bien qu'en regardant les bottes d'un Turkmen on apprécie la qualité et l'abondance de sa table. Une nouvelle invocation au Seigneur termine la cérémonie.

Les femmes enlèvent les reliefs du repas ; les plus coquettes recueillent avec empressement ce qui reste de graisse au fond des plats pour s'en oindre le visage : cela remplace ici le cold-cream. Puis elles apportent le *tchélem* (pipe à eau) (1) tout allumé, et chacun à son tour aspire quelques bouffées d'un tabac boukhariote très fort et qui procure une véritable extase. Penchant le corps en avant, on laisse écouler naturellement la

(1) Ce sont des gourdes de bois pleines d'eau et surmontées d'un fourneau où se met le tabac ; deux trous sont percés aux côtés de la gourde, l'un muni d'un tuyau, par où l'on aspire la fumée, l'autre que l'on bouche à volonté avec le doigt pour régler la quantité de fumée. Ces pipes se retrouvent dans le Turkestan sous le nom de *Kalyan*.

salive entre les lèvres, sans faire un mouvement.

Mais, après quelques instants, accordés à cette médi-
tation, voici que le maître fait apporter à nouveau du
thé vert bouillant; en même temps il engage un colloque très vif avec un personnage qui, tout le temps
du repas, a été traité avec les plus grands égards.
C'est le *barhchi*, le musicien de profession que tout
homme de qualité convie à sa table, lorsqu'il traite ses
amis.

Ce musicien est un personnage reçu partout avec
honneur, qui n'accorde sa présence que contre promesse d'un riche cadeau; il fait sentir à tous moments
la faveur extrême qu'il a consentie en venant, et le
maître doit employer les arguments les plus subtils
pour l'engager à chanter après le repas. Tous les
autres convives joignent bientôt leurs prières à celles
de l'hôte, vantant le talent du barhchi, flattant sa
vanité et tâchant de faire fléchir sa mauvaise grâce
évidente. Celui-ci, après bien des refus, des prétextes,
cède enfin, et c'est alors une explosion de joie générale.

Le chanteur prend sa *doutare*, sorte de mandoline à
long manche et à deux cordes : il prépare longuement
les cordes de soie fragiles que l'on fabrique seulement
au moment de jouer, et se décide enfin à préluder.
Dès lors tous écoutent avidement les chants du barhchi, accompagnés des sons grêles et doux de la doutare;
et la voix s'élève gutturale et saccadée, s'animant à
mesure que se déroule la poésie.

Chacun s'enivre de musique et l'auditoire tout
entier vibre aux accents du chanteur; d'ailleurs, un
cercle compact s'est formé autour des convives et, du
village, tout le monde est venu savourer les délices de

la musique : car c'est là la grande passion des Turkmens. Ces hommes rudes et féroces sont des mélo-
manes enragés : ce qui fait d'ailleurs mentir le proverbe : la musique adoucit les mœurs. Tous savent
chanter et jouer de la doutare, tous sont profondément sensibles aux charmes de la mélodie. C'est ce
qui explique le rôle prépondérant, le rang supérieur,
attribués au chanteur ambulant, qui dans d'autres pays
serait un pauvre hère.

Cependant notre homme a dit plusieurs chants qui
ont soulevé les acclamations unanimes. L'auditoire
tout entier est dans sa main; dès lors, il ne s'arrête
plus, chante éperdument, feint de s'enivrer lui-même
de sa propre musique, et donne à sa voix les accents
les plus pathétiques. Et pendant des heures, l'enthousiasme ne fait que s'accroître : maintenant c'est du
délire, et un frisson parcourt tous les assistants.

Le barhchi, semblant alors exténué, chante plus
faiblement, articule à peine et fait signe qu'il est
épuisé. Le maître lui fait un cadeau et chaque assis-
tant y ajoute un présent. Si le barhchi, juge la somme
insuffisante il reprend ses chansons avec une nouvelle
force, disant qu'il ne s'arrêtera plus jusqu'au lever du
soleil. Le maître comprend et augmente la somme,
car, si on entendait les chants trop avant dans la nuit,
chacun dirait que le maître n'a pas payé le musicien
qu'il a fait venir, et ce serait une grande blessure
pour son amour-propre.

Chacun se sépare alors et rentre dans sa tente, le
ventre plein et la tête vibrante de mélodies.

Ploff et musique, en cela se résument toutes les
fêtes chez les Turkmens, qui ignorent la danse.

Les lendemains de ces bombances sont durs, et lorsqu'on a rongé les os, seuls reliefs du festin, il faut revenir à la bouillie de farine ou de riz, arrosée de thé vert, dont les Turkmens font une consommation énorme. Il faut dire à leur honneur qu'ils acceptent stoïquement ce changement de régime et n'en paraissent pas souffrir. Il est vrai que l'hôte a encore la ressource, au bout de quelques jours, de couper par lanières la peau des moutons, quand elle est suffisamment pourrie pour que le poil se détache facilement, et de la manger après l'avoir fait griller sur des charbons.

C'est à un charmant compagnon de voyage, commerçant russe, que ses affaires obligeaient à fréquenter les Tekkés, que nous devions ces intéressants renseignements sur leur vie intime. Et ainsi, devisant gaiement, les heures passaient vite et l'on oubliait la lenteur du voyage.

Un nouvel arrêt : Géok-Tépé! C'est là qu'a succombé la puissance des Turkmens!

On pourrait s'attendre à trouver les ruines de quelque massive forteresse ou de quelque formidable camp retranché, en songeant que le siège de Géok-Tépé demanda près d'un mois d'efforts surhumains aux 8,000 Russes de Skobeleff, qui disposaient de 60 bouches à feu. Et pourtant, la forteresse qui se trouve à côté de la gare n'est qu'un vaste quadrilatère entouré d'un épaulement d'argile de quelques mètres de hauteur à peine. Et l'admiration ne fait qu'augmenter pour ces Tekkés redoutables qui engageaient là la lutte suprême pour l'honneur et la domination.

Géok-Tépé (1) représente, en grand, le type parfait

(1) Le nom de tépé, qu'on retrouve dans beaucoup de dénomi-

de ces enceintes fortifiées nommées *kala*, qu'on retrouve dans tout le pays turkmen. Jusqu'à l'Amou Dariah on en pouvait voir fréquemment, dressant par la plaine une leur silhouette grise et abandonnée, et ces pans de murs ajoutaient à la sévérité du paysage une note désolée de pays dévasté par quelque lutte sans merci.

La kala n'est qu'une enceinte de terre battue généralement carrée, délimitant un espace nu. Une seule porte donne accès à l'intérieur, l'enceinte est entourée d'un large fossé sur lequel est jeté un pont mobile. Des tours basses et massives, en terre, garnissent la muraille, qui est en général très épaisse et formée uniquement de terre argileuse tassée. Les plus importantes sont protégées par deux ou trois redoutes détachées.

Il existe des kalas de dimensions très diverses; certaines ont à peine quinze ou vingt mètres de longueur, elles sont destinées à abriter quelques familles seulement; d'autres, comme celle de Géok-Tépé, ont des enceintes atteignant plusieurs verstes et peuvent contenir une tribu entière. Les premières sont destinées aux laboureurs pendant l'époque des moissons, elles servaient aussi d'abri temporaire à des sédentaires contre des pillards nomades (1); les autres, au con-

nations géographiques (montagnes, villes, etc.) en Transcaspie et en Crimée, est d'origine turke. Il sert à désigner la calotte arrondie que tous les musulmans appliquent ici sur leur tête rasée et qu'ils recouvrent ensuite, soit d'un bonnet, soit d'un turban. La forme arrondie du tépé se retrouve dans le toit des tentes turkmènes, dans les coupoles des monuments et des minarets : c'est presque une forme nationale.

(1) Il existe également d'étroites tours isolées de trois à quatre mètres de hauteur où cinq à six hommes au plus peuvent tenir : une entrée très basse y donnait seule accès : sitôt que le guetteur,

traire, n'avaient d'utilité qu'en temps de guerre et servaient de camp retranché aux guerriers pendant les grandes luttes armées contre les puissances voisines.

Dans les temps troublés, quand la guerre était déclarée, les nomades pliaient leurs tentes, rassemblaient leurs troupeaux et, de tous les points de la plaine, se réunissaient dans la kala, les villages errants. A l'intérieur, chacun plantait sa tente à sa guise : on assemblait les *kibitkas* (1) à nouveau, reconstituant l'aoul tel qu'il était dans la steppe, massant les troupeaux autour des tentes.

On accumulait des provisions, les femmes formaient d'immenses tas d'herbes sèches, pour assurer la nourriture des bestiaux : on recueillait, dans des outres, de l'eau, en grande quantité et, si quelque ruisseau coulait non loin de la kala, on en détournait le cours pour lui faire traverser l'enceinte fortifiée.

Dès lors, sa famille et son bien étant à l'abri des ennemis, le Turkmen sous la conduite du serdàr partait en guerre. Il y avait de grands coups, de belles batailles, nombre de braves tombaient face à l'ennemi, car le Turkmen ne lâche jamais pied. Sa devise est : « La honte est pire que la mort; » et quand il a commencé l'attaque il vainc ou il meurt : la plus sanglante injure que l'on puisse lui faire est de le traiter de lâche.

D'ailleurs les poètes d'autrefois avaient célébré fréquemment ce courage légendaire :

Dans la terre du Turkestan ne manquent pas les braves,
En chaque brassée de terre y repose un hardi, un vaillant!

placé au sommet, signalait un Tekké, les quelques laboureurs de la plaine se réfugiaient dans la tour, roulaient une énorme pierre à l'entrée et attendaient la disparition du brigand. C'est toujours la même terreur du sédentaire pour le nomade.

(1) Tente de nomade en feutre.

Si la fortune a souri à ses armes, le Tekké revient chargé de butin dans la kala et ramène triomphalement sa famille et son troupeau dans la steppe. La kala se vide alors et reste déserte, jusqu'aux prochaines batailles.

Mais si le sort a été contraire à la tribu, le Turkmen revient dans la kala, s'y enferme et se prépare à soutenir le siège et à défendre chèrement sa vie. Confiant, d'ailleurs, dans l'épaisseur et la solidité des murs, il ne craint pas un assaut victorieux et pense bien lasser la patience des assiégeants, après leur avoir infligé, dans d'heureuses sorties, des pertes nombreuses.

C'est là toute l'histoire du siège mémorable de Géok-Tépé. Après de nombreux et sanglants combats, quelquefois heureux, les Turkmens avaient vu la puissance russe envahir peu à peu leurs plaines. En dépit de la difficulté de la campagne, de l'aridité du sol, de l'inclémence du climat, de la bravoure des nomades, les soldats russes gagnaient du terrain à l'est et à l'ouest. Les sables mouvants engloutissaient les isolés, presque tous les chevaux mouraient de soif, les hommes n'avaient pour boire qu'une eau recouverte de détritus et de cadavres d'insectes, beaucoup mouraient de fièvre et de misère, mais l'opiniâtreté des Russes était telle, qu'elle triomphait de tous les obstacles.

Le cercle se resserrait donc et les Tekkés, comprenant que la lutte suprême approchait, s'enfermèrent dans la formidable citadelle de Géok-Tépé, où deux années auparavant s'était brisée la première expédition russe. Dix mille tentes étaient dressées dans l'enceinte fortifiée, 40,000 personnes s'y abritaient, parmi lesquelles 15 à 20,000 Turkmens décidés à lutter jusqu'au bout. Un serdâr fameux, Maktoum Ali Khan, les commandait, et, confiants en son courage, ils espéraient encore la victoire.

La lutte fut terrible, le siège âpre et furieux : les boulets ne pouvaient entamer la terre tassée des murailles, et Skobeleff comprit vite qu'il faudrait recourir à la mine. Les tranchées commencées à la fin de décembre furent poursuivies, près d'un mois, jusqu'à la troisième parallèle. Pendant ce temps, les troupes étaient sans cesse harcelées par les assiégés, et, chaque nuit, se répétaient de violentes attaques poussées par les Tekkés jusque dans les retranchements ennemis. Les Russes, admirables de stoïcisme et d'endurance, électrisés d'ailleurs par ce grand meneur d'hommes qu'était Skobeleff, continuaient cependant leur œuvre.

Le 24 janvier 1880, l'assaut est décidé, la mine est allumée et la formidable muraille s'écroule. Derrière la brèche, les Tekkés, dans l'exaltation du suprême sacrifice et, enveloppés dans leur linceul pour indiquer leur volonté bien arrêtée de combattre jusqu'à la mort, opposent une vivante barrière aux premiers envahisseurs; et en pleine nuit, le carnage se poursuivit sans trêve avec une violence effrayante et sans égale.

Au lever du jour, la dernière résistance des Turkmens avait cédé, leur puissance gisait, définitivement brisée, sous les monceaux de 15,000 cadavres, et dès le lendemain, Maktoum Ali Khan, le serdàr, apportait au général Skobeleff sa soumission et celle de ses compagnons survivants. 15,000 Turkmens étaient tombés au champ d'honneur, fidèles à la maxime : « L'homme naît sous la tente et meurt sur le pré. »

Et telle est la loyauté de ces nomades que, depuis, jamais ils ne songèrent à violer ce serment. Le Russe était le plus fort, il les avait battus, ils se soumettaient sans esprit de retour ; dès lors, le conquérant put leur imposer les plus durs sacrifices, interdire l'esclavage, les alamans, jamais ils ne se révoltèrent ; aujourd'hui le tsar, l'ak-padichah, est bien pour eux le Maître incontesté, ils le servent, aux armées, avec bravoure et fidélité : car les Russes, suivant en cela la tradition de Gengiskhan, ont incorporé les vaincus dans leur armée.

La forteresse de Géok-Tépé, qui se dressait devant nous, déserte et silencieuse, prenait à ces souvenirs une grandeur épique. Les murs, où la brèche est encore visible, sont peu élevés, les fossés sont comblés, car il a fallu enterrer tous ces morts ; et dans l'intérieur de la kala, le sol tourmenté se soulève partout en bosses de terre : ce sont les tombes anonymes où dorment les braves qui luttèrent pour la liberté. Quelques fleurs çà et là parent leurs tombes, hommage de la nature à tous ces héros ignorés : quel dommage de ne pouvoir cueillir la fleurette du souvenir !

... Une grande gare, une foule sur le quai, l'animation de quelque importante station d'Europe : c'est Aschabad, chef-lieu de la Transcaspie. C'est là que réside le gouverneur de toute la région qui, d'abord, dépendant du gouvernement général du Caucase, relève maintenant du gouvernement général du Turkestan, résidant à Tachkend. C'est à sa haute bienveillance que nous devons d'avoir un wagon réservé, aussi profitons-nous de notre passage pour lui faire porter nos respectueux hommages.

Nous n'avons pas le temps de séjourner ici : la ville n'a d'ailleurs rien de curieux. Simple petite bourgade sans valeur commerciale avant la guerre, elle a acquis, administrativement, une importance considérable, lorsqu'elle fut désignée comme chef-lieu de la région, au détriment de Merw, la grande ville traditionnelle.

Dès lors, une cité nouvelle surgit, formée de maisons blanches, aux toits plats, toutes pareilles et qui donnent à la ville cet aspect bas, aplati, qu'on retrouve dans tout l'Orient, sans qu'aucun monument original ou caractéristique en révèle ici la monotonie. Aussi Aschabad a-t-il la réputation d'être une ville maussade et ennuyeuse, et, comme le climat y est des plus malsains, seuls les militaires et les fonctionnaires, dont la résidence y est obligatoire, consentent à y habiter.

La gare et son animation sont une des grandes distractions du pays, aussi nombre d'officiers encombrent-ils le quai.

La foule est d'ailleurs très bigarrée en ce point central. Au milieu des nombreux uniformes russes, des tuniques et des casquettes blanches, circulent des Asiates ; les Turkmens sont encore ici en majorité, et leurs énormes bonnets dominent tout, mais à côté d'eux nous voyons des Persans au profil fin, à la peau blanche, coiffés du bonnet pointu d'astrakhan, et des indigènes vêtus de larges robes de cotonnade à gros ramages, avec un turban blanc sur la tête ; ceux-ci, que nous voyons ici pour la première fois en nombre, et que nous regardons avec le plus grand intérêt, nous aurons, par la suite, occasion de les étudier amplement : ce sont des *Sartes*, des habitants des villes du Turkestan ; c'est à eux que nous aurons affaire pendant tout notre séjour en ce pays. Aschabad est l'un des points extrêmes où les amène leur commerce, c'est là qu'ils entrent en contact avec l'élément nomade, le Turkmen.

Sur ce quai, il y a encore des Tatares vêtus de petites calottes rondes, des Afghans aux volumineux turbans, quelques femmes persanes voilées et deux ou trois Géorgiennes, aux traits impeccables, en costume de soie foncée avec la rondelle de velours brodé sur la tête et le voile blanc, et même quelques Chinois vêtus de la classique saie de soie et parés d'une immense queue tressée.

Et tous ces gens bizarres, sortis des wagons où on les entasse, se précipitent, se bousculent pour boire quelques gorgées d'eau ou pour se procurer quelques menues provisions, Aschabad étant la seule station munie d'un buffet et de boutiques de fruits.

Mais s'ils se bousculent entre eux, ils ont bien garde de toucher un Européen; ceux-ci, par contre, n'hésitent pas à se faire place dans la foule, en écartant violemment les groupes d'Asiates, ce qui, d'ailleurs, paraît admis, et ne suscite aucun murmure; et c'est pour nous une nouveauté que cette supériorité du blanc, admise par l'indigène qui lui reconnaît le droit de le heurter, de le frapper même, sans songer à riposter. Décidément, décidément, nous sommes bien loin de France.

Tout à coup, un incident tragique : d'un wagon on sort un Asiate couvert d'éclatants vêtements bariolés et on le place dans un coin de la gare; nous nous approchons, il est mort, la figure violacée, les traits contractés; personne d'ailleurs ne s'occupe plus de lui et la scène a produit peu d'effet ; un Russe, à qui nous exprimons notre étonnement de cette indifférence, nous dit seulement : « Oh ! c'est un Asiate !! » Au reste, l'état sanitaire est si mauvais dans la région, que l'on est blasé sur de semblables scènes, qui, paraît-il, se renouvellent assez fréquemment.

Quelle peut-être cette maladie terrible, dont les effets sont parfois foudroyants ; nous tentons d'avoir quelques éclaircissements, mais les opinions sont vagues et contradictoires. Les uns appellent seulement cette grave maladie épidémique, la fièvre ; les autres précisent et parlent de fièvre typhoïde ; certains affirment qu'il s'agit de typhus ; d'autres parlent même de fièvre jaune. Il paraît plus probable qu'il s'agit d'accidents graves d'impaludisme.

Quoi qu'il en soit la région est, paraît-il, désolée en ce moment par une terrible épidémie : Aschabad est fort atteint, mais c'est à Merw qu'est le foyer principal du fléau ; là, le chiffre des malades et des morts (1) qu'on nous donne, quoique visiblement fort exagéré, indique cependant une très sérieuse épidémie, et l'on nous montre plusieurs infirmières, portant le brassard de la croix rouge, et qu'on envoie à Merw pour soigner les malades : elles sont charmantes ces infirmières, avec leur robe marron élégante et la jolie pointe de linge blanc, coquettement posée sur la tête ; et dans leurs yeux clairs, on sent une calme énergie, exempte de toute crainte.

... Nous repartons. Le train traverse maintenant un pays plus peuplé ; les kibitkas sont plus fréquentes et l'on peut voir par places le cercle de tentes qui constitue le village tekké, l'aoul. Bien caractéristiques, ces tentes des Tekkés, ces kibitkas (2), comme on les

---

(1) On nous a donné le chiffre de 859 morts par jour, ce qui est manifestement erroné.

(2) C'est le nom que les Tekkés donnent à leur tente : la yourte est plutôt le home.

appelle, avec leur forme cylindrique et leur toit arrondi.

Grâce à la complaisance de notre commerçant russe, il nous fut donné, à un des arrêts du train, d'en visiter quelques-unes, dans un aoul voisin de la station, où une avarie de la voie nous avait retenus quelques heures.

La kibitka n'est pas, à proprement parler, une tente, c'est plutôt une maison portative. Tandis que la tente de nos armées ou celle des douars arabes est composée seulement d'étoffe (toile ou peau) tendue sur des piquets plantés en terre, la kibitka comprend une carcasse de treillis de bois complète, qu'on double extérieurement d'épaisses couvertures de feutre gris jaunâtre. Elle atteint 2 m. 50 de hauteur, c'est dire que l'on s'y tient aisément debout, à l'encontre des tentes arabes, où l'on ne peut tenir qu'assis ou couché ; aussi l'aspect d'un aoul tekké, avec ses kibitkas droites et de couleur claire, est-il beaucoup moins misérable que celui d'un douar, dont les tentes noires sont écrasées et se distinguent à peine de la terre.

Le toit de la kibitka est arrondi en forme de tépé. Aucun pieu ne le soutient à l'intérieur, seul, un poid (sac de sable ou de blé), suspendu par une sangle à la clef de voûte, maintent la solidité de la tente. Les épaisses lames de feutre sont tendues sur le squelette de bois qu'elles recouvrent entièrement ; au sommet, une ouverture ronde pour la fumée ; sur l'une des parois, l'entrée basse, et masquée par un rideau de feutre.

A l'intérieur, le mobilier, des plus sommaires, consiste en tapis qui recouvrent la terre nue et les parois ; quelques-uns se superposent, dans un coin,

pour former la couche ; quelques coffres contiennent
les objets usuels, les habits, les choses précieuses ; des
sacs de provisions et des ustensiles de ménage complètent le tout ; aux parois sont accrochés les armes, le
harnachement. Un foyer formé de quelques pierres, au
centre de la kibitka, contient le feu, dont la fumée
s'échappe par l'ouverture du toit.

Riches et pauvres ont une habitation semblable,
mais ceux-là peuvent mieux l'entretenir et la renouveler plus souvent. Car si les feutres des tentes sont à
peu près inusables, la carcasse de bois s'altère assez
facilement dans les transports que leur imposent les
nomades. Aussi le luxe, chez les Tekkés, consiste-t-il à
renouveler non son mobilier mais sa maison : c'est un
luxe qu'un Européen pourrait difficilement s'offrir.
Les riches Tekkés seuls peuvent se permettre cette fantaisie car, à la dépense occasionnée par la fabrication
d'une kibitka, se joint le prix de la fête qui accompagne
toujours l'installation d'une nouvelle tente.

Le propriétaire, sitôt que la carcasse de la kibitka
est achevée, prévient tous ses amis : on organise des
courses de chevaux, des fantasias, puis on sert un des
énormes repas que nous avons décrits, et la fête
s'achève aux sons de la doutare, accompagnant quelque
chanteur renommé. Tout cela ne va pas sans une
grande dépense, à la portée de bien peu de Tekkés,
surtout maintenant que la cessation des alamans a
amené les jours de misère.

L'aoul que nous visitions était un aoul de sédentaires agriculteurs et beaucoup d'hommes étaient partis
labourer. Dans les tentes se trouvaient les femmes et
**les enfants, qui ne paraissaient pas très effarouchés de
nous voir.**

Comme chez tous les musulmans nomades, les
femmes jouissent d'une assez grande liberté ; elles ont
le visage découvert et partagent absolument la vie de
l'homme : pas de harem, pas de voile. Vêtues d'une
longue chemise rouge ou bleue, toute droite et sans
ceinture, elles portent sur la tête une toque ronde
sous laquelle passent les tresses noires de leur chevelure : un grand voile de cotonnade ou de soie posé sur
la toque tombe jusqu'aux talons ; le visage est découvert, et, lorsque paraît un étranger, elles ramènent
seulement un coin de leur voile sur le menton.

Grandes, sveltes, souvent gracieuses dans leur
démarche, elles ont un type assez marqué ; la face
large, les pommettes saillantes, la peau très blanche ;
mais, comme pour les hommes, il y a chez elles beaucoup de variétés et quelques-unes ont un type iranien
très net, dénotant leur origine persane.

La plupart portaient sur la poitrine des plaques
d'argent travaillé, dont le nombre et la grandeur indiquent la richesse de l'époux. Celui-ci, en effet, ne
porte lui-même aucun bijou, sa kibitka est toujours
simplement décorée, tout son luxe extérieur se concentre sur les parures de sa femme et de son cheval.

C'est l'argent travaillé et les cornalines qui constituent la base de ces bijoux, ordinairement fort grands et
fort lourds. Une femme riche porte au cou et sur la
poitrine un véritable plastron fait de plaques aux élégantes arabesques, unies par des chaînettes ; aux
oreilles, de lourds triangles d'argent garnis de pendeloques ; aux poignets, aux chevilles, de massifs bracelets ovales ; tous ces bijoux pèsent fort lourd, et
l'ensemble peut atteindre deux kilogrammes, mais
elle et son mari sont si fiers d'exhiber ces richesses,

qu'elles les portent continuellement, et il est curieux de voir, sur des vêtements sales et déguenillés, s'étaler cette précieuse et encombrante parure.

Certaines femmes toutes jeunes, non mariées encore, allant à visage absolument découvert, ne portaient que très peu d'ornements; non fatiguées encore par les rudes travaux, elles étaient vraiment élégantes et jolies. Mais la plupart de celles qui exhibaient les bijoux, apanages du mariage, montraient des traits fatigués, une vieillesse précoce due aux pénibles occupations qui leur sont dévolues.

C'est la femme qui vaque à tous les soins domestiques, c'est elle qui moud le grain, cuit la farine, fait la cuisine, monte et démonte les tentes. C'est elle encore qui tisse et foule la laine pour préparer les étoffes des vêtements, les feutres des kibitka et des couvertures de chevaux; c'est là une besogne très pénible et qui, lorsqu'on veut obtenir un feutre souple et fin, exige un soin tout particulier; chaque fiancée foule ainsi une fine couverture pour le cheval de celui qui l'a choisie, et l'on dit communément que « plus le feutre pour le coursier est fin, plus l'amour pour le cavalier est grand ».

Les femmes doivent encore filer, teindre et laver les laines ou les soies qui leur serviront à faire les merveilleux tapis tekkés, si justement célèbres. Nous pûmes en voir quelques-unes qui, accroupies devant un métier rudimentaire, tissaient un de ces tapis; avec un peigne de fer, elles serraient ensuite le tissage.

Chaque famille possède un dessin particulier, transmis par la tradition et qui est reproduit invariablement sur chaque tapis fabriqué sous la même tente, si bien que notre commerçant, habitué aux transactions avec les Tekkés, nous disait reconnaître, au dessin, l'origine exacte de chaque pièce qu'on lui présentait.

Sur un fond rouge brun très chaud, se dessinent habituellement en noir ou en crème de petits motifs détachés les uns des autres, et, tranchant nettement sur le fond, une large bordure foncée riche et sévère complète l'ensemble (1). Ces tapis peuvent atteindre toutes les dimensions; beaucoup ne dépassent pas trois mètres de longueur sur un mètre cinquante de largeur : mais malgré leur taille moyenne ils atteignent, même chez les Tekkés, un prix assez élevé, tandis que les grandes pièces peuvent monter jusqu'à huit ou dix mille francs. Ces prix se conçoivent si l'on songe que la fabrication d'un tapis demande souvent plusieurs années de travail à la femme qui le fabrique.

Ces multiples travaux incombent à la femme, sans qu'elle songe à s'en plaindre; d'ailleurs le sort de celle-ci, chez les Turkmens, est plus enviable que celui de beaucoup de musulmanes nomades. Toujours bien traitées, elles ne subissent aucune brutalité de la part de l'époux, jouissent d'une liberté presque complète et sont admises dans la société des hommes. Elles n'en abusent d'ailleurs pas, les adultères sont rares : on cite pourtant plusieurs drames passionnels terribles; c'est que le mari ne se contente ordinairement pas de son droit de répudier l'infidèle et qu'il n'hésite pas à la tuer avec son amant.

(1) L'impression de beauté sévère que donnent ces tapis leur vient probablement de la petite part de l'ornementation, dans l'ensemble. Répartis avec régularité, les motifs, petits et géométriques, laissent à la tonalité rouge foncé du fond la plus grande part, ce qui diffère essentiellement des tapis européens, où l'ornementation très compliquée a l'importance prépondérante.

Parfois même la femme peut prendre un certain ascendant moral sur l'époux, surtout lorsqu'elle est mère d'un garçon, ce qui, chez les Tekkés comme dans tout l'Islam, est un gage de bonheur; l'homme ne dédaigne pas alors de la consulter dans les occasions graves, et de suivre ses avis.

Beaucoup de Tekkés sont polygames, mais rarement ils ont plus de deux femmes; leur fortune ne leur permet pas d'en acheter un plus grand nombre, chaque femme coûtant un nombre respectable de moutons ou de chameaux (1) : régulièrement, chacune de ces femmes devrait habiter sous une tente différente, mais la dureté des temps a fait fléchir la rigueur de l'usage et toutes habitent maintenant la même kibitka et vivent d'ailleurs en bonne intelligence.

Les enfants, filles et garçons, habitent en commun jusque vers douze ans : vêtus d'une simple chemise droite, de soie ou de cotonnade, ornée de plaques d'argent plus ou moins nombreuses, suivant la fortune des parents, ils ont, les uns et les autres, les cheveux rasés sauf quatre mèches : un petit bonnet plus ou moins ornementé les coiffe, si bien qu'il est difficile de distinguer les filles des garçons.

Au-dessus de cet âge, les filles laissent croître leurs cheveux, qui restent découverts, le voile étant, avec les bijoux nombreux, la caractéristique des femmes mariées; les jeunes gens adoptent le costume tekké. Pendant leur enfance, tous ont appris à lire et à écrire chez le mollah, car les Tekkés ont un grand amour de

(1) Le *kalim*, prix d'achat de la fiancée, atteignait environ 1,200 à 2,000 francs avant la conquête, mais depuis l'hécatombe de Géok-Tépé, le nombre des femmes étant très supérieur à celui des hommes, le kalim a beaucoup diminué.

l'étude et ils veulent que leurs filles et leurs garçons soient instruits.

Parvenue à l'adolescence, la jeune fille aide sa mère aux travaux du ménage, en attendant le *kalim* (1) d'un fiancé : le jeune homme autrefois suivait son père aux alamans, il était son écuyer et s'efforçait d'égaler ses qualités guerrières. Actuellement, plus paisible, il garde les troupeaux, s'occupe des transactions commerciales, laboure les champs : s'il sent en lui persister les instincts ancestraux, il va aux armées et trouve, dans les milices ou les régiments turkmens, de quoi satisfaire ses ardeurs guerrières. Il peut même acquérir des grades.

Dans une des principales kibitkas du village, nous fûmes témoins d'une scène de famille exquise et paisible. Dans le fond, face à la porte, devant le feu de fiente séchée, un homme, déjà âgé, était assis, vêtu à la mode tekké : d'un tchélem (pipe d'eau) il tirait gravement des bouffées larges et longues : immobile et sévère, il nous vit entrer sans marquer d'étonnement et nous fit signe de nous asseoir.

A sa gauche, deux femmes s'occupaient au tissage d'un tapis : l'une d'elles, jeune et belle, cachant coquettement le bas de son visage sous un coin de son voile, se leva et sur un ordre du maître nous versa une tasse de thé vert, puis, sans un mot, s'inclinant gracieusement, elle reprit sa tâche.

A droite, un jeune homme jouait de la doutare, en chantant, d'une voix aiguë et nasillarde, une de ces

_______________

(1) C'est le prix d'achat qu'un mari paye aux parents de sa femme. (Voir plus haut.)

mélodies bizarres dont le rythme énerve et attache.

Au milieu de la kibitka, sur le foyer, bouillait le thé vert, et une sensation de repos et de paix se dégageait de cet ensemble. Malheureusement une fumée âcre et désagréable, émanée des tourteaux de fientes de chameau, qui servent ici de combustible, prenait à la gorge et gâtait la scène.

Notre compagnon russe expliqua notre présence et le maître répondit que c'était un honneur pour lui de nous recevoir, que son toit nous appartenait et que nous y pouvions rester tout le temps qu'il nous ferait plaisir, car l'hôte, chez les Tekkés, est sacré, et l'on doit recevoir l'étranger et le traiter bien, sans accepter de rémunération : il est vrai qu'à ce point de vue la rigidité turkmène fléchit quelquefois, mais passons.

C'est avec une dignité d'allure extraordinaire et un masque impassible que le Tekké nous tint ce langage, et l'on ne pouvait qu'admirer cette tête énergique et grave. Certes, à voir ce paisible vieillard, on avait peine à se figurer qu'il fut jadis un farouche alamanet-chik, et l'un des rares survivants de Géok-Tépé.

Comme tous les hommes de sa race, nous apprit notre compagnon, il était fort avare et rapace, les transactions avec lui étaient difficiles, interminables, mais toujours, du moins, il conservait une modération de langage et un ton parfaits; pas de cris, pas d'injures, encore moins des querelles ou des voies de fait. Enfin lorsqu'on était tombé d'accord avec lui, on pouvait être sûr de la parole donnée, car la loyauté du Turkmen est absolue, il exécute tout marché consenti, même lui fût-il désavantageux. « Si la parole d'un Européen, dit-il, arrive jusqu'à la ceinture, celle d'un

SAMARKAND — ARBAS INDIGÈNES

(v. p. 99)

TURKMENS ET SARTE, A UNE STATION DU TRANSCASPIEN

(v p. 35)

Turkmen monte à la barbe (1). » Sa loyauté est telle, d'ailleurs, qu'il ne peut concevoir chez les autres la friponnerie. Lorsque a lieu une transaction à crédit, le créancier fait signer au débiteur une reconnaissance de sa dette, puis il la lui remet, car, dit-il, « pourquoi conserverais-je cet écrit et à quoi me servirait-il ; le débiteur, au contraire, en a besoin pour se rappeler l'échéance et le chiffre de sa dette. » Que voilà bien des mœurs baroques et indignes de civilisés, n'est-il pas vrai ?

Il est bien curieux de trouver, précisément chez des pillards de profession, une loyauté légendaire et une probité absolue, car le vol est inconnu chez les Turkmens : dans l'intérieur de la kibitka les membres d'une même famille pourront parfois se dérober quelque objet domestique, mais le vol du voisin est grave, déshonorant, et quiconque s'en serait rendu coupable devrait quitter le pays : pourtant la conquête paraît avoir été néfaste à ces qualités séculaires, et depuis que la cruauté et la rapacité natives des Turkmens ne trouvent plus d'aliment dans les épiques pillages de caravanes, certains mauvais instincts semblent s'être développés : la droiture, la loyauté, la probité, ont fléchi, tandis que se propageait l'usage de deux poisons : l'alcool et l'opium.

Ainsi, la civilisation apporte toujours avec elle ses

(1) Il faut croire que cette honnêteté des nomades est traditionnelle, car Strabon, résumant le caractère général de toutes ces populations, termine en disant : « En somme, toutes leurs habitudes accusent un esprit indépendant, mais grossier, sauvage et belliqueux, joint, il faut bien le dire, à une grande droiture dans les transactions et à une ignorance complète des fraudes propres aux nations commerçantes. »

vices, ses tares, et corrompt les races primitives sous prétexte de les améliorer.

Il nous eût été agréable de passer quelque temps au milieu de ces braves gens, de vivre un peu la vie de la yourte (1), mais le train n'attendait pas et nous dûmes à la hâte regagner la station.

(1) Rappelons que la yourte est le « home », l'intérieur du Turkmen ; la kibitka est son habitation.

# CHAPITRE III

## MERW — L'AMOU DARIAH

L'amabilité des Russes pour les étrangers est bien connue. Souvent déjà nous en avions eu la preuve en parcourant les différentes provinces russes ; mais ici, dans le transcaspien, où la langue française n'était nullement comprise des employés, nous pûmes voir les russes parlant français, déployer pour nous toutes les ressources d'une ingénieuse complaisance. Tous s'efforçaient de nous égayer, de nous donner des détails curieux sur le pays, tous enfin épiaient nos moindres désirs pour les satisfaire.

C'est grâce à leur intervention que nous pûmes déchiffrer, sur la carte du wagon-restaurant, la liste des plats griffonnée en russe par la main inhabile du maître d'hôtel, tâche impossible si nous avions été livrés à nous-mêmes. Et faute de pouvoir commander nos repas, nous étions menacés de mourir de faim, car, dans ce pays, le wagon-restaurant est le seul endroit où l'on puisse se nourrir.

En effet, à l'inverse des wagons européens, celui-ci ne s'approvisionne pas en route, sauf à Aschabad : bien au contraire, il est la ressource de beaucoup de stations auxquelles il fournit des vivres.

A Aschabad, nous vîmes même monter dans le wagon plusieurs officiers. Ils se firent servir à dîner et

prirent notamment du poisson (1), une rareté ici. Ils
nous racontèrent, à notre grand étonnement, qu'à
chaque passage du train ils faisaient de même : c'était
pour eux un extra, une petite fête gastronomique qu'ils
s'offraient ; et l'élévation de ce *deaning-car* à la dignité
de restaurant fameux nous en dit long sur les ressources de la région, où Paillard et Voisin n'ont certainement pas de succursale. Après avoir terminé leur
repas, ils descendirent à une prochaine station où des
cosaques les attendaient avec leurs chevaux, et revinrent à leur garnison, joyeux de cette bien modeste
partie fine.

Nous y avons passé de bons moments, dans ce wagon, car, en dehors des heures de repas, il restait à peu
près vide : c'est par ses fenêtres que nous avons vu
défiler les longues lignes droites des plaines infinies,
les horizons sans fin des steppes, que les récits de nos
compagnons peuplaient de personnages fantastiques.
Et là, tandis que de nombreuses bouteilles de limo-
nade, alternant avec des tasses de thé, nous aidaient à
combattre la terrible chaleur du jour, nous avons vu
se dérouler la vie libre des enfants du désert, dans son
cadre sévère et grandiose.

Le pays est ici plus cultivé, plus fertile : c'est l'oasis
de l'Atek (2).

Oasis, mot évocateur! On s'imagine de suite un
immense bouquet de palmiers planté au milieu d'un

---

(1) Le wagon-restaurant, venant de la Caspienne, est toujours
abondamment approvisionné de poisson frais.

(2) Il ne faut pas le confondre avec l'Atrek, pays traversé par
la rivière de ce nom et situé sur les frontières de la Perse, aux
bords de la mer Caspienne. L'Atrek est habité surtout par des
Turkmens youmoudes.

implacable désert, et cachant sous son ombre les blancheurs des terrasses et des mosquées ; c'est bien là, en effet, l'aspect de l'oasis saharien, mais en Asie centrale rien de semblable. Dans la steppe déserte, comme dans l'oasis habitée, c'est toujours l'étendue sans fin des plaines : là poussent seulement une herbe rare et desséchée, quelques misérables arbustes ; ici apparaissent des champs cultivés, des pâturages plus fournis ; dans la steppe, quelques kibitkas isolées, quelques troupeaux seulement ; ici des aouls nombreux, des tours et des kalas protectrices, beaucoup de têtes bétail. Mais pas d'arbres, pas de verdure, surtout pas les aspects caractéristiques des frondaisons tropicales ; le terrible vent des steppes ne permet pas la culture de ces essences, et, sur le bord des cours d'eau, si quelques arbres croissent, ce sont des peupliers, dont la silhouette familière n'a rien d'exotique : le pittoresque y perd beaucoup, et ce fut pour nous un désappointement de ne pas trouver ici les aspects attendus et espérés.

On éprouve pourtant un sentiment de repos et de bien-être à traverser une région peuplée, vivante, animée, après les grands espaces mornes de la steppe. La moisson est faite dans l'Atek, mais, comme chez beaucoup de peuples primitifs, les épis ont été coupés haut et la paille laissée sur pied, de sorte que les champs balancent encore au vent les masses jaunes de leurs récoltes sans épis.

Comme partout en ce pays, lorsqu'il y a de l'eau, la terre est d'une grande fertilité et l'on peut avoir jusqu'à deux moissons de céréales (1) donnant cent bois-

_______________

(1) Le pays produit blé, orge, riz, sorgho blanc et rouge, un

seaux de grains pour un boisseau de semailles, **et**
quatre coupes de trèfle par an. Aussi les cultivateurs
commencent-ils leurs labours sitôt après la récolte, et
c'est un singulier spectacle de voir les charrues tracer
leurs sillons dans ces plaines qui paraissent encore
couvertes de moissons.

Ces charrues sont souvent attelées d'un cheval et
d'un dromadaire, et cet appareillage inattendu de deux
bêtes aussi dissemblables offre l'aspect le plus co-
mique. Le dromadaire va de son pas lent et majestueux, tandis que le cheval trottine sous lui, et si le soc
reçoit quelques contre-coups de cette inégale traction,
le sillon, au bout du compte, n'est ni moins profond
ni moins droit.

Le dromadaire est d'ailleurs, chez les Turkmens, et
surtout dans cette région, un bétail commun, et l'on
en voit de véritables troupeaux mélangés aux moutons
et aux chèvres. Ce sont des camélieus à une seule
bosse (1), qu'il ne faut pas confondre avec le chameau
à deux bosses du Turkestan.

Celui-ci, très grand, fort, couvert d'une épaisse toison
qui se renouvelle chaque année, capable de supporter
les plus grandes fatigues, la faim et la soif, est un
animal précieux, portant des fardeaux énormes ; c'est
le « vaisseau du désert », l'élément indispensable des
longues caravanes : c'est d'ailleurs la seule bête qui

peu de maïs ; après la récolte, ces céréales sont enfermées dans des
silos ; du mil, du lin, qui sert seulement à faire de l'huile et non
des tissus ; du sésame, trèfle, luzerne, safran, chanvre, tabac ; des
légumes : pois, carottes, gourdes de coloquintes, oignons, pi-
ments, haricots verts, des melons, des pastèques, champignons.

(1) Contrairement à une opinion assez généralement répandue,
c'est le chameau qui a deux bosses, et le dromadaire qui n'en a
qu'une.

résiste au froid terrible des hauts plateaux du **Pamir**
et qui, par conséquent, permette des relations commerciales entre le Thibet et l'Asie russe.

Tout autre est le dromadaire : il est plus petit, plus
faible, son poil est peu fourni et ne saurait le protéger
contre les intempéries des hautes régions. C'est une
bête de somme et de trait, mais nullement comparable
au chameau ; il ne peut porter qu'un poids médiocre,
se fatigue assez vite et, si on l'emploie couramment
dans les caravanes de quelques jours, qui traversent
le pays turkmen pour aller vers les villes commerçantes du Boukhara, il ne saurait servir aux grandes et
longues caravanes qui, pendant des mois, transportent
jusqu'en Europe les riches produits de l'Extrême-
Orient.

Pourtant, comme l'animal vit bien et prospère en
Transcaspie, le Turkmen l'élève volontiers : il l'emploie
pour transporter les produits de son commerce ou
ses récoltes, il lui fait traîner ses chariots ou ses charrues ; le dromadaire, en un mot, supplée chez lui le
cheval ou le bœuf ; comme celui-ci, il est même quelquefois sacrifié et mangé, lorsqu'il est hors d'usage, et,
ce jour-là, c'est pour le Turkmen le signal d'un formidable festin. On fait même avec la chair du dromadaire
une sorte de mortadelle, pas mauvaise, nommée *pas-
teurma*, qui se vend dans toute l'Asie centrale et
jusque dans le Caucase.

L'immense plaine se déroulait toujours devant nous,
et la barrière montagneuse qui si longtemps avait
barré, à quelques verstes à peine, l'horizon du sud
s'était éloignée depuis Bouchak : elle avait fui vers le
midi, indiquant d'un trait moins distinct la frontière

afghane, le point de mire de l'ambition moscovite.

Le soleil avait majestueusement disparu derrière l'horizon infini, le jour baissait vite, comme toujours dans ces régions, quand nous aperçûmes de la verdure, des arbres, des jardins, tout le paysage frais et riant d'une coquette vallée de France. Puis, avec fracas, le train traversa un pont métallique jeté sur un véritable cours d'eau; presque aussitôt la vision disparut, le pays redevint sec, plat et désert : plus de cultures, plus d'habitants, et nous eussions pu croire à une véritable hallucination, si nous n'avions été prévenus des alternatives brusques de richesse et de désolation correspondant au bon fonctionnement des canaux d'irrigation.

Nous venions de traverser le Tédjend, la rivière de Hérat, à la lisière de l'oasis de l'Atek. Ses eaux bienfaisantes sont captées et de nombreux canaux d'irrigation les portent dans l'Atek qu'elles fécondent; mais sur la rive droite, aucun canal, aucune tentative de fertilisation, aussi le désert improductif reparaît-il aussitôt.

Dans la nuit profonde éclairée par une lune éblouissante, d'un éclat inconnu dans nos pays, la vaste plaine se fait plus infinie, et, par places, miroitent des surfaces brillantes, comme des tapis de lumière; ce sont des affleurements de sel qui, vers la frontière afghane, sont nombreux et importants. Partout en Transcaspie on retrouve le sel, soit sous forme de marais salants, de nappes de sel ou de carrières de sel gemme, preuve certaine que cette région n'est qu'un fond de de mer desséché; et ce lent mouvement de recul de l'eau, que nous avons noté, laisse sa trace sous forme d'amas salins parfois si considérables que certains cours d'eau sont salés.

Lorsque l'on veut se rendre compte des habitudes
d'un pays, il est bon de se mêler aux indigènes et de
voyager dans les mêmes wagons qu'eux. En Transcaspie, ce contact prolongé aurait de multiples incon-
vénients, et ce serait là un véritable sacrifice fait à sa
propre curiosité. Mais lorsqu'on est confortablement
installé dans un wagon réservé, il est très intéressant
d'aller, par moments, visiter ceux qu'occupent les
Asiates, non seulement les wagons ordinaires où ils se
sont casés, mais même ces fourgons spéciaux où on
entasse les plus pauvres.

On peut recueillir là de précieux détails de mœurs,
assister à des scènes fort curieuses. D'ailleurs notre
présence ne paraissait nullement effaroucher les indigènes, et ils nous regardaient avec un intérêt au moins
égal à celui qu'ils nous inspiraient : c'est que nos
casques de liège et notre gaieté ne leur étaient pas
habituels, et qu'ils devinaient en nous des étrangers.

Là, c'était le même cosmopolitisme coloré qu'à
Aschabad, les mêmes costumes bizarres et pittoresques. Les Turkmens étaient toujours nombreux : ils
fumaient gravement des pipes et causaient. D'autres
jouaient aux échecs, la grande passion des Turkmens;
sur un mouchoir à carreaux, mouillé et étendu par
terre, ils faisaient mouvoir de grossières figures de
bois, et paraissaient absorbés dans les combinaisons
savantes de ce jeu difficile. Comme nous nous étonnions de voir cette scène, un jeune Russe qui nous
accompagnait nous affirma que les Tekkés emportent
toujours en voyage leur échiquier de toile et leurs
pièces de bois et que, sitôt libres, ils commencent à
jouer.

Un Turkmen assis près des joueurs demanda, en

russe, à notre compagnon qui nous étions. Celui-ci répondit que nous étions médecins ; alors, très fier, l'indigène dit qu'il l'était aussi. Singulière rencontre ! Nous n'aurions certainement pas soupçonné un confrère dans cet homme brun, d'aspect farouche, coiffé d'un bonnet de peau et vêtu d'une robe de drap rayé. Il nous dit qu'il était très habile pour faire la saignée et qu'il allait, en ce moment, voir à Merw un puissant chef indigène ; et nous reconnûmes là que les charlatans sont de tous les pays.

Il nous fit aussi ses doléances, assurant que les *djerrechs* (médecins) étaient délaissés, au profit des *tebibs* (1), sortes de mollahs qui ont toute la confiance des Turkmens. Ces *tebibs* soignent, non avec des drogues, mais avec des amulettes contenant des prières et des versets du Koran.

Chez les Turkmens, extrêmement superstitieux et qui ornent d'amulettes protectrices de cuir ou d'argent (2) non seulement tous les membres de leur famille, jusqu'aux petits enfants, mais même les animaux et les kibitkas, on conçoit qu'un traitement

(1) Mot d'origine arabe, ce qui n'a rien d'étonnant, même en Turkestan, puisque l'arabe est la langue liturgique de tout l'Islam au même titre que le latin pour la religion catholique.

(2) Ces amulettes consistent en petits sachets ou tubes de cuir ou d'argent dans lesquels sont enfermés des formules sacrées ou des versets du Koran, écrits sur un papier avec de l'encre rouge : voici quelques-uns de ces versets, qui contiennent des maximes hygiéniques précieuses : « O croyants ! le vin, les jeux de hasard, les statues et le sort des flèches sont une abomination inventée par Satan :

Abstenez-vous-en et vous serez heureux. (Koran, § 92.)

« O croyants, ne priez pas lorsque vous êtes ivres, attendez que vous puissiez comprendre les paroles que vous prononcez. »

basé sur le pouvoir des amulettes ait une grande
vogue et soit très employé. D'ailleurs notre médecin,
tout en déblatérant contre les *tebibs*, maniait une des
cinq ou six amulettes qui ornaient sa poitrine. Impossible de faire meilleure réclame à la marchandise du
concurrent.

Les médecins sont, paraît-il, d'une ignorance extrême, et à part quelques drogues et quelques pratiques,
dont la plus habituelle est la saignée, ils ne savent
rien. Certes, les théories pastoriennes n'ont pas dû
beaucoup troubler dans leur quiétude ignorante ces
excellents confrères.

Dans la nuit, le train traverse de nouveau un pays
cultivé et frais : c'est l'oasis de Merw, à qui l'irrigation,
sagement développée depuis la conquête russe, a
rendu sa richesse d'autrefois; mais, si le pays est fertile, il est fort malsain : l'eau des nombreux canaux que
l'on voit de tous côtés, et qui provient du Mourghab (1),
apporte en même temps la fécondité et la mort.

Nous arrivons bientôt à Merw, le foyer de la fièvre
terrible qui décime la région, et les crânes petites
infirmières du train descendent ici pour aller secourir
ceux qui souffrent. Bravo !

Un voyageur, moins vaillant de nature, était des-
cendu sur le quai, ignorant le nom de la gare où l'on
était arrêté. Sitôt qu'il entendit prononcer le nom de
Merw, il se précipita vers le wagon, se coucha et resta
inquiet toute la nuit. L'air empoisonné de cette ville

(1) Comme beaucoup de fleuves d'Asie centrale, le Mourghab
ne se jette dans aucune mer : son lit devient de plus en plus mince
et se perd à une quarantaine de verstes plus loin dans les sables
du Karakoum.

néfaste l'avait fait, pensait-il, la proie du terrible fléau. Nous eûmes toutes les peines du monde à le rassurer.

Merw n'était, au moment de son annexion pacifique, en 1884, qu'une enceinte fortifiée, une immense kala à l'intérieur de laquelle étaient disséminées de misérables huttes de terre séchée et des kibitkas turkmènes. Au temps des alamanes, un important marché d'esclaves y amenait les courtiers boukhariotes et khiviens ; la ville jouissait donc d'une certaine prospérité commerciale ; mais depuis quelques années cette source de richesse avait disparu et Merw était tombée à l'état de simple bourgade. La venue des Russes lui a rendu une certaine importance administrative, surtout depuis qu'elle est tête de ligne du chemin de fer stratégique de *Kouchk*, voie de pénétration vers Hérat et l'Inde.

Une ville nouvelle, propre et banale s'est élevée, profilant au long des rues droites des maisons carrées à toits plats, toutes semblables ; le quartier indigène ne relève par aucun trait pittoresque la pauvreté sordide de ses masures : il n'a pris de l'Orient que sa misère, sans la parer sous l'éclat de ses couleurs.

Ce n'est certes pas là le tableau que nous attendions de cette ville de Merw, puissante dès l'antiquité et qualifiée longtemps de *Reine du Monde*. Il est vrai que la ville actuelle est récente ; l'autre, l'antique et célèbre cité, dresse à quelques verstes les magnificences de ses ruines imposantes et disparaît sous la morsure du temps.

Pointe avancée des terres cultivées en face du désert, Merw fut la proie que, dans leur lutte éternelle, sédentaires et nomades se disputèrent avec acharnement. Prise et reprise, détruite souvent, elle s'était toujours relevée de ses cendres. C'est que le Mourghab, capté

par une digue, formait en amont de la ville un lac
artificiel; ses eaux étaient ensuite habilement divisées en d'innombrables canaux et donnaient à la région
une richesse prodigieuse : Merw dans son oasis était
comme une perle dans un splendide écrin.

Mais il suffit qu'en 1795 (1) un conquérant plus
féroce brisât la digue bienfaisante; les eaux du Mourghab cessèrent de semer la richesse dans l'oasis; la
ville avait été détruite une fois de plus par la main
des hommes, mais c'est la sécheresse, l'aridité envahis-
santes qui lui portèrent le coup fatal. C'est alors que
les débris de la population se réunirent à une vingtaine de verstes à l'ouest, au bord du nouveau lit du
Mourghab, à l'emplacement actuel de la ville.

En pleine nuit, le train roule lentement. Tout
à coup, une vision grandiose, un hallucinant tableau :
sous la lune brillante, ce sont de puissants remparts écroulés, des maisons en ruine, de grandes
mosquées dressant encore la fierté de leurs portiques
qui s'effritent et de leurs coupoles éventrées; et la
pâle lumière baigne de clarté ces débris colossaux,
vestiges puissants de la *Reine du Monde*.

Pendant longtemps, nous traversons les ruines
immenses qui achèvent de s'écrouler, emportant dans
leurs débris les dernières traces de la magnificence
des empereurs de Kharezm. Et l'épitaphe inscrite au
fronton du tombeau d'un des Maîtres d'ici peut justement s'appliquer à la cité morte : « O vous qui avez
vu la grandeur d'Alparslan élevée jusqu'au ciel,
regardez! le voici maintenant en poussière!... »

(1) C'est le schah de Perse Mourad qui ordonna la destruction
de la digue dite de Sultan-Bend.

**Et** nous nous endormons, hantés par cette fantastique vision, digne des plus beaux contes orientaux.

**La nuit** nous dérobe l'aspect désolé et angoissant des dunes de sable du désert de Karakoum dont nous traversons la pointe sur une longueur de deux cents verstes ; mais nous aurons après l'Amou Dariah, dans la région de Kara Kul, l'occasion de décrire l'impression poignante que donnent ces masses de sable mouvant.

Au jour, nous sommes à la lisière du désert, dans un pays sec, aride, inhabité ; et pourtant, à travers les sables, on distingue les squelettes de quelques habitations, des pans de murailles ; jusque-là s'étendait, il y a quelques années seulement, l'oasis de *Tchardjoui;* mais l'envahissement progressif des sables vers l'est, envahissement contre lequel ou n'emploie aucun moyen efficace, empiète de plus en plus sur le pays fertile ; c'est là une menace constante pour la région.

Subitement, véritable changement à vue : à l'aride stérilité succède un pays gras, fertile, vert ; de grands peupliers dressent partout leurs hautes silhouettes ; des kalas nombreuses, des maisons aux toits en terrasse, se distinguent sous les arbres ; des champs plantureux, des jardins où pousse une variété de melons délicieux et très justement renommés, de grasses prairies où paissent des troupeaux, reposent l'œil, et, sous le ciel de feu, c'est la splendeur luxuriante d'un véritable Éden, après la désolation des déserts.

Puis les maisons deviennent plus nombreuses, une ou deux mosquées se dressent au centre d'un grand village : c'est Tcharjoui, gros bourg agricole ; nous venons d'entrer dans les États de l'émir de Boukhara.

L'Oxus (1) n'est pas loin; c'est lui qui donne la fertilité à toute cette région, c'est lui seul qui soutient une lutte inégale contre la formidable invasion des sables. Nous allons donc saluer ce fleuve célèbre depuis Alexandre et qui ne put arrêter la marche du héros victorieux.

Nous devons faire là, d'ailleurs, une assez longue halte. Le pont a été en effet brisé par une crue importante de l'Amou Dariah et la voie est interrompue. Il faut donc abandonner le chemin de fer, passer en bateau le fleuve et reprendre sur la rive opposée un autre train. Cela ne va pas sans mille incidents, et il en résulte, surtout en Asie centrale, où on ne se presse jamais, un retard considérable. Il est d'ailleurs largement compensé par les scènes pittoresques auxquelles nous assistons.

Une bande hurlante de Turkmens aux immenses bonnets envahit notre wagon et se dispute nos bagages. Assez inquiets, nous nous disposions à protester suivant la mode du pays, à coups de canne; mais on nous apprit que c'étaient des porteurs chargés de transporter nos colis dans la chaloupe ancrée au bord de l'Amou.

Nous descendons vers le fleuve, dont l'immense nappe jaunâtre s'étend devant nous. D'une largeur considérable, très rapide, sillonné de remous immenses, limoneux, parsemé d'îles plates couvertes d'une folle

______

(1) Ce fleuve, connu de toute antiquité, portait ce nom dans les littératures grecque et romaine. Au temps des conquêtes mongoles, il est qualifié déjà de son nom actuel d'Amou Dariah, ce qui en turkmène signifie fleuve-mer. Sa portion initiale, dans les hautes vallées du Pamir, conserve le nom de Djihoun, où l'on pourrait peut-être retrouver l'origine du mot Gihon, fleuve légendaire que la Genèse fait sortir du Paradis terrestre.

végétation, l'Amou a l'aspect si souvent décrit des grands fleuves équatoriaux ; il a réellement grand air, et il se dégage de ce courant énorme une impression de puissance formidable ; on comprend maintenant comment le passage de vive force de l'Amou par Alexandre fut compté au nombre de ses plus brillants exploits.

Les rives du fleuve, plates et déchiquetées, sont encore un indice de l'irrésistible poussée de ses eaux : quel aspect grandiose il doit prendre, lorsqu'en juin il subit sa crue annuelle, et que les flots limoneux et fécondants submergent îles et berges et s'étendent jusqu'aux rives naturelles surélevées, donnant au fleuve un lit de près de cinq kilomètres de largeur.

Pour le moment, la chaleur de l'été a considérablement rétréci le cours de l'Amou, qui a à peine, deux kilomètres de largeur. Il s'étend donc entre sa rive naturelle et son cours actuel une berge plate et couverte d'une abondante végétation : ce sont des joncs, des roseaux, des tamarix, des plantes épineuses mêlées en un inextricable fouillis et qui forment là une épaisse roselière, une véritable jungle appelée ici *tongaïs*.

Tout le long du cours de l'Amou Dariah, se poursuivent ces *tongaïs*, dont les halliers servent, paraît-il, de repaire à de nombreuses bêtes féroces, notamment à des tigres. Mais ces fauves prudents ne voisinent pas avec la ligne de chemin de fer, et il faut aller les chercher à plusieurs jours de Tchardjoui ; on nous raconte merveille de ces chasses, où de nombreux rabatteurs amènent à portée de votre balle un gibier royal, et c'est un regret pour nos âmes de nemrods de ne pouvoir participer à quelqu'une de ces expéditions peu banales : nous demandons à des Russes s'ils ont eu l'occasion de faire semblable chasse, mais aucun n'en a eu le loisir ni la tentation. Il s'agit là de véritables campagnes durant deux ou trois semaines, dans un pays très malsain et dénué de toutes ressources. Mais ce ne seraient pas là des obstacles sérieux pour de vrais chasseurs : quel dommage de n'avoir pas le temps nécessaire, ce serait pour plus tard ample matière à mirifiques récits pour les rendez-vous de chasse futurs. On risquerait, il est vrai, de se faire appliquer le proverbe : a beau mentir qui vient de loin, surtout si c'est un chasseur.

La rive, tourmentée et rongée en maints endroits, indique le travail constant de l'eau : l'Amou sans cesse désagrège une partie de ses berges et roule dans ses eaux jaunes les fécondes terres qu'elle dépose plus loin en fertiles alluvions.

Nous parcourons la berge basse, où la brousse a été rasée pour permettre le passage des voyageurs et des bagages. Quelques huttes en branchages tressés, couvertes de joncs, servent d'abri et de buvette aux indigènes débardeurs.

Au bord de l'eau, attend un singulier petit vapeur (1) qui ne paye pas de mine; d'aspect lourd, avec un fond plat, il fait pitié? c'est cependant un bon petit bateau, le seul capable de traverser le chenal changeant et dangereux du fleuve.

On s'entasse sur le pont étroit et les colis sont empilés à l'arrière. Le commandant, bonne tête de vieux

_______________

(1) Le bateau est chauffé avec des résidus de naphte, comme les locomotives.

marinier, veille à ce que les groupes soient bien également répartis des deux côtés, et il recommande qu'on bouge le moins possible et qu'on se tienne solidement, pour éviter les chutes, si l'on venait à toucher le fond. Pendant qu'il fait les derniers préparatifs, nous regardons le pont, que l'on voit d'ici dans toute sa longueur.

Tout en bois, fait de pilotis de sapins du nord, enfoncés dans le lit du fleuve, il n'a ni arches, ni piles, ni culées, c'est une longue et frêle ligne droite qui barre le gigantesque courant. Et on admire la hardiesse d'Annenkoff, qui a osé faire passer sur ce frêle amas de planches les lourdes machines de fer.

D'ailleurs presque chaque année, au moment des grandes crues, le pont se brise et devient impraticable pour de longs mois : c'est une grosse perte pour les cotons qui commencent à affluer sur la ligne de Transcaspie et qui doivent attendre que le passage soit rétabli.

Le pont n'est pas d'une seule pièce : au centre est une portion mobile sur bateaux, permettant la navigation du fleuve; c'est cette portion, moins solide, moins stable, qui avait été emportée par la force du courant. Le tronçon que nous pouvions voir figurait une forte charpente ajourée, simulant plus un pont en construction qu'une œuvre définitive. Ce pont de bois n'est d'ailleurs que provisoire; mais, en Russie comme ailleurs, il n'y a que le provisoire qui dure.

Annenkoff trouva dans l'Amou Dariah une des plus grandes difficultés de sa gigantesque entreprise. Primitivement, un bac à vapeur devait faire le transbordement des voyageurs, mais nous pûmes constater tous les défauts de cette méthode, que le changement conti-

nuel du chenal rend dangereuse et par trop lente. Les
crédits alloués (300,000 roubles) interdisaient toute
idée de construction en fer. Sur les conseils d'un in-
génieur, Annenkoff s'arrêta à l'idée d'un pont de bois :
une forêt de sapins fut amenée par Astrakhan et la Caspienne et on commença la construction des pilotis.

Le travail fut pénible, long, mais le succès couronna
l'effort. L'immense pont de trois mille trois cents mètres
put être achevé en quatre mois. Tout d'abord, seuls les
piétons et les voitures devaient le traverser, opérant
le transbordement plus facilement qu'un bac ; mais la
témérité d'Annenkoff osa y faire passer des trains, et
aucun accident grave n'est venu, jusqu'à présent, con-
damner cette audace folle. Mais devant l'accroissement
constant du commerce du Turkestan, devant les grands
intérêts commerciaux lésés, le gouvernement a décidé
l'établissement d'un pont de fer (1) qui rendra plus
régulier le service des trains.

Le commandant réitère ses recommandations et
donne le signal du départ. De suite, la difficulté de la
navigation devient manifeste ; le vapeur décrit une
immense courbe pour chercher le chenal suffisant à sa
marche ; à l'avant, un soldat (2) muni d'une longue
gaffe qu'il plonge dans le courant annonce à chaque
instant la profondeur : 4 mètres, $3^m,50$, $4^m,50$, $2^m,50$,
ce qui provoque autant de coups de barre. Ces sondages,
fréquents sur les fleuves russes, notamment sur la
Volga, sont ici indispensables, le chenal changeant
chaque jour et ne pouvant être balisé. On se prend

(1) Ce pont est commencé depuis 1899.
(2) Sur le bateau, comme sur la voie, c'est l'autorité militaire
qui a la haute main, et la plupart des employés sont soldats.

alors à admirer le sang-froid et l'habileté du capitaine, qui, sans hésitation et sûrement, conduit son bateau à travers ces obstacles.

La fantaisie du fleuve nous avait forcés à faire, en aval du pont, un détour de près de deux kilomètres ; la boucle nous ramène maintenant à la hauteur de notre point de départ, rasant une grande île basse, plate, couverte d'un inextricable fourré, qui partage le fleuve en son milieu. Le navire lutte vaillamment contre le formidable courant, qui, par endroits, dépasse neuf kilomètres de vitesse à l'heure, évitant avec adresse les terribles remous qui marquent par places les hauts fonds.

Nous nous rapprochons du pont à quelques mètres, pour doubler cette longue bande de terre : c'est là un moment critique. Le fond est seulement de 2 mètres, $2^m,50$, et nous risquons fort d'échouer.

Tout à coup, une violente secousse, le bateau a touché. Un instant sa marche est suspendue et, malgré les efforts de l'hélice, il n'avance pas ; la violence du courant est en cet endroit terrible, et déjà la quille oscille sous la formidable poussée de l'eau ; le capitaine reste cependant impassible et un coup de barre heureux nous remet à flot. Nous doublons enfin la pointe de l'île, entrant dans la deuxième portion de notre trajet mouvementé.

En remontant le courant, le vapeur donnait toute sa force pour vaincre la résistance du flot, mais sitôt qu'il a pris le fil de l'eau, après avoir doublé l'île, il part à toute vitesse, et c'est là le grand danger, car si l'on venait à échouer, à une si violente allure, le bateau chavirerait infailliblement. Aussi le commandant, dans cette portion de la traversée, fait-il, par instants, machine en arrière. Un deuxième choc donne aux passagers une nouvelle alerte, mais, cette fois encore, l'obstacle est vaincu.

Nous faisons ici une nouvelle et immense boucle de trois kilomètres, et côtoyons la rive opposée pour atterrir au port de débarquement en face du point de départ.

Pour ce trajet de deux kilomètres à peine, compté en ligne droite, nous avons dû parcourir près de huit kilomètres sur ce fleuve impétueux, risquant à tout moment de chavirer. On conçoit donc les dangers de la voie fluviale et la nécessité du pont.

Pour rendre l'Amou Dariah complètement navigable, il faudrait régler son cours, ce qui nécessiterait des travaux gigantesques, que ne comporte pas l'utilité de cette voie de communication.

On débarque avec un petit soupir de soulagement, donnant un coup d'œil de reconnaissance au brave et habile capitaine, dont le sang-froid seul nous avait tirés d'affaire, et au vaillant vapeur qui avait victorieusement lutté contre le formidable Oxus.

Même berge plate et rongée, même inextricable jungle. La rive est encombrée des innombrables balles de coton qui attendent la reconstruction du pont; des balles sont éventrées, d'autres entraînées par le courant, et c'est là une grosse perte pour l'industrie cotonnière, qui, dans le Ferganah notamment, prend chaque jour une importance plus grande.

Notre traversée a duré plus d'une heure et nous espérons que notre retard ne sera pas prolongé. Le train attend à l'entrée du pont, et tous se précipitent pour y prendre les meilleures places. Songeant que nous n'avons plus de wagon réservé, nous luttons de vitesse avec les autres voyageurs, nous nous emparons du wagon le plus proche et veillons à ce qu'il ne soit pas envahi. Tout le monde se case assez facilement et nous pensons bientôt partir.

Hélas ! nous ne sommes pas au bout de nos tribulations : les passagers du vapeur sont arrivés, mais les Asiates ne sont pas là et on doit les attendre. On nous montre en effet une grande barque, halée le long du pont et pleine d'indigènes.

C'est un spectacle tout à fait extraordinaire et digne des temps anciens : dans cette énorme barque, relevée à la proue et à la poupe, comme les antiques nefs assyriennes, une multitude de turbans et de bonnets de fourrure s'agitent ; et la barque, tirée péniblement du haut du pont, avance avec une lenteur désespérante à travers l'immense fleuve.

Ces barques nommées *Kaïouk* (1), et dont la forme est restée immuable depuis la plus haute antiquité, sont très profondes et larges, à fond plat, non pontées ; formées de planches mal jointes, mal calfatées, elles prennent l'eau et doivent être sans cesse épuisées ; ce sont les seules employées sur l'Amou Dariah, et c'est avec ces moyens de transport rudimentaires que les indigènes accomplissent sur le fleuve le long trajet de Kerki à la frontière afghane, jusqu'à Ourguendj, port de Khiva, sur une longueur de sept cents kilomètres. C'est là un voyage qui dure près d'un mois, au milieu des dangers et des difficultés de ce courant instable.

D'autres *kaïouks* suivent celui des Asiates, ils contiennent les malles et les gros colis des voyageurs ;

_______________

(1) Elles ont jusqu'à douze mètres de longueur sur deux mètres de largeur.

d'autres, en sens inverse, portent des marchandises, et
c'est par cette méthode de va-et-vient le long du pont
brisé que se fait, bien lentement, le transit. Lorsque
deux barques se rencontrent, l'une des cordes est lar-
guée et reprise ensuite ; de même au point délicat
où le pont est détruit, et tout cela ne va pas sans une
perte de temps considérable. Mais l'Asiate a le temps :
« La lenteur vient d'Allah, dit le Koran, et la précipi-
tation vient du diable ; » aussi le mieux est-il de s'ar-
mer de patience.

Telle est l'insouciance des indigènes que quand ils
doivent faire embarquer des chevaux dans des *kaïouks*,
comme les bordages sont très élevés et que l'animal
n'y peut entrer de plain-pied, ils le frappent jusqu'à ce
qu'il ait franchi l'obstacle, au risque de lui briser une
jambe, ce qui arrive fréquemment ; jamais ils n'ont
songé à installer une planche qui rendrait l'embarquement plus facile et moins dangereux.

Nous profitons de notre attente pour nous rafraîchir
dans l'eau du fleuve, mais sa couleur jaunâtre et ter-
reuse nous détourna d'en boire. Cette eau cependant
a une réputation ancienne d'exquise saveur, mais nous
avons préféré le croire sur parole que d'en faire l'ex-
périence.

Tandis que nous étions au bord du fleuve, nous di-
vertissant à voir évoluer les kaïouks et charger les
marchandises, un indigène vint nous offrir un poisson
étrange : long de vingt-cinq centimètres environ, avec
un museau pointu et des plaques d'écailles saillantes et
dures sur le dos et les flancs, il portait à la queue
deux prolongements mous, ronds et fins, longs de
quinze centimètres environ et fort curieux ; l'indigène
nous présentait ce poisson sous le nom *tach-bakri,*

ce qui veut dire poisson-pierre; nous sûmes plus tard que son nom scientifique était skalliringus. C'est un poisson assez fréquent dans l'Amou Dariah et le Syr Dariah, mais qu'on ne trouve guère que dans cette région et, chose curieuse, dans le Mississipi; il vit, paraît-il, dans la vase, nage fort peu; aussi ses nageoires sont-elles minuscules. Malgré notre désir d'emporter ce spécimen curieux, nous ne pûmes y songer faute de bocal et d'alcool.

Le poisson abonde dans l'Amou Dariah comme dans la plupart des fleuves de l'Asie centrale, mais on le pêche peu, car les indigènes, surtout les nomades, le dédaignent.

Les Asiates ont enfin accosté; avec des bousculades, des cris, ils cherchent à sortir tous ensemble du kaïouk, ce qui amène quelques bains forcés. Puis les voilà qui montent à l'assaut du train, et nous devons repousser *manu militari* cette invasion bruyante.

Sans protester, les Asiastes tentent de grimper dans d'autres wagons, défendus avec autant de vigueur par les premiers occupants. On les voit aller ainsi d'une extrémité à l'autre du train, grimpant avec une agilité extraordinaire, cherchant à s'introduire par surprise, et redescendant avec plus de vitesse encore, devant le geste menaçant de voyageurs indignés.

Pourtant, comme le nombre des Asiates est considérable, et que leurs allées et venues menacent de s'éterniser, augmentant encore le retard du train, force est bien d'en admettre quelques-uns dans notre wagon.

Ils se casent aussitôt, sans murmures, nous laissant la plus large place possible et se faisant très humbles. Les robes bariolées, les turbans blancs des Sartes dominent dans notre wagon, où se trouvent encore deux ou trois Turkmens et un Chinois gigantesque, gros commissionnaire en thés.

L'Amou Dariah semble former une barrière entre l'élément nomade turkmen et l'élément citadin sarte ; nous ne verrons plus désormais que très rarement les gros bonnets de peau de mouton ; tous les indigènes porteront maintenant le pittoresque costume des contes orientaux, les riches vêtements flottants, de couleur violente, les blanches torsades des turbans immaculés.

Le train part et dépasse très vite la région verte et habitée en bordure du fleuve. C'est à nouveau le pays plat, aride, des jours précédents ; la monotonie des lignes droites sans fin, dans une atmosphère brûlante et lourde de poussière soulevée.

Puis l'aspect change et se fait plus désolé. Plus une trace humaine, plus un être vivant, c'est un chaos effrayant, une terre morte et comme boursouflée par quelque monstrueux travail souterrain ; et, pendant des verstes et des verstes, cette désolation continue, effrayante, et l'on est oppressé d'un sentiment d'angoisse devant un spectacle si terrifiant et si grandiose. Nous traversons la partie inférieure du grand désert de Kizil Koum (1), qui s'étend entre l'Amou et le Syr Dariah, jusque vers la mer d'Aral. Cette portion est un territoire entier nouvellement conquis par les sables sur le fertile sol de la Boukharie.

Naguère l'irrigation bien développée, les *aryks* (2) nombreux, faisaient de ce pays un tapis de verdure ; la contrée était si peuplée qu'un proverbe disait : « De

(1) Sable rouge.
(2) Canal d'irrigation.

Kara Kul à Khiva, un chat peut voyager sur les toits. »
Mais l'insouciance des Sartes a interrompu la lutte
contre le désert, les aryks se sont taris, et le sable victorieux de l'homme a recouvert ces richesses sous un
suaire mouvant.

Et le fléau (1) gagne peu à peu de nouvelles régions;
le Kara Kul est détruit et Boukhara, la ville sainte,
est menacée : quelque jour, elle sera ensevelie sous
les sables et la ville, si fière de ses remparts et de ses
cent mosquées, dormira son dernier sommeil sous un
manteau de poussière; ainsi se réalisera une vieille
prédiction à laquelle tous les Sartes ajoutent foi.

Les sables mouvants forment une série de dunes qui
donnent à la région son aspect bosselé caractéristique.
Ces dunes, appelées *barkhanes*, ont toutes la même
forme; en pente douce vers l'ouest, elles sont taillées
à pic à l'est et forment là une sorte de fer à cheval dont
les deux points avancent peu à peu sous la poussée
des vents. Les grains de sable se mobilisent et la *bar-
khane* se déplace lentement comme une vague solidi-
fiée; souvent des *barkhanes* se rencontrent et se fusion-
nent, formant des fers à cheval doubles ou triples, et
ainsi la formidable armée, semant l'effroi et la mort,
chemine insensiblement vers l'est à la conquête des
plaines et des villes.

En vain, avait-on élevé des palissades, des murailles,
pour endiguer, diviser cette marée montante, l'im-

_______________

(1) L'envahissement des sables est rapide et fait l'objet de nombreuses requêtes, de la part des habitants. L'émir transmet ces
requêtes aux autorités russes, mais celles-ci paraissent abandonner
le Kara-Kul à son sort et porter tous leurs efforts d'irrigation
agricole sur la région de Merw et de Samarkand, dans la vallée du
Mourghâb et du Zerafchân.

palpable poussière, domptant tous les obstacles, recouvrait tous les murs. Un humble arbuste seul put lutter
efficacement contre cette néfaste invasion ; c'est le
*saxaoul*, plante buissonneuse qui élève à un mètre de
terre ses feuilles grisâtres ; il enfonce profondément
dans le sol l'inextricable chevelu de ses racines, arrêtant ainsi l'irrésistible impulsion des sables.

Nous les voyons, tout le long de la voie, ces humbles arbrisseaux, qui ne payent pas de mine ; et pourtant leur modeste rangée suffit à garantir efficacement
le ruban de fer.

Et partout, maintenant, où l'on veut lutter contre
l'envahissement des *barkhanes*, on leur oppose des
plantations de *saxaouls*. Excellent combustible, très
recherché, dans un pays surtout où le bois est une rareté, le *saxaoul* était employé autrefois comme bois de
chauffage et se vendait jusqu'à dix kopeks le poud (1)
dans la région de Khiva. L'avidité des habitants n'hé-
sitait pas dès lors à arracher les cordons protecteurs
de *saxaouls* le long des dunes de sable ; et ces insen-
sés, pour gagner quelques kopeks, n'hésitaient pas à
compromettre l'existence de toute une région ; aussi
le gouvernement dut-il proscrire formellement la
vente et l'emploi du *saxaoul*, sous les peines les plus
sévères.

Grâce à ce petit arbuste la voie est donc protégée ;
le train va néanmoins avec une extrême lenteur.
Dans tout le trajet du transcaspien la vitesse était très
minime, nulle part elle ne dépassait vingt-cinq kilomètres à l'heure ; mais ici le ralentissement est tel
qu'à un endroit un chien malin peut suivre un certain

---

(1) 16 kilogrammes.

temps le train à hauteur du wagon-restaurant ; bientôt
on lui jette quelques os, et il les happe au vol ; à chaque
passage de train le chien, paraît-il, est fidèle à son poste.

Cette lenteur du chemin de fer est due à plusieurs
causes. Tout d'abord le sol, surtout dans cette région
des sables, est peu solide, et, malgré l'argile mouillée
employée pour le balast, la substructure est trop
légère pour permettre de grandes vitesses. D'autre
part, la chaleur dans cette région sablonneuse est telle
que la dilatation des rails amène par moment leur
torsion ; il pourrait en résulter des déraillements si
l'on n'avançait avec circonspection.

Enfin, par les grands vents, les crêtes des barkhanes
emportées accumulent sur la voie de grandes quantités de sable qui forment un obstacle infranchissable
à la locomotive : il arrive alors que le train doit stop-
per quelques heures, quelques jours même, jusqu'au
déblaiement complet.

Ce sont des cantonniers indigènes qui veillent à
l'entretien de la voie. Toutes les trois verstes, un poste
est établi : un trou dans la terre ou un lambeau de
toile tendu sur quatre rails dressés, tel est le poste.
Là vivent deux ou trois hommes, au milieu de cette
obsédante désolation. C'est le train de ravitaillement qui
leur apporte tous les deux ou trois jours la nourriture
et l'eau ; dans l'intervalle, ils ne voient pas figure
humaine et passent ainsi leur existence au milieu de
la muette immensité. Quelle terrible vie ! et pourtant
ces hommes, payés quelques kopeks par jour, ne se
plaignent pas ; peut-être aiment-ils leur sort ! on
trouve parfois chez les humbles, de ces âmes contem-
platives et solitaires.

Après des années, courbés sur leur humble tâche,

obscurs pionniers de la civilisation, ils mourront, et leur corps sera bientôt recouvert par la marée montante des vagues sablonneuses d'alentour.

Par endroits, des rangs de pieux indiquent la marche envahissante des dunes dans la plaine; et ces rangées de mâts, enfouis plus ou moins, contrôlent les progrès du sable. Par endroits, aussi, une simple croix de bois profile sur le ciel la détresse de ses bras noirs! Là, quelque soldat russe, ouvrier de la ligne, est mort écrasé par la grandeur de la tâche. Car ce dut être une entreprise formidable que de tracer, à travers ce chaos mouvant, le sillon du progrès, et Annenkoff montra là l'ampleur de ses conceptions.

Tout à coup souffle un vent chaud et brûlant et, de toutes les arêtes des dunes, s'élèvent des volutes de sable, telle l'écume qui dentelle les grandes vagues; et, quelques instants, tout le pays disparaît sous des tourbillons opaques.

Et l'on évoque la terreur des caravanes qui, engagées dans cet océan immobile, avançant péniblement au milieu des dunes toutes semblables, où nul chemin ne pouvait être tracé, voyaient soudain s'élever l'ouragan de poussière, sous l'haleine embrasée du *garmsal*, le terrible vent de fièvre qui dessèche et qui tue.

Nous avançons toujours lentement; le vent s'est apaisé, simple bourrasque passagère; le ciel se fait plus clair, plus limpide, et le soleil descend dans une apothéose, au milieu de cette pureté radieuse de l'atmosphère; jusqu'à l'extrême horizon, il éclaire de ses rayons obliques cet océan figé, dont les vagues s'étendent indéfiniment pareilles, de toutes parts : et les grandes ombres des dunes s'allongent progressivement sur cette solitude implacable et désolée.

L'astre brillant décline peu à peu, et telle est l'intensité de la lumière, que le ciel, absolument pur, se pare des tons merveilleux des couchers de soleil de France, quand des nuages légers parsèment l'horizon. Le soleil emporte dans ses rayons la chaleur apaisante de la vie, et la grisaille du crépuscule donne à l'immobilité de cette nature morte un aspect redoutable et angoissant ; telle est l'uniformité de ces dunes successives que l'on paraît ne pas avancer. Et l'on se prend à désirer la fin de cette terrible vision !

Mais voici que s'élève au zénith le croissant d'argent, d'un éclat merveilleux ; et c'est un décor fantastique et irréel, un aspect des premiers âges du monde, alors que la vie n'était pas apparue sur la terre et que l'homme dormait encore pour des millénaires dans la confusion du chaos.

Enfin, les dunes s'abaissent, le terrifiant décor s'éloigne, nous avons dépassé la lisière du désert; par endroits, quelques bosselures de sable, avant-garde de la grande invasion, parsèment encore le pays plat et stérile.

Puis des traces de verdure, des arbustes apparaissent et la vie se montre peu à peu : ce sont de misérables huttes, quelques bestiaux que notre œil aperçoit avec un grand soulagement.

Karakul, grande ville naguère d'une riche et plantureuse région. Quelques masures de terre à proximité de la gare toute neuve, dans un pays stérile et inculte, voilà tout ce que l'on trouve aujourd'hui : le fléau de l'Asie centrale a passé là. Le manque d'eau a tout stérilisé. C'est près d'ici que le puissant Zérafchâne, vaincu par les sables, se perd peu à peu dans

les dunes, sans pouvoir atteindre son déversoire naturel, l'Amou Dariah.

La région garde pourtant une certaine importance :
la culture a disparu, mais il reste des marais salants
et des efflorescences salines couvertes d'une herbe rare
et desséchée. Là, vivent des milliers de moutons :
c'est leur peau qui constitue la fourrure dite d'*astrakhan*.

De race spéciale, ces moutons, nullement stéatopyges, sont ordinairement noirs, avec une laine fine,
soyeuse et très frisée. Beaucoup sont tachetés de blanc,
les plus recherchés sont tout noirs. Des bergers spéciaux gardent les troupeaux et s'efforcent de les protéger contre le fléau du pays, les tigres, qui en dévorent une assez grande quantité.

Chaque brebis produit un à deux agneaux par an.
Si l'agneau est sacrifié au moment de sa naissance, ou
s'il vient mort-né, sa fourrure extrêmement fine et
brillante est lisse et non frisée, c'est une fourrure fragile mais très recherchée, nommée *breitschwanz;* si,
au contraire, on n'immole l'agneau qu'après quatre
mois d'allaitement, vers l'époque du sevrage, on ob-
tient la véritable fourrure de karakul, celle qu'on
appelle en Europe *astrakan;* l'agneau est grand alors
comme un caniche, sa fourrure est bouclée, fine,
soyeuse.

Si la peau est naturellement frisée en larges boucles et uniformément noire, son prix varie entre un
et trois roubles, dans le pays même; mais si la fri-
sure est irrégulière, et que les mouchetures blanches
nécessitent une teinture, la peau est de prix très inférieur. Enfin il est une peau plus grossière, peu
bouclée, plutôt moirée, à poils longs, qu'on nomme

*merlouche* et qui est vendue à vil prix : elle provient d'agneaux d'une race différente; elle constitue ce qu'en France on appelle le karakul (1). L'élevage de ces moutons est une richesse, si l'on songe que le nombre des peaux d'agneau vendues par an se chiffre par centaines de mille, ce qui constitue un mouvement de fonds de plusieurs millions de roubles.

Au milieu de la nuit, un grand va-et-vient nous réveille. Nous sommes à Boukhara et la plupart de nos compagnons indigènes descendent. Bien décidés dès lors à conserver pour nous les places ainsi reconquises, nous opposons des arguments frappants à toutes les tentatives de nouveaux occupants asiates. Décidément on se fait très bien aux habitudes de l'Asie centrale. Le procédé réussit d'ailleurs et pour le reste de la nuit nous sommes seuls dans notre wagon.

Boukhara, encore un nom de rêve ! Nous cherchons vainement à distinguer quelques détails de la puissante ville. Rien, quelques maisons plates, toujours l'invariable aspect des villes russes coloniales. C'est que la gare est, ici aussi, à proximité de la ville nouvelle et que le vieux Boukhara, la ville sainte de l'Asie centrale, est à une douzaine de verstes au nord.

(1) Il est curieux que l'on ait attribué à ces fourrures des noms absolument impropres. A Astrakhan, la toison des moutons n'a aucun des traits caractéristiques de la fourrure qui porte ce nom, et la fourrure dite karakul s'applique à une peau banale, nullement spéciale à la région, tandis que la peau d'agneau du pays porte le nom d'astrakan. La région de Karakul est la seule qui produise cette variété de mouton; peut-être le nom d'astrakan lui vient-il de ce fait qu'autrefois ces peaux arrivaient par la voie d'Astrakhan.

L'émir, nous dit-on, a exigé que le chemin de fer, le *cheïtan arba* (voiture du diable), ainsi qu'on la désigne dans le pays, fût distant de vingt verstes de sa capitale, parce qu'il craignait que les femmes boukhares ne profitassent de la proximité de la voie ferrée pour se soustraire à la domination de leurs maris. On déféra en partie aux désirs de l'émir ; la station fut reportée à douze verstes de la ville, ce qui concordait avec les considérations sanitaires, l'eau de Boukhara étant notoirement dangereuse et insalubre. Et puis, n'était-il pas habile de ménager l'illusion d'indépendance de l'émir, en éloignant de sa vue l'organisation militaire de la gare et de la ville russes. Résignons-nous donc, en songeant que, dans quelques semaines, nous pourrons visiter enfin ce lieu très saint.

Le soleil se lève sur un pays vert, plantureux. Des jardins, des arbres, des prairies, des champs : tout un pays gras et fertile. C'est la vallée du Zerafchâne, le *Miangkal,* suite de riches oasis très peuplées : nous approchons de Samarkand.

*Zerafchâne* (1) ; cela veut dire en persan : *qui répand l'or ;* est-ce parce que dans ses flots roulent des paillettes précieuses, n'est-ce pas plutôt parce que ses eaux fécondes répartissent la richesse à toute une contrée.

Nous traversons Katta Kourgàne, gros bourg agricole, frontière des États de l'émir. Nous voici de nouveau en Russie, dans la province de Samarkand.

Les *Kichlaks* (2) se multiplient, entourés de vergers :

(1) Strabon lui donne le nom de Polythymète, qui a une signification analogue et qui, selon lui, n'est que la traduction, faite par les Macédoniens, du nom indigène de ce fleuve.

(2) Village de sédentaires.

les arbres ploient sous le poids de fruits merveilleux,
c'est un véritable Chanaan au sortir du désert. D'ailleurs les poètes anciens célébraient la fertilité prodigieuse de cette région et prétendaient que, voletant de
branche en branche, un rossignol pouvait aller de
Samarkand à la mer (1) !

Les cultivateurs sont nombreux : dans les champs,
sur de petits tertres, des femmes ou des enfants
chantent pour chasser les oiseaux pillards, c'est un
tableau agreste et charmant.

Dans l'extrême lointain s'estompe la silhouette de
gigantesques montagnes, où scintille par place la nappe
d'un glacier. Ce sont les montagnes du Ferganah, les
premiers contreforts de l'immense Pamir, c'est la
formidable muraille qui défend l'empire du Ciel.
Derrière, c'est la Chine, c'est l'Empire des Jaunes,
c'est la civilisation millénaire et immuable, contre
laquelle se heurtent en ce moment les assauts multiples de la conquête européenne jeune et triomphante.

L'air est plus léger, la chaleur moins absorbante ;
c'est que l'altitude s'est fort élevée depuis la Caspienne
et surtout depuis Boukhara, et que nous sommes à
environ deux mille pieds d'altitude (2). De plus, une
ramification des monts Karatéghine, le Samarkand-
taou, qui délimite la haute vallée du Zerafchâne, dé-
tourne les terribles vents de l'ouest et donne au climat une douceur tempérée, bien différente du climat
de Tachend ou de Boukhara.

(1) Il s'agissait vraisemblablement de la mer d'Aral.
(2) Samarkand est à 2,154 pieds d'altitude, soit 718 mètres.

# CHAPITRE IV



Samarkand!! Nous voilà au terme de notre long trajet de chemin de fer. Nous avons parcouru 1,335 verstes depuis la Caspienne, à peu près la distance de Paris à la Grèce, et nous sommes au bout du mince ruban ferré qui rattache définitivement ces régions lointaines et presque fabuleuses à l'Europe.

Bientôt (1) la locomotive portera plus loin encore son triomphant panache de fumée : Tachkend, le Ferganah, seront reliés à l'Occident, et jusqu'au pied du monstrueux rempart la civilisation scellera son triomphe définitif.

Saluons, une fois encore, la puissante conception qui a osé ce fantastique projet, et l'indomptable énergie qui a su vaincre tous les obstacles et assurer la réalisation de cette colossale entreprise.

Samarkand, la ville des *Mille et une Nuits*, la cité superbe de Tamerlan, la puissante rivale de Boükhara et de Merw ; Samarkand *la bien gardée*, comme l'appelle le géographe Ibn-Batoutah (2), ville de toutes les opu-

(1) Cette ligne a été achevée et ouverte à la circulation en 1899.

(2) Ibn-Batoutah était un savant voyageur arabe. De 1325 à

lences et de toutes les lâchetés, proie toujours convoitée des conquérants fameux, depuis Alexandre le Grand jusqu'à Gengis-Khan ; Samarkand, parée glorieusement dans sa ceinture de ruines grandioses, vivante encore et toujours debout ; Samarkand, dont le nom réveille, comme un délicieux refrain, nos rêves de jeunesse ; Samarkand est devant nous !

Rien pourtant, à la sortie de la gare, ne révèle le merveilleux passé de la ville. C'est ici une forêt ombreuse de peupliers ; ils bordent de grands boulevards tracés au milieu de frais jardins, de vergers féconds. Et nous parcourons ainsi cinq verstes, à grande allure, pour atteindre les premières maisons enfouies dans la verdure.

Nous sommes dans la ville russe, comme toujours distincte de la ville indigène, située à deux kilomètres plus loin. Mais ici, rien de la froide symétrie des villes russes de Merw ou d'Aschabad. La verdure change tous les aspects.

Les larges avenues, que nous suivons au galop de notre attelage, sont bordées de magnifiques peupliers et acacias. De chaque côté de la chaussée très large, de vastes trottoirs sont réservés aux piétons et, là encore, une double rangée de peupliers géants entretient une ombre bienfaisante. Des fossés latéraux

1350, il parcourut l'Égypte et l'Asie entière. Puis il pénétra en Afrique et alla jusqu'à Tombouctou ; il mourut en 1377. Il serait difficile de faire, avec les moyens actuels, une série de voyages aussi étendus que ceux de cet extraordinaire glob trotter du XIVe siècle. Il est vrai que sa qualité de musulman lui facilitait bien des accès interdits à d'autres. C'est par plaisanterie qu'on donnait à Samarkand le nom de *bien gardée*, car elle a été prise et reprise par tous les conquérants successifs de l'Asie centrale, sans jamais avoir opposé grande résistance.

disparaissent sous des touffes de verdure très fraîche
et l'eau y paraît par place, l'eau souveraine et bienfaisante qui transforme les déserts en jardins.

Puis, ce sont des parcs à la végétation folle, et entre
les branches et les feuillages paraissent les murs des
maisons basses et carrées, véritables villas enterrées
sous les fleurs.

Et l'aspect est frais, riant, charmant; c'est l'aspect
d'une ville de plaisir, d'une ville de bonheur : la terrible ceinture des déserts garde jalousement cette
perle exquise et c'est, après la souffrance de la nature
ingrate, le lieu béni du repos et de la joie.

Dans ces larges avenues à l'apparence familière, se
meut un monde étrange et coloré : des Sartes aux
larges costumes éclatants, aux turbans immaculés; des
femmes enveloppées de voiles sombres et masquées
de treillis de crin noir; des caravanes d'immenses
chameaux à deux bosses, chargés de fardeaux; des
ânes portant chacun un Sarte assis très en arrière sur
la croupe, à la manière arabe; sur d'autres ânes sont
accroupis jusqu'à deux ou trois indigènes, hommes et
femmes, et c'est un impayable spectacle de voir gravement cheminer sur ces malheureuses bêtes un
Sarte impassible entre ses deux épouses.

Il y a aussi de nombreux cavaliers indigènes et des
charrettes singulières, des *arbas* (1), légères voitures
de bois montées sur d'immenses roues sans bandage,

(1) L'arba a une caisse très légère et très exiguë qui peut
transporter à peine la moitié du chargement d'une charrette française; ses roues immenses et sans bandage atteignent trois mètres
de diamètre; elles ont une grande stabilité et peuvent facilement
traverser les mares de boue, les routes défoncées, les bras de
rivière, chose indispensable en ce pays où les ponts sont rares.

conduites par un charretier accroupi sur le collier du cheval et drapé de loques rutilantes : cela constitue un ensemble des plus bizarres.

Toujours au galop (c'est la seule allure des cochers du pays, qui n'ont évidemment rien de commun avec nos cochers de fiacre) malgré les montées et les descentes, assez douces d'ailleurs, des larges avenues, nous arrivons à notre hôtel, si l'on peut donner ce titre à la charmante habitation qu'est la *nomera Metzler*.

Rien ici de la classique rangée de garçons en habit, pas de table d'hôte, ni de salon de lecture, rien de la solennelle banalité des modernes caravansérails. Une coquette maison plate, à la mode du pays, avec une façade peinte en rose et, devant la porte, une avenante hôtesse; à l'intérieur, une jolie cour, plantée de beaux peupliers, avec une agréable véranda.

Un pavillon, sous les ombrages, nous est offert, et c'est au frais, sous la véranda, après de longues ablutions, que nous sablons le vin fameux du pays, en portant la santé de Tamerlan.

Une sensation de bien-être intime et de repos nous envahit dans cette cour paisible et fraîche qui, toute en bois, rustique, simple et très propre, a un aspect colonial très net.

Des marchands ambulants indigènes, vêtus de robes à ramages, offrent les pains, les gâteaux, le lait ou les fruits qu'ils portent sur leur tête, dans une banne de jonc tressé.

A Samarkand, on ne va pas au marché, ce sont les Sartes qui viennent à domicile vous offrir leurs produits; et il s'engage entre eux et nous des marchandages impayables.

Les fruits magnifiques qu'ils nous montraient excitaient particulièrement notre convoitise, et il s'entamait des négociations extraordinaires entre ces marchands, qui ne parlaient guère que la langue indigène, et nous, qui savions à peine compter en russe : il est vrai que dans ces transactions les doigts sont un moyen d'entente international.

C'est ainsi que nous pûmes acquérir des pêches énormes et juteuses au prix fabuleux de cinq kopeks la pièce (deux sous et demi), et des raisins gros comme des noix, sans pépins, exquis, pour deux kopeks la grappe : encore le marchand nous avait-il abominablement volés, paraît-il. Et la journée se passa charmante, à jouir d'un délicieux farniente, agrémenté de ces scènes pittoresques.

Vers le soir, une antique berline, tout en cuir, d'une forme invraisemblablement archaïque, et que nous avions dénommée berline de Tamerlan, fut attelée de quatre chevaux, et, conduite par un soldat, elle partit avec un craquement sinistre : elle emmenait un fonctionnaire vers Tachkend, à travers les sables du désert de la Faim (1); et la perspective d'un trajet de quatre cents kilomètres dans cette patache invraisemblable n'avait rien de bien attrayant.

Nous avions une lettre de recommandation pour le Dr A... Il nous reçut avec beaucoup de bonne grâce et se mit à notre disposition pour nous faire visiter les

______

(1) Le désert de la Faim est une poussée vers le sud-est du grand désert de Kizil-Koum; il s'étend entre Djizàk, bordé par la ligne des monts Karataou jusqu'aux environs de Tchinaz sur le Syr Dariah : la pointe extrême, au sud, s'avance vers Khodjend, la célèbre place forte du Ferganah.

curiosités de Samarkand. Ignorant le français, il avait pour interprète sa charmante femme, et nous n'eûmes qu'à nous féliciter de ce gracieux intermédiaire qui gazouillait notre langue de la plus agréable façon.

Le point essentiel était de nous orienter dans la ville russe, car elle est fort étendue malgré le nombre peu considérable de ses habitants (15,000). Cela tient à la largeur de ses avenues (1), au grand nombre de ses parcs et de ses jardins.

Ombre et fraîcheur, toute la ville russe tient dans ces deux mots. Les immenses peupliers maintiennent le long de toutes les avenues une pénombre délicieuse, même aux heures les plus chaudes du jour, et l'eau, que l'on rencontre partout, donne aux arbustes et aux fleurs un éclat magnifique. Les maisons, aux façades propres et coquettes, s'isolent les unes des autres, et les plus modestes ont une ceinture de feuillage : aussi se dégage-t-il de l'ensemble une sensation de bien-être, de repos, d'intimité tout à fait exquise.

Dans le parc public, la végétation, entretenue avec soin, prend une vigueur extraordinaire. Pas d'essences exotiques, des catalpas, des peupliers, des karagatchs (ormes), des saules, des acacias; plantés depuis vingt ans à peine, ces arbres sont déjà énormes et puissants. Ce parc est d'ailleurs admirablement tracé, et une main ingénieuse l'a dessiné assez habilement pour qu'il semble abandonné à la seule puissance productrice de la nature. Pas de massifs bien taillés, de corbeilles savantes, mais des masses de verdure exubérantes et

(1) C'est au général Abramoff, gouverneur de Samarkand, il y a vingt-cinq ans, que sont dus les grands boulevards et les magnifiques plantations de la ville russe.

profondes, et des terrasses successives d'où descend
peu à peu, sous les arcades, une folle végétation.

On pourrait croire que, comme dans les pays chauds,
l'ardeur de cette végétation, la fraîcheur des ombrages
sont néfastes à Samarkand et que la terrible fièvre
paludéenne veille sous les feuillages. Mais il n'en est
rien, et cette ville bénie jouit d'un climat exception-
nellement doux et sain entre toutes les villes de l'Asie
centrale : elle le doit à son altitude élevée, à la proximité des montagnes, à ses eaux courantes qui ne
stagnent nulle part.

C'est ainsi que, depuis l'antiquité, à travers tout le
moyen âge, Samarkand a toujours été célébrée pour
la splendeur de son site et le charme de ses ombrages.

Les avenues se croisent, s'enchevêtrent, toutes
larges et ombreuses, et l'on traverse plusieurs places
publiques plantées de quinconces.

Puis, c'est le théâtre, minuscule et coquet, le cercle
militaire, l'hôtel du gouverneur, l'église, qui détache
sur un fond sombre ses cinq bulbes d'or : et tous ces
monuments frais, riants, ont un aspect intime et plai-
sant qu'on retrouve bien rarement dans les monuments
officiels.

Nous recevions à dîner les compagnons russes qui
nous avaient prodigué, dans le trajet transcaspien,
les marques de leur bienveillance. Tous devaient continuer leur voyage vers Tachkend ou vers Khokand,
et se disperser dès le lendemain. C'était l'unique occasion de leur prouver notre reconnaissance. Et, sous la
véranda, ce fut un repas d'une gaieté folle où, à côté du
vin de Samarkand, on sabla le champagne, le vieux vin
de France, la passion des Russes ; et l'un d'eux, élevant

son verre où pétillait une mousse légère, nous dit ces jolis vers d'un poète de Bagdad :

> « Bois ami, je t'y invite
> « Bois ami ! Si c'est une folie de boire,
> « Chaque bulle qui monte dans cette
> « Coupe semble elle-même une folie
> « Joyeuse qui jette son bonnet en l'air. »

Tous ces hommes, fonctionnaires ou commerçants, sont intéressants à observer : énergiques, sérieux, ils dégagent une impression de force calme, de puissance tenace, réfléchie et allant vers un but déterminé, en toute connaissance de cause. Ils diffèrent de la plupart des Russes chez qui l'irrésolution et l'insouciance se rencontrent d'habitude : d'ailleurs, le fait d'être venus s'établir en Asie centrale dénote une force de caractère peu commune, car ce pays jouit en Russie de la plus détestable réputation, et l'on regarde avec étonnement celui qui va en Asie, au pays des déserts et des fièvres, au milieu d'Asiates sordides et féroces.

Les Russes nourrissent en effet pour leurs colonies de Sibérie et du Turkestan la même répugnance que les Français pour le Sénégal ou le Tonkin. Aller aux colonies dénote chez eux un esprit mal équilibré ou une faute à cacher, et, fort ignorants du passé glorieux et des richesses de ce pays mystérieux, ils n'en connaissent que sa terrible ceinture de déserts et de sables.

C'est donc à une élite que nous avions affaire, et il n'était pas étonnant que nous trouvions en eux une énergie indomptable. D'ailleurs, pour ces hommes qui ont affronté le sphynx asiatique, les voyages sont un jeu ; presque tous ont été à Paris, dont ils gardent un souvenir enchanteur, et l'un d'eux revenait d'un grand voyage à travers l'Amérique du Sud, entrepris simplement pour aller voir son frère. Il parlait de cette longue et périlleuse expédition avec le plus grand naturel, ne jugeant pas qu'il eût fait là rien d'étonnant : ce sont pour les Français de bons exemples à observer.

Dans la soirée, nous reçûmes une visite inattendue et qui eut pour nous les plus précieuses conséquences, celle de M. O..., gros négociant en laine, établi à Samarkand, et de sa charmante femme ; celle-ci, Française d'origine, avait désiré faire la connaissance des Français de passage. M. O..., avec la plus grande amabilité, mit à notre disposition les hautes relations qu'il avait ici, et nous pria de considérer sa maison comme la nôtre.

Il nous annonça que notre arrivée avait été signalée depuis plusieurs jours, et que l'on désirait nous faire, aussi bien que possible, les honneurs de Samarkand. Malheureusement, nous dit-il, le gouverneur intérimaire, général Medinski, venait d'être cruellement frappé par la mort de sa femme, survenue la veille, et ne pourrait personnellement nous recevoir, mais il avait chargé le maître de la police, capitaine L..., d'élaborer, de concert avec le commandant des troupes, un programme de réceptions en notre honneur.

Nous remerciâmes chaleureusement M. O... de sa bienveillance, tout en pensant à part nous qu'il y a des Gascons même au Turkestan ; les jours suivants suffirent à justifier M. O..., et les inoubliables fêtes qui nous furent données dépassèrent tout ce qu'il nous avait annoncé dans sa première visite.

C'est au milieu des merveilleuses ruines de Samarkand que l'on peut vraiment se rendre compte de l'erreur commune, qui fait de Tamerlan un féroce et inculte guerrier, accumulant sous ses pas les massacres et les incendies, semant partout la ruine et la mort, symbole, en un mot, de la plus profonde barbarie. Tout, au contraire, porte ici les traces d'un passé glorieux, d'un siècle d'art et de grandeur. Chacun de ces monuments est un bijou délicatement paré des plus magnifiques couleurs, et le rayonnement d'une époque merveilleuse resplendit dans chacun des vestiges splendides du règne de Tamerlan et de sa dynastie. Pour indiquer les grandes époques où triompha pleinement, sous toutes ses formes, l'esprit humain, on parle communément du siècle de Périclès, d'Auguste, de la Renaissance; peut-être devra-t-on dire, un jour, le siècle de Tamerlan, lorsque les mystérieux manuscrits orientaux, jalousement gardés au fond des sanctuaires de l'Islam, auront achevé de révéler au monde le puissant essor que ce grand prince sut donner aux lettres et aux arts.

Partout, au Turkestan, on retrouve des traces de la grandeur de ce monarque : à Chahr, sa ville natale, c'est le l'Ak-Saraï, son ancienne résidence; à Turkestan, la ville célèbre, c'est la magnifique mosquée d'Hazreti-Timour (1) ; mais c'est Samarkand qui garde les plus nombreux souvenirs de cette grande époque.

Samarkand est la ville de Tamerlan. Des ruines de la vieille cité, il a fait surgir d'inimitables merveilles, et, à chaque pas, l'on admire ici les vestiges ruines des

(1) La mosquée Hazreti-Timour fut bâtie à Turkestan par Khodja Hussein, architecte persan, sur l'ordre de Tamerlan, en 1404, pour recouvrir les cendres du saint vénéré Hazret; c'est l'un des plus importants monuments de l'époque de Tamerlan.

SAMARKAND — LA MÉDRESSEH DE SHIR-DAHR

(v. p. 153)

grandioses monuments dont il a paré sa capitale : et
c'est, à l'entrée de la ville indigène, la coupole de
turquoise du *Gour émir*, qui recouvre son tombeau.
L'ombre du terrible monarque flotte sous ce mausolée imposant, semblant défendre encore sa capitale
dévastée.

Puis c'est le *Rhigistan*, cette place de rêve. Trois
médressehs (1) aux gigantesques portiques, parés des
admirables couleurs de leurs émaux persans, dressent
là les ruines lamentables de leurs coupoles effondrées.
Des minarets, penchés, aux étincelantes couleurs,
gardent de chaque côté les merveilleux portiques.
Plus loin c'est l'immense silhouette de Bibi Khanoum,
puissant squelette d'une médresseh plus gigantesque
encore; puis, au flanc d'une colline, l'adorable bijou
d'Ikhrat Khàna profile sur le ciel pur ses lignes délicates.

Enfin, tout au bout de la ville actuelle, au delà de
la grande place du marché, c'est *Shah Zindeh*, la plus
pure des merveilles, où la délicatesse et l'*ingéniosité*
de l'ornementation dépassent les conceptions les plus
subtiles de l'imagination occidentale.

Et toutes ces ruines immenses datent de Tamerlan;
c'est lui qui en a ordonné la construction, pour faire
de Samarkand la reine incomparable de l'Orient : et
tout cela révèle un passé magnifique et glorieux. La
puissante citadelle du conquérant dresse non loin de
là ses massifs remparts : et c'est l'évocation de la
terrible force du redoutable empereur, au milieu des
splendeurs de sa brillante cité.

Au cours de nos promenades à travers la ville sarte,

_______

(1) École de théologie musulmane.

nous eûmes l'occasion de longuement admirer ces chefs-d'œuvre et leur aspect nous devint familier et attachant : nous pûmes nous croire reportés de cinq siècles en arrière et vivre encore au milieu des sujets de Tamerlan; car dans cet Orient lointain rien ne change, et dans ce cadre immuable et croulant, c'est la même foule éclatante et bigarrée que dut voir le grand empereur.

C'est un jour de marché, un mercredi ou un dimanche, qu'il faut voir la ville indigène pour comprendre vraiment la vie asiatique, pour s'imprégner d'Orient.

Quand on arrive sur le Rhighistan, la place est pleine de monde. Dans l'espace carré que bordent les trois merveilleux portiques, couverts de faïence, c'est une invraisemblable cohue.

Sous des toiles ou des nattes tendues sur des bâtons, sont installés les marchands ambulants et les minces toitures de leurs étalages sont inclinées suivant les angles les plus divers, si bien que l'ensemble est d'une pittoresque asymétrie.

L'on vend de tout sur cette place : des fruits, des gourdes, des écheveaux de soie, de menus objets en cuir, du tabac, et les acheteurs sont nombreux.

Un très grand nombre, presque la majorité, est à cheval, car un Sarte qui se respecte ne sort jamais à pied : seul le misérable, le pauvre hère est piéton, et cela suffit à le déconsidérer aux yeux des indigènes; mais le Sarte de condition monte en selle sitôt qu'il dépasse la porte de sa maison, si court que soit le trajet à faire.

Et ce n'est pas une mince curiosité de voir des cavaliers marchander des légumes ou des fruits, pénétrer sous le marché couvert pour acheter quelque pièce de vêtement et rentrer paisiblement chez eux avec leurs emplettes ; et l'on a à chaque instant l'étonnement de rencontrer un cavalier vêtu de somptueuses robes de soie, largement enturbanné et portant avec gravité un énorme chou ou quelques pains plats qu'il vient d'acheter à un marchand ambulant.

Ces cavaliers manœuvrent d'ailleurs leurs montures avec une habileté consommée et ils circulent dans cette foule compacte aussi facilement que des piétons : leurs chevaux, très bien dressés, sont fort dociles et ont un pas très doux, beaucoup même marchent l'amble.

Le harnachement des chevaux est très coquet. Les tapis de selle sont brodés de soies ou de laines éclatantes ; les selles ont, comme tout ici, gardé la forme immuable des temps anciens : tout en bois, avec un pommeau en forme de bec très saillant et relevé, elles sont peintes de fleurs et d'arabesques de couleurs vives, enduites d'un merveilleux vernis : les plus ordinaires sont incrustées de motifs en os, fort gracieux ; les selles élégantes sont enrichies d'ornements en ivoire, en nacre et en turquoise, et l'ensemble est étrange et magnifique. Le reste du harnachement en cuir mat est souvent aussi orné de plaques d'argent ou de pierres fines.

Ainsi superbement monté, le Sarte, les jambes repliées, car il porte les larges étriers très courts et chaussés, se tient fièrement.

Son costume s'harmonise bien avec l'ensemble. C'est une série de *khalats* (1) richement colorés, en

____

(1) Le khalat est une robe sans col, ouverte devant, en soie ou en coton à grands ramages ou à larges rayures, qui descend jusqu'aux chevilles ; les manches très larges et très longues peuvent

soie ou en velours, et un large pantalon de cuir fauve orné de motifs en cuir de couleur : les *khalats* flottent librement sur la croupe du cheval ou sont serrés dans la ceinture de la culotte à laquelle s'attachent le couteau et le nécessaire (1). Des bottes fauves à talon pointu, comme celles des Turkmens, complètent cet accoutrement étonnant.

Autour de la tête, que couvre une calotte brodée, le *tépé,* s'enroule un turban rayé ou blanc, nommé *tchalma :* la couleur blanche était autrefois réservée aux seuls mollahs, mais la multitude des turbans blancs était telle que nous ne pouvions croire à l'existence d'un aussi grand nombre de prêtres musulmans, malgré la réputation de sainteté de Samarkand : il est plus probable que la rigueur des usages a peu à peu fléchi et que tous les hommes riches ont adopté le turban blanc, beaucoup plus seyant, mais aussi beaucoup plus fragile.

Car le turban doit être immaculé, c'est là la coquetterie du Sarte, et chaque jour un turban blanc nouveau orne son chef : ces turbans sont en cotonnade, en laine ou en mousseline, et c'est la grosseur du turban qui indique l'homme de qualité. Tel modeste indigène se contentera de rouler autour du tépé deux ou trois mètres de cotonnade ou de laine, tandis qu'un

---

recouvrir les mains, le Sarte doit les refouler en arrière lorsqu'il veut faire quelque chose. Suivant sa richesse, il endosse un plus ou moins grand nombre de khalats, les uns par-dessus les autres. Une agrafe d'argent les maintient au cou et une ceinture de velours ou de soie les serre à la taille. Le khalat du dessus, en soie ou en velours, plus riche de coloris et de dessins que les autres et un peu moins long, est laissé flottant.

(1) Le couteau à manche d'or et d'argent incrusté de pierres fines est dans une gaine de cuir ; le nécessaire contient le peigne, le cure-dent et la pierre à aiguiser.

riche marchand drapera glorieusement vingt ou trente mètres de mousseline blanche autour de son front orgueilleux.

L'appareil guerrier de ces cavaliers pourrait faire supposer une figure noble et farouche : il n'en est rien ; ce ne sont plus ici les traits énergiques et rudes des Turkmens, mais des figures larges, grasses, enveloppées d'une barbe bien soignée. Les yeux, petits et écartés, expriment la ruse et l'astuce. Instinctivement on se méfie de ces têtes boursouflées de mauvaise graisse et qui suent la cupidité, le mensonge et la lâcheté, les traits caractéristiques du Sarte.

Avec un Turkmen, on peut craindre une brutalité, un acte soudain de férocité ; sa figure rébarbative conseille une sage prudence. Avec le Sarte, rien de semblable à craindre ; devant les menaces, il se dérobera ; sous les injures, il se fera plus mielleux ; c'est l'être insaisissable et fuyant. Mais il se rattrapera si on fait avec lui des affaires : il est alors dans son élément ; il dupera, volera, et si, d'aventure, on devient son débiteur, il pressurera sa victime et se vengera, sur la bourse, des affronts qu'on lui aura fait subir et qu'il était trop lâche pour relever.

Nombre de cavaliers circulent à travers la foule, dans cet appareil magnifique : ce sont de riches marchands, des négociants de qualité. D'autres, plus simplement vêtus, cheminent sur des ânes et, quelquefois, deux et même trois cavaliers partagent la même monture. Ceux-là représentent le petit commerce, la moyenne bourgeoisie : ne pouvant s'offrir le luxe d'un cheval, ils n'ont du moins pas l'humiliation d'aller à pied.

**Enfin**, comme dans toutes les villes, même à Samarkand, le nombre des misérables domine encore, et ceux-là, malgré l'affront, doivent se contenter de glisser humblement entre les chevaux des multiples cavaliers.

Ils ne portent plus les magnifiques khalats de soie, les orgueilleux turbans blancs : une misérable robe de laine grise ou de cotonnade rayée, déchirée et loqueteuse, un mauvais pantalon, les pieds nus ou chaussés de *kaouches* (sorte de galoches) usées, telle est leur tenue. Leur crâne rasé n'est couvert que d'un modeste tépé peu orné et crasseux, et la petite calotte ne s'agrémente d'aucune majestueuse torsade : d'autres sont coiffés d'une sorte de feutre grisâtre mou informe et qu'ils placent sur leur tête à la façon du feutre fameux de Louis XI.

Cette vulgaire tourbe, qui se faufile partout entre les jambes des chevaux et les étalages des marchands, est composée de Sartes agriculteurs, venus des environs au marché : certains, sous les tentes, vendent les produits de leurs modestes jardins, d'autres sont venus à la ville acheter les menus objets qui leur sont nécessaires.

Parmi ces piétons, circulent encore, nombreux, des citadins d'une classe très inférieure, à l'affût de quelque aubaine, et prêts à toutes les besognes dans l'espoir du plus modeste gain : parmi ceux-là, nous trouvâmes deux types étonnants, qui nous servirent de *cicerone* dans nos longues promenades.

L'un, sans scrupule, finaud, avide, rusé, guettait notre voiture dès l'entrée de la ville sarte et il la sui-vait au grand galop ; sitôt que nous mettions pied à terre, nous le trouvions humble et obséquieux se met-

SAMARKAND — LE GOUR ÉMIR, TOMBEAU DE TAMERLAN
(v. p. 141)

SAMARKAND — MARCHANDS SARTES
(v. p. 196)

taut à notre service dans une langue qui nous était d'ailleurs parfaitement inconnue ; c'était l'*ouzbeg*, langue d'origine turke et que la majorité des Sartes parlent ici. D'après l'endroit où se dirigeait notre voiture, il devinait nos intentions et trouvait moyen de se rendre utile, sans que nous le lui demandions.

Dans nos promenades nocturnes, il nous fut parfois d'un grand secours, en nous faisant ouvrir tout grands des huis que nous eussions pu croire interdits à des étrangers. Après le plus léger service, il savait d'ailleurs bien nous faire comprendre qu'il réclamait un *silao* (pourboire), et ses exigences devinrent telles, que nous finîmes par lui donner son congé suivant la mode du pays, c'est-à-dire un simple coup de poing. Il n'insista pas, et nous en fûmes débarrassés.

Nous avions remarqué un autre jeune indigène. Ahmed nous avait plu par sa physionomie éveillée et intelligente, celui-là fut notre intermédiaire auprès de maint marchand, et il appuyait énergiquement nos dénégations, lorsque celui-ci nous voulait voler trop manifestement ; il fut aussi notre guide dans nos visites détaillées de certaines ruines désertes, et telle était la facilité d'assimilation de ce jeune indigène qu'à la fin de notre séjour, il savait un certain nombre de mots français, ce qui facilitait singulièrement nos rapports avec lui.

Cette intelligence et cette promptitude d'esprit se rencontrent assez souvent chez les Sartes de la basse classe et, chez eux, l'on peut même trouver des hommes honnêtes et fidèles : c'est ainsi que beaucoup de Russes ont pour serviteurs des Sartes qui leur sont fort dévoués.

Mais, sitôt que le Sarte a réalisé le rêve de sa vie,

sitôt qu'il a pu devenir marchand, qu'il a pu quitter la charrue du laboureur ou l'outil de l'artisan pour trafiquer, les quelques tendances honnêtes de sa nature disparaissent et il devient cet homme gras, menteur et hypocrite que nous avons vu passer fièrement sur sa monture. Ici plus qu'ailleurs la richesse est mère de tous les vices, ou plutôt, elle les développe énormément.

C'est le luxe, la sécurité des villes, le bien-être, l'habitude des compromissions commerciales qui ont amené l'âme du Sarte à ce degré de déchéance morale, car à l'origine aucune de ces tares ne ternissait son caractère.

Le Sarte, en effet, n'est pas d'une race spéciale, c'est le sédentaire, le laboureur ou le marchand, l'habitant des campagnes et des villes, par opposition au nomade errant dans les steppes. C'est le nomade qui a donné au sédentaire ce nom générique et méprisant de Sarte, nom qui rappelle l'expression de *vilain* employée, en France, au moyen âge. « Partout où il y a du *toprach* (1) et de l'eau, il y a un Sarte, » dit un proverbe du pays, qui caractérise bien l'indigène agriculteur.

Dans l'antiquité, les autochtones sédentaires, les Sartes d'alors, étaient sans doute iraniens, c'est-à-dire tadjiks, et déjà le portrait qu'on en faisait signale certains des vices qu'on retrouve encore chez eux. Les

(1) Terre jaune arable épaisse ; géologiquement, c'est le loes de formation quaternaire, boue argileuse, chargée de calcaire, répandue à profusion dans l'Asie centrale et dans l'empire chinois : le toprach y forme de puissantes couches qui atteignent en certains endroits plusieurs centaines de mètres d'épaisseur.

diverses invasions de nomades imposèrent à ces tremblants et pusillamines marchands le joug de la race
jaune.

Les conquérants mongols, turks ou ouzbegs, régnèrent en maîtres dans les riches cités pillées et dévastées. Les habitants, poltrons et humbles, se courbaient sous leur féroce domination, mais ils se
vengeaient en leur inculquant peu à peu leurs vices :
les rudes nomades s'amollissaient au contact des
jouissances et du bien-être : Samarkand était la Capoue de l'Asie, et après quelques années, dégénérés,
les vainqueurs abandonnaient les armes pour les boutiques et devenaient Sartes à leur tour.

A chaque invasion, le même phénomène se reproduisait et le nomade, sans lutte et sans résistance, subjuguait le Sarte méprisé.

Au moment de la conquête russe, il en fut encore de
même, les grandes villes du Turkestan, Tachkend,
Samarkand n'opposèrent qu'un simulacre de résistance,
tandis que la grande difficulté fut de réduire les terribles nomades turkmens.

Les Sartes ne constituent donc pas une race particulière et dans leurs traits on ne peut reconnaître un
type unique. Si leur esquisse morale est facile à tracer
dans un tableau d'ensemble, leur silhouette physique
ne se prête à aucun dessin général. On trouve chez eux
des Iraniens types, au visage très blanc, aux traits fins
sous la bouffissure de la graisse, et des Ouzbegs, des Turks
jaunes, nettement mongoliques, avec la barbe rare, les
pommettes saillantes et les yeux bridés : ceux-là sont
les descendants des conquérants nomades, mais rien
dans leur caractère ne pourrait plus le révéler : ces
derniers sont les plus nombreux à Samarkand et l'on

dit communément que Samarkand (1) est turke et
Boukhara iranienne.

D'ailleurs, les deux races ont subi de nombreux
croisements, et si certains Sartes gardent les traits
typiques de leurs ancêtres, la plupart ont une physionomie hybride qui pourrait passer à la rigueur pour
le type sarte : yeux écartés, petits, légèrement bridés,
peau assez blanche, pommettes saillantes, barbe fournie, nez un peu épaté.

Les Sartes forme la grande masse de la population;
cependant, comme dans toute grande ville, il y a à
Samarkand des représentants nombreux de races
diverses venus, soit temporairement pour leurs
affaires, soit à poste fixe pour exercer certaines fonc-
tions ou certains commerces.

On rencontre ainsi des Persans, dont le type fin et
régulier est bien reconnaissable ; des Afghans, intelligents et énergiques; des Tatares, originaires de la
Volga, appelés ici *Nogaïs*, instruits, sérieux, qui ont
un type mongolique accentué : ceux-ci, venus de Russie,
sont des intermédiaires précieux entre le conquérant
dont ils ont la nationalité, et le Sarte dont ils ont les
mœurs et la religion.

Enfin, on rencontre même des Arabes qui forment
aux environs de Samarkand quelques colonies, vestiges de l'empire des Kalifes. Tous ces hommes, de
race et de type si différents, ont d'ailleurs adopté

(1) Samarkand, capitale militaire et commerciale, attirait plus
les Turks, dans leurs chevauchées, d'abord, et plus tard dans
leurs établissements, que Boukhara, capitale religieuse : ils appelaient Samarkand, la grasse ville, par un jeu de mot turk : ils di-
saient Semiz-Kend, littéralement grasse ville, au lieu de Sémir-
Kend.

l'habillement sarte, tous se drapent dans des khalats multicolores, et se coiffent de turbans.

Tout ce monde s'agite, se croise, s'interpelle, et ces étoffes éclatantes, où pas un costume européen ne vient faire tache et rappeler la terne banalité des modes d'aujourd'hui, chatoient magnifiquement sous le soleil de feu, entre les imposants portiques des médressehs, parés des plus riches couleurs.

Le cadre s'harmonise bien avec la foule, et l'on s'imagine revoir quelque marché d'autrefois, alors que Tamerlan terrifiait l'univers et entassait dans sa capitale les dépouilles des peuples vaincus.

La place du Rhighistan est pleine de monde ; les rues adjacentes et surtout la voie très large qui, du marché couvert, mène à Bibi-Khanoum, sont encombrées d'une foule tout aussi compacte : sous la rotonde à coupole aplatie du marché couvert, on s'écrase pour acheter des tépés brodés et des couteaux ; les cavaliers très nombreux, comme toujours, peuvent à peine faire leurs achats tant ils sont bousculés. Dans la rue, même entassement, et il est bon, si l'on veut circuler, de faire précéder sa voiture d'un djiguit (1). Celui-ci, par ses cris et ses coups de courbache (2), écarte les promeneurs, et l'on peut ainsi circuler, au milieu de

(1) On appelle djiguit, un courrier qui précède la voiture et fait faire place : il est à cheval ou à pied : il y a des djiguits officiels, donnés par les autorités, et des djiguits improvisés, dont chacun peut s'offrir le luxe pour quelque cinquante kopeks.

(2) Courbache, sorte de cravache ou mieux de tige flexible, avec laquelle on écarte les indigènes ; certains agents de police indigènes dont c'est l'insigne principal portent le nom de Courbachis.

deux rangées compactes d'Asiates, au grand trot, la
seule allure qui convienne à des Européens.

D'ailleurs, les Sartes, même les plus magnifiques,
admettent parfaitement la préséance de l'Européen et
rangent prestement leur cheval, au moindre signal.
Voulant mieux visiter la ville indigène, nous n'hési-
tions pas bien souvent à aller à pied, malgré la grave
atteinte que cela pouvait porter à notre prestige. Mais
telle est la supériorité reconnue de l'Européen que,
précédés de notre jeune guide, notre djiguit de circonstance, nous trouvions toujours la place nette devant
nous, et que les fiers cavaliers cédaient le pas à des
piétons d'Europe.

Une foule aussi grande se presse dans l'immense
marché aux chevaux, tout au bout de la ville, du
côté de l'est. Là, dans la vaste plaine nue, en
contre-bas, que domine, vers la ville, la gigantesque
ruine de Bibi-Khanoum, que limitent, à l'opposé, les
exquises coupoles de Schah Zindeh, émergeant des
frondaisons d'un frais taillis, une multitude s'agite. Et
là encore les splendides cavaliers, les turbans blancs,
les khalats multicolores se mêlent en un désordre
coloré, d'une vigueur de tons extraordinaire.

A l'est, une colline, nue, aride, sinistre, borde le
champ de foire. Sous le soleil de plomb, la terre
jaune et craquelée se fait plus désolée, et une longue
file de chameaux au repos donne au paysage son cachet
typique.

Au sommet de la colline, des monticules, quelques
tougs (1), devant de petits mausolées en torchis :

_______

(1) Hampe armée d'une queue de cheval, qu'on plante devant le
tombeau des saints mollahs ou des grands personnages.

c'est le cimetière sarte dentelant la crête de ses
misérables tombes anonymes. Et, à côté de la vie
intense et colorée du champ de foire, c'est la tristesse
poignante du champ de mort désert et abandonné.
Et la sensation se fait plus poignante, car sous ces
pauvres tombeaux est caché le mystère de la ville
antique que conquit Alexandre.

Là, dort depuis des siècles Afrasia (1), la cité brillante et riche, qu'aima le grand conquérant et dont
aucune histoire n'a révélé le secret. Quelques fouilles
heureuses ont déjà mis à jour des trésors de l'art grec.
A quel Schliemann est réservée la gloire de faire surgir
de la poussière cette grande cité qui, peut-être, pourra
redire la grandeur de l'œuvre d'Alexandre et l'énorme
expansion de l'art grec en Asie? Actuellement, tout est
encore caché sous la terre : les morts d'hier gardent la
brillante cité d'autrefois; d'ailleurs, les ruines colossales, qui surgissent partout ici, imposent l'obsession
d'un gigantesque passé mort, et toute cette foule
chamarrée semble s'agiter, peuple de pygmées, dans
une immense nécropole.

Les Sartes ne paraissent guère émus par ce voisi-
nage tragique : en Orient surtout, la vie côtoie la mort
sans effroi.

Ils s'occupent activement de leurs affaires, exami-
nent des chevaux, les palpent et discutent les prix; et

____

(1) Cette ville tire son nom d'un roi légendaire du pays, *Afrasiab*,
dont le nom se retrouve dans le Zend-avesta, recueil des lois et préceptes de la religion de Zoroastre, et qui vécut avant la conquête
du pays par Cyrus et Darius. Les Grecs donnaient à cette ville le
nom de Maracanda. Ce devait être déjà une très grande cité, puisque
le peu véridique Quinte-Curce lui donne 14 kilomètres de tour.

la lutte de deux Sartes, dont l'un est maquignon, est un spectacle bien curieux, même lorsque la discussion a lieu en uzbeg. Seul, le mot *yok*, « non », nous est connu, et il revient constamment comme un refrain, après chaque proposition, soit du marchand, soit du client ; ces transactions se font à cheval, ce qui donne à la chose un cachet bien particulier. Les chevaux en vente sont attachés à des piquets et enveloppés d'immenses couvertures, aux couleurs éclatantes qui, quelquefois, les recouvrent entièrement.

Il y a là de fort belles bêtes, aux membres fins, à l'œil ardent, à la robe brillante de toutes couleurs ; on y peut reconnaître un grand nombre de chevaux de race turkmène, avec leur chanfrein busqué et leur croupe déprimée. Il y a aussi de grands chevaux du Khorassan, ordinairement peu recherchés à cause de leur manque d'aplomb et de la difformité de leurs sabots. On trouve encore des chevaux khirgises, de race *yorgha*, trapus, courtauds, ayant une crinière et une queue longues et épaisses et réputés pour leur douceur et leurs qualités de marche.

Ce sont des chevaux de cette race qui, dans la Sibérie méridionale, paraît-il, sont élevés comme bêtes de boucherie et non comme animaux de trait. Laissés au vert et bien soignés, ils sont sacrifiés, à l'âge de deux ans, et leur peau et leur crin sont l'objet d'un important commerce, se chiffrant par milliers de roubles.

On vend encore ici à bas prix des ânes gris, marqués d'une croix noire sur l'épaule : d'une taille moyenne, bien que plus petits que ceux du Caire, ils sont fort robustes et portent des charges énormes de fourrage ou de bois sous lesquelles ils disparaissent parfois complètement ; au sommet de ces immenses fardeaux, souvent fort élevés, est accroupi le conducteur, et l'âne est si petit, écrasé sous ces énormes amas de broussailles, que l'on voit à peine ses jambes minuscules s'agiter sous le faix.

D'autrefois, il porte jusqu'à trois personnes à califourchon, et ces poids énormes ne paraissent pas le gêner; certains musulmans sont d'ailleurs allés en pèlerinage à La Mecque et revenus dans leur pays sur le même âne, ce qui indique chez ces animaux une exceptionnelle résistance.

Dans un autre coin, ce sont des chameaux à deux bosses que l'on peut acheter. Les énormes bêtes, tranquillement agenouillées, regardent, dédaigneuses et graves, leurs futurs maîtres éventuels. Que leur importe le résultat du débat, leur tâche ne sera-t-elle pas toujours de porter à travers les déserts les fardeaux précieux, suivant lentement la file, la narine torturée par l'anneau qui les conduit : vie de privations et de fatigues à peine traversée, çà et là, par les joies gastronomiques de quelque plantureux herbage.

Suivant sa force, son âge, son allure, l'animal sera acquis cinquante à quatre-vingts roubles ; mais l'importance de son prix d'achat ne l'émeut guère, et, si l'on a dû déranger sa quiétude, le faire à plusieurs reprises lever et agenouiller pour apprécier ses qualités, c'est seulement son dédain et sa colère qu'il crachera au nez de l'acheteur, sous forme de la boule de fourrage qu'il ruminait gravement.

Les chameaux que nous voyons sont fort beaux, leur mue est achevée, et ils sont couverts d'une fourrure courte, épaisse et assez claire. En été, leur aspect est tout autre et vraiment pitoyable : leur poil tombe par larges plaques, laissant le corps nu par places, et l'animal semble atteint de quelque horrible lèpre rongeant peu à peu son pelage.

Ce phénomène est naturel et il n'en résulte pour la bête aucun inconvénient. C'est là une nouvelle source de richesse pour le chamelier : en été, des hommes suivent les caravanes pour recueillir la laine qui s'est détachée : celle-ci se vend fort bien pour fabriquer certains feutres et certaines étoffes très recherchées en Asie centrale.

Tous ces groupes animés forment un ensemble d'un attachant exotisme, baigné dans une lumière d'une intensité inouïe. Nulle part encore nous n'avions constaté un éclat si éblouissant : les monuments, les maisons, la terre, les costumes, tout flambe, tout resplendit, et c'est pour nos yeux d'Européens, peu accoutumés à semblable féerie, une impression presque douloureuse. La poussière épaisse que soulèvent tous ces gens et tous ces cavaliers ajoute encore à cette désagréable sensation; et l'on doit par instants fermer les yeux comme devant le reflet aveuglant d'un fulgurant soleil : mais on les rouvre aussitôt, captivé par la nouveauté sans cesse changeante du spectacle.

Voici un marchand ambulant, vendeur de fumée. Son fonds de commerce consiste dans une pipe à eau, un *kalyan* (1) qu'il remplit de tabac et tient allumé. Il circule entre les cavaliers, offrant à chacun de puiser, au bout de métal de la pipe, une bouffée de joie et d'oubli; il tend, lorsqu'un client le lui demande, le *kalyan*, après avoir activé le feu par une ou deux aspirations, réglant avec le doigt la combustion du

(1) Kalyan ou tchilim, c'est une pipe à eau analogue à celle que nous avons déjà décrite chez les Turkmens : voyez p. 43.

tabac : le cavalier se courbe, aspire longuement, et reprend sa route après avoir jeté au vendeur de fumée deux ou trois de ces monnaies de cuivre dont il faut quatre pour faire un kopek.

Et le marchand circule ainsi, fumant lui-même, quand les clients ne viennent pas, maintenant le foyer plein de *tombachi* (tabac) et offrant à tout venant le tuyau commun de la pipe commune. Il y a bien des Européens qui s'arrangeraient mal d'une pareille promiscuité.

Un autre ambulant pittoresque est le marchand de fraîcheur, le vendeur d'eau. Celui-ci porte sur le dos une outre de cuir, qui garde la forme de l'animal : on a simplement lié les membres et cousu les ouvertures. Ces hommes, de loin, paraissent donc porter sur le dos quelque bête écorchée : c'est seulement une outre pleine d'eau. A la main, ils tiennent un plat de cuivre garni d'un gros morceau de glace (1).

Lorsque vient un amateur, sur le morceau de glace ils versent l'eau de leur outre par un bec ménagé au niveau du cou, et présentent le plat rempli jusqu'au bord : ainsi pour quelques piécettes, le Sarte se désaltère : ces vendeurs d'eau représentent ici les marchands de coco de nos squares.

Souvent une cacophonie étrange éclate tout à coup : c'est un groupe de derviches mendiants qui chantent des versets du Koran pour recueillir des offrandes.

(1) Il ne faut pas s'étonner de voir des marchands ambulants posséder de la glace. La proximité des montagnes permet d'en faire venir de grandes quantités à Samarkand, où elle est vendue ordinairement 10 kopeks le kilogramme; certains Sartes font même des sortes de sorbets avec de la glace pilée et du miel.

Vêtus de loques (1) multicolores, coiffés de bonnets pointus (2) bordés de fourrure rude et droite, les cheveux longs et hirsutes, un bâton à la main, ils font étrange figure. A leur ceinture sont accrochés des instruments grossiers, des amulettes, des cliquettes, de petites poupées; à la main ils tiennent la soucoupe qui contiendra toutes les offrandes, nourriture ou monnaie.

Ils chantent en chœur, sur un mode suraigu, hurlant des invocations et des versets religieux avec une telle force que souvent leur figure se cyanose, leurs veines deviennent turgescentes et ils perdent respiration. Leurs chants s'accompagnent de danses étranges, de contorsions et de gestes qui relèvent plus de la folie que de l'exaltation religieuse.

Beaucoup d'entre eux présentent, d'ailleurs, ou affectent des traits de folie caractérisée : on les appelle communément *douvanas* (fous) et on les respecte, car on les croit possédés par l'Esprit invisible.

Celui qui les conduit est un derviche très vénéré, c'est un *douvana* célèbre par l'étrangeté de ses manières : il s'est imposé aux autres par l'intensité de son exaltation. Et ainsi la troupe mendiante parcourt les marchés, suit les rues, allant de ville en ville quêter sa pauvre vie.

Le Sarte, malgré son avarice, fait de larges aumônes

(1) Leur khalat est fait, d'après les usages, de languettes et de morceaux cousus ensemble et de couleurs variées, c'est un véritable manteau d'arlequin très pittoresque lorsqu'il n'est pas transformé en une loque sordide et informe.

(2) Ces bonnets en laine ou en velours de couleur rouge brodés ou peinturlurés de barriolages multicolores sont pointus, coniques et entourés à la base d'une bordure de fourrure. Ils sont le signe distinctif des derviches de l'Asie centrale.

à ces favoris d'Allah qui lui donnent, suivant sa générosité, soit une *fatiha* (bénédiction), soit un *nefe* (souffle sacré) capable de guérir les plus incurables maladies. Aussi la recette est-elle souvent bonne, et, avec le produit de ses aumônes, le derviche pourrait vivre largement. Mais ces offrandes ne lui appartiennent pas en totalité : il prélève seulement le strict nécessaire à son existence et verse le surplus à sa confrérie.

Car les derviches du Turkestan sont des moines formant une confrérie puissante, répandue dans toute l'Asie centrale. Presque tous se rattachent à l'ordre des *Nakhisbendi* dont le fondateur *Baha-Eddin Nakhisbend* est l'un des saints les plus vénérés du pays. Son tombeau, à quelques verstes de Boukhara, est un lieu très saint que visitent tous les pieux pèlerins de l'Islam. Ils viennent y toucher, du front, la *pierre du désir*, dont le pouvoir est miraculeux, et déposer quelque offrande, bande d'étoffe ou corne de bélier, sur le mausolée.

Dès longtemps on voulait élever au saint personnage un monument digne de lui, et à plusieurs reprises on recouvrit son tombeau d'un dôme imposant ; mais, pauvre et modeste par profession, Nakhisbend désapprouva ce luxe inutile, et au bout de trois jours le dôme croulait : c'est du moins le récit accrédité par les mollahs, qui depuis n'ont plus recommencé la tentative.

Nakhisbend groupa autour de lui nombre de fanatiques, recrutés parmi ces pèlerins musulmans, dont la vie se passait à errer à travers l'Islam, pour en visiter les lieux saints. Et ainsi s'est formé l'ordre puissant qui a peu à peu englobé les sectes errantes de derviches.

Actuellement ceux-ci, très nombreux et disséminés dans toute l'Asie centrale, constituent une force occulte avec laquelle on doit compter : circulant partout et partout bien accueillis, ils peuvent, sur un mot d'ordre, exaspérer le fanatisme et susciter la révolte ou proclamer l'apaisement.

Leur chef, résidant à Boukhara, est un personnage puissant et mystérieux, dont le pouvoir s'étend sur toute l'Asie centrale : il va dans chaque province de son empire religieux, réglant les différends, recevant les sommes provenant des aumônes de ses derviches : ainsi est constituée une importante caisse noire, soi-disant destinée à entretenir les lieux vénérés, mais qui pourrait bien être employée, à certains moments, pour la propagande islamique active.

Aussi les Russes ne sont-ils pas indifférents aux agissements des derviches, ils les laissent libres d'exercer leur religieuse mendicité, et s'efforcent de ne pas buter leur fanatisme : ils savent que ceux-ci sont répandus dans tout l'Afghanistan et que leur aide pourra avoir son importance, dans la grande partie qui est à la veille de se jouer en ce pays.

Les derviches ne limitent d'ailleurs pas à l'Asie centrale leurs courses errantes : beaucoup, en bons musulmans qu'ils sont, vont à la Mecque visiter la sainte Kaaba et mériter le titre envié de *hadji* (1).

Ceux-là rapportent une poussière nommée *Khaki shifa*, recueillie sur le pavé de la sainte mosquée ; elle a le pouvoir de guérir toutes les maladies et est très

---

(1) Tout pèlerin qui a fait le voyage de la Mecque a le droit d'ajouter à ses noms le titre honorifique de *hadji,* qui veut dire pèlerin.

recherchée par les Sartes qui en paient une pincée d'une généreuse offrande : voilà une marchandise d'un commerce lucratif, car le stock, pensons-nous, doit être inépuisable. C'est en se mêlant à un groupe de ces pieux derviches que Vambéry put, il y a trente-cinq ans, faire son célèbre et périlleux voyage.

On les rencontre partout, ces *douvanas*, dans les champs de foire, devant les maisons, dans les caravansérails. Parfois, ils tendent seulement la main et n'hésitent pas à attirer l'attention du passant à la poche rebelle, par une légère tape sur l'épaule : plus souvent, ils hurlent et braillent, six ou sept à la fois, sans aucune mesure et sans justesse, odieux à entendre, plus odieux encore à voir. Ces cris sauvages, prolongés indéfiniment, rappellent, à un degré inférieur, ces derviches hurleurs que nous vîmes plus tard en Crimée.

Très honorés partout, les derviches trouveraient dans chaque maison un abri passager, mais ils préfèrent se réunir dans des caravansérails spéciaux qui leur sont réservés et où ils trouvent les vivres et le couvert. A Boukhara, à Khiva, où ils sont particulièrement nombreux, existent des sortes de monastères nommés *tekkie*, où ils sont défrayés de tout; partout ailleurs ils doivent se contenter d'asiles réservés, nommés *kalenterkhânes* (1). Dans une cour ombragée et fraîche, des cellules sont disposées sous une sorte de préau ou de galerie.

Nous eûmes fréquemment l'occasion de les voir dans

_______

(1) Il est facile de reconnaître dans ce mot les fameux *kalenders* cités dans les *Mille et une Nuits*, ces moines errants semblables au nakishbendi qui usèrent de leur prestige religieux pour causer tant de désordres au moyen âge.

les *kalenterkhânes*, situés vers l'est de la ville, non loin, chose étrange, du quartier joyeux. Le long des murs, ils étaient étendus nonchalamment, buvant du thé, dormant ou fumant.

Par ces périodes chaudes, ils jouissaient pleinement de la douceur de la sieste en plein air ; mais en hiver, paraît-il, ils paient cruellement les agréments de la belle saison ; mal protégés contre le froid, ils font pitié sous leurs haillons et on les voit alors, serrés par grappes, sous les mauvais abris des *kalenterkhânes*. A les voir ainsi, paisibles et heureux, emportés par leurs rêves, on songe malgré soi aux vers du poète persan :

> Une brique est leur oreiller,
> Mais leurs pieds foulent les étoiles !

Beaucoup de derviches, s'ils pratiquent avec rigueur les règles de la chasteté la plus stricte, s'adonnent aux douceurs de l'ivrognerie et de l'opium. Ceux-là se réunissent alors dans des bouges spéciaux, strictement fermés, et où n'entrent que les habitués, derviches ou Sartes.

Quelquefois nous pûmes voir furtivement une porte s'entr'ouvrir et se refermer aussitôt sur un indigène. Par l'entre-bâillement, on apercevait, couchés sur des nattes, dans une pénombre épaissie d'une lourde fumée, des corps étendus, immobiles : ce sont des fumeurs d'opium (*beng*), qui aspirent, par le tuyau d'une pipe minuscule, la fumée de la boulette d'opium maintenue, par un gamin, sur le charbon ardent que contient le fourneau de la pipe. Ce gamin, véritable martyr, doit d'ailleurs allumer la pipe et aspirer les premières bouffées, qui sont les plus dangereuses :

aussi succombe-t-il très jeune, victime du poison qu'il aide à respirer. Dans des tchilims, on fume aussi un mélange de tabac et d'opium.

Dans d'autres bouges, les mangeurs de *nacha* (haschisch) cherchent, dans les terribles boules vertes, l'oubli des maux et les visions étoilées : d'autres vont s'enivrer de *kouknar*, liqueur due à la macération des coques de pavots, ou de *bouza*, sorte d'eau-de-vie de millet. Et tous ces vices, très répandus chez les indigènes, marquent les visages d'un masque terreux et immobile, le regard est trouble et atone, la démarche lasse et indifférente, et tous ces hommes, esclaves de leur passion, sont marqués pour la folie ou pour la mort prématurée.

On pourrait s'étonner que de saints hommes, tels que les derviches, puissent à ce point enfreindre la loi du Prophète, mais ils rassurent leur conscience par des sophismes habiles : « Mahomet défend les liqueurs fortes, mais dans le Koran, on ne voit nulle part que le *kouknar* soit défendu ; il est blâmable de s'enivrer, mais le Prophète ne parle pas de l'enivrement de l'opium ou du nacha ; enfin, s'il proscrit le vin pur, il n'a pas songé à interdire le vin mélangé de bouza : donc nous ne transgressons pas la loi du Prophète. » Ce sont là des subtilités qui révèlent bien le casuiste.

Le marché de foire dégage donc une impression d'animation sans égale : au milieu de cette cohue éclatante, dans cette poussière épaisse, sous cette lumière implacable, une vie intense bourdonne et s'agite.

Cavaliers, piétons, marchands ambulants, derviches, conducteurs de chameaux, *arbakéches* (1), accroupis

_______________

(1) Conducteurs d'arbas.

sur le collier de leurs chevaux, se croisent, se mêlent,
s'interpellent, se bousculent et tâchent de se duper.

Sous de légères voitures, dans de petites maisons de
pisé, sont installés les inévitables auxiliaires de tous
les marchés du monde : ici des barbiers rasent soigneusement la tête des Sartes; là des cuisiniers en
plein vent préparent, pour la joie des riches qui
peuvent dépenser sans compter quatre ou cinq kopeks,
des brochettes de mouton, frites (1) dans la graisse ;
plus loin, des théeries, des *tchaïniks* où l'Asiate peut
se rafraîchir.

Assis sur des nattes, en rond autour d'une theière
(*koumgaril*) de porcelaine de fabrication russe, le plus
souvent, les Sartes boivent à petit coup leur tasse de
thé brûlant : c'est du thé vert, le seul apprécié ici :
il en existe d'ailleurs de nombreuses variétés dont la
plus recherchée est le *louka* (2). Les commerçants se
reposent ainsi des fatigues de la foire en buvant et
fumant le *tchilim ;* quelquefois leur quiétude est dis-
traite par quelque *batcha*, jeune danseur indigène
dont les contorsions égayent leur repos.

Puis ils se dispersent, reprennent leur monture et
regagnent paisiblement leur logis.

(1) Les Persans l'appellent kebâh, les Turcs, tchachlick.

(2) On vend en Asie centrale seize espèces de thé : six de thé
noir en feuilles ou en briques comprimées et dix de thé vert. Pour
apprécier la qualité du thé qu'il achète, le Sarte le passe dans
l'eau bouillante et le goûte ensuite : s'il est bon, la feuille est fine,
tendre et parfumée. On cultive dans le Turkestan du thé de qualité
inférieure : la plus grande partie vient de Chine et ce commerce
est surtout entre les mains des Chinois. Beaucoup d'Afghans font la
**contrebande du thé indien.**

# CHAPITRE V



Le marché des fruits se tient dans une grande cour, bordée de hangars et encombrée d'arbas dételées, non loin du champ de foire. Le public y est très nombreux ; là, au milieu des tas d'arbouses, de melons, de tomates, de fruits de toutes sortes, se vendent des gousses de coton dont la coque brunâtre, entr'ouverte, laisse voir le petit bouquet blanc, soyeux, indispensable à l'humanité entière. A côté, c'est le singulier spectacle de misérables Asiates filant gravement la laine de leur quenouille.

De nombreuses femmes se mêlent aux cavaliers et aux piétons de l'autre sexe, alors qu'à la foire, il n'y en avait pas une seule. Elles sont d'ailleurs fort peu élégantes, dans leur tenue de promenade. C'est une sorte de sac de soie ou de coton gris à raies bleues, nommé *parandji,* qui les enveloppe de la tête aux pieds. L'ouverture supérieure encadre leur figure soigneusement recouverte d'un affreux masque de crin, impénétrable aux regards indiscrets. De fausses manches très longues et rabattues par derrière, où elles sont fixées, forment deux grandes bandes s'amincissant vers le bas et tombant jusqu'à terre.

Ainsi empaquetées, les femmes se glissent craintivement et vite, ne s'arrêtant pas, ne parlant pas, se tournant vers le mur, si elles s'aperçoivent qu'on les regarde. En voyant passer ces fantômes informes, on ne retrouve aucun trait de cette poésie qu'est la femme; comme dans tous les pays musulmans, bien qu'ici un *haïk* troublant n'offre pas la tentation affolante des grands yeux de gazelle, soulignés de kohl, des dames algériennes, il vient à l'esprit une **exaspération** contre ce mystère et une tentation aussi de soulever ce masque qui cèle sans doute quelque **admirable beauté.**

Le plus souvent, il est vrai, on serait fort dupé, car la femme sarte, comme toutes les Orientales, nubile et mariée à dix ans, souvent jolie jusqu'à seize ou dix-huit, se fane très vite, et la vue d'un visage fatigué et sans grâce risquerait d'être la seule **récompense de** cette dangereuse imprudence.

Car ce n'est pas impunément que l'on pourrait accomplir ce forfait : le Sarte, si lâche en toute circonstance, devient féroce sur le chapitre femme. S'il surprend une femme dévoilée, il la frappe; s'il assistait à la violence d'un étranger démasquant une Sarte, il lui ferait un mauvais parti.

La femme est l'être du foyer; comme toutes les choses intimes elle doit être connue de son seul maître et jamais un Sarte ne parlera à un autre indigène de sa ou de ses femmes : tout au plus lui demandera-t-il par une périphrase tout orientale : combien d'*aïms* (lune) brillent au firmament de ton ménage?

En principe, la femme ne doit pas quitter le foyer, et c'est par tolérance qu'on lui permet parfois de se mêler, anonyme et masquée, à la vie du dehors; jamais elle n'adresse la parole à un homme : nous

sommes loin de la liberté laissée aux femmes turkmènes, sous la tente du nomade.

Ici, c'est le musulman des villes, et le principe de
la claustration absolue y est maintenu dans toute sa
rigueur, comme la plus sûre garantie contre l'adul-
tère redouté : et malgré tout, paraît-il, le Sarte est
trompé, car nul obstacle n'empêchera la femme de faire
don de son cœur : il est vrai qu'alors la vengeance est
terrible. Non content de la répudier, le mari avait,
jusqu'à ces derniers temps, le droit de la lapider, pénible perspective ! Dieu merci, les mœurs se sont adou-
cies et l'amour criminel n'a plus ce terrible lendemain.

Les femmes vivent dans leur maison, restant, chose
étonnante pour nous, en bonne intelligence les unes
avec les autres (car la polygamie est, bien entendu,
générale ici), vaquant aux soins du ménage, s'occupant
des enfants, filant la soie et le coton, brodant et tissant
des étoffes ; chez les pauvres, la femme est surchargée
de besogne ; chez les riches, elle mène une vie oisive,
se pare sans cesse, chante et papote, croque des
sucreries, mollement étendue la journée entière sur
des tapis épais.

Cette vie familiale reste naturellement lettre morte
pour l'étranger, et nous désespérions de jamais voir
ces belles Asiates. Mais le dieu des voyageurs veillait
sur nous. Certain jour, dans une promenade vers les
confins de la ville, nous cheminions, aveuglés par
l'intense lumière, le long des remparts de terre
grillés et craquelés par la chaleur, qui forment à la
Samarkand d'aujourd'hui une vaine et trop vaste ceinture (1) : l'aride sentier que nous suivions dominait la

_______________

(1) La ville indigène actuelle occupe à peine la moitié de l'en-

ville sarte, et notre regard plongeait sur les terrasses
et les cours de maisons indigènes.

Des femmes, le visage découvert, étaient là dans la
quiétude du *home*, ne se sachant nullement surveil-
lées. Le chemin était désert, nous nous dissimulâmes
et, armés de jumelles, nous pûmes observer à loisir
ces belles farouches, riant, à part nous, du tour joué
ainsi à quelque Sarte jaloux.

Dans chaque cour se trouvaient plusieurs femmes
et des enfants : vêtues de chemises de soie ou de
mousseline voyantes, très échancrées, aux manches
très larges, et d'amples pantalons de soie serrés au
cou-de-pied, coiffées de coquets tépés brodés, ces
femmes étaient couvertes de nombreux et volumineux
bijoux d'or ou d'argent, ciselés et incrustés. Elles
nous parurent généralement assez élégantes : de taille
moyenne, les cheveux très noirs partagés en tresses,
assez bien faites quoique un peu fortes; les jeunes
avaient des traits souvent réguliers et la peau très
blanche; mais à côté d'elles d'autres femmes montraient déjà toutes les tares de la déchéance sénile, et
celles-là n'avaient peut-être pas vingt-cinq ans !

Le Sarte peut, s'il trouve une femme trop vieille,
en prendre une plus jeune, mais il doit garder celle
qui lui a donné autrefois sa beauté. Il la répudie seulement pour un motif grave et, dans ce cas, la femme
a le droit de se remarier avec un autre Sarte.

Elles s'occupaient de menus ouvrages, filaient et
causaient, choses banales en vérité, mais qui avaient

ceinte circonscrite par les anciens remparts. Ceux-ci en terre sèche,
peu apparents par endroits, mal entretenus, étaient naguère percés
de plusieurs portes, correspondant à chacune des grandes routes
partant de Samarkand.

SAMARKAND — ALMA, JEUNE DJALAP

(v. p. 137)

pour nous tout l'attrait du fruit défendu : n'était-ce pas un coin du voile soulevé sur le mystère des harems.

Nous eûmes, heureusement pour l'ethnographie, l'occasion fréquente d'étudier de plus près la femme sarte : car à côté de la farouche et chaste épouse, il y a ici, également, la vierge folle, qui d'un joli geste a dès longtemps jeté le *parandja* par-dessus les moulins : celle-ci habite un quartier spécial et intéressant à bien des points de vue, et se montre à vous, même aux Européens, à visage entièrement découvert.

Le jour on peut les voir, vêtues de robes éclatantes et nonchalamment appuyées au seuil de leurs demeures, mais c'est le soir surtout, alors que la ville est déserte et qu'une ombre propice couvre tout, qu'il est préférable de les aller visiter.

Alors si, d'aventure, un malin et peu scrupuleux indigène, pour quelques kopeks, a ouvert toute grande la porte soigneusement close, on peut approcher les *djalaps* (1), comme on les appelle, et connaître les femmes de l'Orient.

On entre habituellement dans une grande cour plantée d'arbres : là, sont remisées des arbas, des voitures; là aussi, souvent, dorment des chameaux, des ânes ou des chevaux attachés à des piquets. Des portes

---

(1) Les djalaps sont inscrites et visitées, mais en dehors de ces formalités elles sont absolument libres : leur logement coûte environ 20 kopeks par mois, leur nourriture 5 kopeks par jour, elles emploient le reste de leur gain à acheter de somptueux vêtements ou à se constituer une dot : plus tard elles se marient ou, du moins, peuvent vivre à l'abri du besoin. Régulièrement elles ne peuvent être inscrites avant quinze ans, mais beaucoup déguisent leur jeune âge et commencent à l'âge de dix ans.

donnent sur ce grand préau d'allure exotique : ce sont
les chambres des habitants de ces petites cités. Car les
maisons, vrais villages dans ce quartier, sont occupées
par de nombreux locataires ; des hommes, des femmes
en habitent les différentes pièces, et c'est parmi cette
population que se rencontrent des *djalaps*, sans que
forcément toutes celles qui vivent là accordent aux
passants leurs faveurs.

Une belle vous fait un geste gracieux et l'on entre
dans une pièce basse où des amoncellements de tapis
cachent la terre nue. De meubles, point, à moins qu'un
de ces lits sartes, faits d'un cadre de bois tendu de
sangles entre-croisées, n'occupe un coin de la pièce;
aux murs, des soies pendues, des instruments de
musique, parfois des parures; quelques jolis ustensiles de métal repoussé, quelques coffres disséminés
dans des coins : c'est l'appartement d'une femme.

On prend place par terre sur des coussins et une
vieille apporte du thé vert; puis une, deux, trois
femmes vêtues de robes de soie ou de velours à grands
ramages, brodées d'or ou d'argent, parées comme des
idoles, entrent dans la pièce, saluent et s'assoient en
silence.

L'une d'elles détache sa longue mandoline et module
sur un ton aigu et nasillard quelque chant de rythme
bizarre; une autre se lève et mime une de ces danses
lentes, où les gestes suppliants des bras et des mains tor-
dues expriment les souffrances et les extases de l'amour.

Et toutes ces femmes, dévoilées, bien entendu, gardent au milieu de ces scènes lascives une gravité étonnante, une impassibilité absolue.

Leur type est variable, mais toujours très exotique.
Il y a des femmes au type mongol net, des ouzbégs :

la peau olivâtre, la figure ronde avec des pommettes saillantes et le nez un peu camard, les yeux écartés et bridés : celles-ci ont souvent un peu trop d'embonpoint, et leur face large est sans grâce. D'autres, d'origine tadjick, sont plus blanches de peau et leur type est plus régulier : nez busqué, visage ovale, œil bien fendu, cheveux lisses et noirs ; elles ont, en général, la taille bien prise et la démarche élégante.

Mais, comme en toutes choses, la femme fait ici souvent mentir la règle, et la reine des djalaps, la charmante *Alma*, dont le gracieux sourire, les yeux pétillants d'esprit et la délicate carnation emportent tous les suffrages, est pourtant de race ouzbègue.

Les chants continuent, les danses ondulent, on boit lentement la tasse de thé vert, et le temps passe doucement.

D'autres fois, c'est sur une terrasse, sous les rayons charmeurs de la lune, dans le grand silence de la ville, rompu seulement par le cri lugubre des veilleurs ou par le hurlement d'un chien, que se passe cette scène. De là on domine les terrasses désertes que la lumière blanche dessine crûment sur le ciel de turquoise, et, mollement étendu, on peut connaître les femmes de Samarkand. Et, de ces étoffes splendides, et de ces corps bronzés aux lignes harmonieuses, monte peu à peu à l'esprit le souvenir lointain de Salàmmbo sur la terrasse de Carthage, amoureusement enveloppée des reflets laiteux de Tànit.

Une triste cérémonie nous retint à la ville russe, le surlendemain de notre arrivée : on célébrait les obsèques de la générale Medinski, femme du gouverneur intérimaire de Samarkand.

Ce fut un imposant spectacle. Tous les boulevards étaient jonchés de feuillage. Après le service religieux fort beau, où des chants de douleur et d'angoisse avaient fortement impressionné l'assistance, le cortège s'organisa.

D'abord la police indigène à cheval, en tcherkeska brune, puis des prêtres majestueux, aux lourdes chapes d'or, entourant la double croix byzantine et chantant d'une voix profonde les psaumes de la mort.

Puis, sur un affût de canon traîné par six chevaux, la bière recouverte d'un grand tapis rouge; derrière, tout seul, en grand uniforme, le général, dont la douleur crispait la belle et fière tête aux rudes moustaches blanches. Ensuite venait toute la population européenne de Samarkand, précédant la musique militaire qui exécutait des marches funèbres. A la fin du cortège, deux Sartes, vêtus de merveilleux khalats, brillants d'or et de pierreries, et magnifiquement armés, suivaient; c'étaient, paraît-il, les chefs, les *aksakals* (1) de la ville indigène, et on leur avait fait un insigne honneur en les admettant à figurer dans un cortège russe. La cérémonie fut imposante et émouvante; au cimetière, beaucoup de personnes pleuraient.

Celle qu'on ensevelissait était morte, paraît-il, victime de cette fièvre dont tout le monde parle ici, mais que personne ne peut définir. Car à Samarkand, comme dans toute l'Asie centrale, la fièvre est la grande terreur.

Même ici, où le climat est très sain, quoi qu'on dise, on redoute la fièvre par-dessus tout : chaque ma-

---

(1) Aksakal signifie barbe blanche; c'est une fonction indigène qui correspond à celle de maire.

ladie est étiquetée fièvre et l'on s'aborde fréquemment dans la rue en se demandant des nouvelles de sa fièvre, comme ici on s'enquiert de la santé de son interlocuteur.

Cette terrible affection, d'où vient tout le mal, est combattue à outrance par le sulfate de quinine, la seule drogue reconnue utile par les Russes. Et telle est leur terreur de la fièvre, qu'ils absorbent la quinine non seulement au moment des accès, mais encore préventivement. Il se fait chez eux une grande accoutumance et nous avons vu certaines personnes en prendre quotidiennement des doses énormes. Il en résulte une série d'accidents dus à l'intoxication quinique et qui, bien entendu, sont mis sur le compte de la fièvre : nous avons même constaté ces accidents d'intoxication chez un enfant à la mamelle dont la mère abusait de la quinine.

La fièvre est donc, pour l'Asie centrale, un spectre terrifiant, et comme, vraisemblablement, il s'agit là d'accidents d'impaludisme, il serait désirable qu'un homme de science vînt, qui rassurerait la population, montrerait qu'il existe d'autres maladies que la fièvre. Il réglementerait sagement l'usage immodéré du sulfate de quinine, et introduirait l'hygiène et les toniques qui sont les meilleurs préventifs contre l'impaludisme. Celui qui mènerait à bien cette tâche serait un bienfaiteur de l'Asie centrale.

Comme nous nous étonnions de l'épouvante qu'inspirait la fièvre dans ce beau pays et que nous exprimions l'avis que Samarkand est une ville extrèmement saine, M. O... nous mena au palais du gouvernement, inhabité depuis la mort du gouverneur.

Là, au milieu des splendeurs d'une végétation luxuriante, sous l'ombre fraîche des feuillages, dormait un étang aux eaux vertes et stagnantes, et nous fûmes pris d'un frisson dans cette malsaine splendeur ; évidemment ce grand et beau palais, enfoui dans cette pernicieuse verdure, devait être néfaste à ceux qui l'habitaient.

Pour chasser les tristes idées que suscitent ces perpétuelles conversations d'égrotants, car le thème favori revient constamment dans les conversations intimes, nous consacrions le plus de temps possible à vivre au milieu des souvenirs d'autrefois.

Mais là aussi, partout, nous rencontrions la mort : la plupart de ces magnifiques monuments, la gloire de Samarkand, ne sont que d'immenses mausolées. Au *Gour Emir*, c'est Tamerlan qui dort sous le dôme bleu turquoise ; à *Bibi Khanoum*, c'est le nom de son épouse favorite que rappellent les ruines gigantesques ; à *Shah Zindeh*, reposent les fils du conquérant. Mais partout les proportions sont si grandioses, que l'admiration exclut la tristesse.

Lorsqu'on arrive de la ville russe par cette belle route ombragée (1) qui longe la citadelle, de loin se dresse, entre les arbres, l'immense dôme bleu, le mausolée de Tamerlan, et, tout près, un autre dôme, montrant la pauvreté de ses briques, recouvre les cendres d'une des épouses favorites du terrible prince (2).

(1) Une des caractéristiques de la ville indigène de Samarkand est le grand nombre de voies larges, régulières, droites et ombragées, qui traversent et aèrent l'entassement des maisons sartes.

(2) Sous la coupole est un écheveau qui passe pour renfermer un poil de barbe du Prophète (Muy Scadet) : cette précieuse relique, dit-on, empêche seule le dôme de s'écrouler.

Le Gour Emir (1) est le plus vénéré des mausolées de Samarkand, où pourtant le nombre des saints est si grand que le musulman nomme cette ville le *Jardin des saints*. Les Russes sont arrivés à temps pour sauver la coupole de l'écroulement définitif, et, grâce à une habile restauration, elle perpétuera longtemps encore la gloire de Tamerlan et le rayonnement de l'art oriental.

Ce n'est pas à dire que le monument soit intact. L'entrée principale, au sud, comme le veut la loi, est impraticable et l'ogive du portique si dégradée, que l'accès en est interdit. Deux minarets accompagnaient la coupole centrale ; un seul subsiste et tellement penché que l'on conçoit difficilement qu'il puisse rester debout. Quelque jour sans doute, un tremblement de terre fera disparaître cette délicate colonne cylindrique qui conserve par places les brillantes spirales vernissées de son revêtement.

La coupole, elle-même, encore entière, ne garde pas complète sa parure bleu turquoise, et, par places, les taches rougeâtres des briques parsèment la brillante enveloppe. Mais ce qui demeure, c'est la majestueuse élégance de l'architecture, c'est la forme exquise de cette coupole ovoïde, et côtelée, reposant sur une base svelte et amincie, où d'immenses lettres kouffiques (2), se détachant en blanc sur le fond bleu de la paroi, constituent une ornementation d'une suprême élégance.

Un portique latéral, à l'ouest, reste intact, entièrement tapissé de merveilleuses faïences aux teintes har-

_______

(1) Gour Émir signifie tombeau souverain.
(2) On donne ce nom à l'ancienne écriture arabe.

monieusement fondues, dont les dessins charmants
sont des inscriptions koufliques : l'une d'elles rappelle
le nom de l'architecte Abdullah d'Ispahan (1), qui a
bâti ce chef-d'œuvre.

C'est un des traits caractéristiques des décorations
architecturales de l'Asie musulmane, d'employer
comme ornementation des inscriptions rappelant des
traits d'histoire ou des versets du Koran. En Europe,
aucune tentative de ce genre n'a été faite ; il est vrai
que la raideur des caractères latins ou slaves se prête
mal à pareilles combinaisons, que permet seule l'élégante complication des lettres orientales. Le gothique
aurait peut-être pu cependant être employé avec
succès.

C'est donc un Persan qui a conçu et exécuté le merveilleux Gour Emir. Tamerlan, à l'apogée de sa gloire,
voulut construire son mausolée, et il chargea Abdullah
de créer un chef-d'œuvre dépassant en splendeur tous
les autres monuments de Samarkand. La magique coupole bleue surgit de terre et Tamerlan la reconnut
digne de recouvrir ses cendres. Mais quelques années
avant lui, son vénéré précepteur, le saint mollah *Saïd
Mir Berke,* étant venu à mourir, il voulut lui donner
un gage éclatant de sa vénération et le fit enterrer au
Gour Emir.

Abdullah n'est pas d'ailleurs le seul Persan que
Tamerlan ait fait venir à Samarkand, et la plupart des
monuments de ce temps sont dus aux plans d'archi-
tectes de ce pays.

Pourtant l'ordonnance des édifices n'est pas persane ;

(1) L'inscription, déchiffrée par Vambéry, dit : ceci est l'œuvre
du pauvre Abdullah, fils de Mohammed, natif d'Ispahan.

le Gour Emir notamment avec sa coupole côtelée reposant sur une rotonde n'a pas le caractère des édifices de Téhéran ou de Mesched. Il semblerait que le séjour de Samarkand et le contact, peut-être, de la race turke aient donné à ces artistes une impulsion magnifique, et qu'ils aient ajouté à la mièvre joliesse du style persan une ampleur plus grandiose et plus imposante.

Le portique franchi, on se trouve dans un paisible verger où de magnifiques mûriers enveloppent la base du monument d'une ombre religieuse. Dans le vestibule, quelques mollahs se tiennent accroupis : l'un d'eux se lève et nous fait signe d'entrer ; et, à notre grand étonnement, il ne nous invite pas à retirer nos chaussures, suivant l'usage islamique.

Nous n'avons retrouvé nulle part, en Turkestan, où les pèlerinages vénérés abondent, les traditions inflexibles des pays mahométans soumis à l'autorité du sultan de Stamboul. Ces lieux saints, qu'autrefois nul chrétien ne pouvait souiller de sa présence, que Vambéry ne put visiter que sous un déguisement, et au péril de sa vie, sont maintenant foulés au pied par le voyageur qui passe, et ces musulmans fanatiques n'en paraissent pas troublés !

Une porte de bois, délicatement sculptée et incrustée d'ivoire, donne accès dans le santuaire. Là, règne une pénombre impressionnante que strient nettement les traînées lumineuses venues de quelques rares fenêtres, aux croisillons d'albâtre.

Cette chapelle n'est pas très grande et la coupole d'azur la surmonte magnifiquement de toute la hauteur de ses cinquante mètres. Cette coupole n'est percée d'aucune fenêtre et l'œil se perd, étonné, dans les profondeurs ombreuses de ce dôme grandiose.

La salle est carrée, mais sur chaque face sont ménagés des arrière-corps qui lui donnent la forme d'un octogone. La coupole elle-même, dans sa partie inférieure, forme des voûtes secondaires, délicieusement partagées en petites niches d'albâtre d'une finesse étonnante. Les murs sont lambrissés de plaques de jaspe, le pavé est aussi de jaspe : les parois et surtout la frise sont décorées de fines arabesques qui se détachent, dorées, sur le fond d'azur.

Une balustrade d'albâtre ajourée circonscrit le centre du sanctuaire : là, sont disposés plusieurs cénotaphes de marbre, de formes différentes (1), dont quelques-uns forts petits : ce sont, notamment, ceux d'Ouloug Beg, petit fils de Tamerlan (2) ; de Saïd Mer Berke, son précepteur. Au centre, un mausolée très simple, recouvert d'une grande dalle de jade (3) vert foncé : c'est le tombeau de Tamerlan.

Dix ans après la mort du monarque, en 1415, une princesse mongole fit don à Nadir-Shah, successeur de Tamerlan, du précieux monolithe, qui fut brisé en deux pendant le transport. Le prince en fit rapprocher et sceller les deux fragments, et, malgré l'extrême dif-

---

(1) Ces tombeaux ont tous une base plus large sur laquelle repose la pierre tombale : plusieurs sont recouverts d'une pierre taillée en forme de prisme triangulaire.

(2) Cet Ouloug Beg mourut assassiné en 1449. Il est resté célèbre par ses connaissances astronomiques.

(3) Le jade vert est une pierre très dure qui raye le verre et le quartz : autrefois elle servait d'amulette contre les maladies des reins, d'où le nom de néphrite qu'on lui donne souvent : c'est une pierre rare qu'on ne trouve qu'en Chine, en Hindoustan et dans l'Amérique du Sud. Le jade peut être blanc, olivâtre, mais plus ordinairement vert. Le lit du Kothan Dariah, en Kashgarie, est particulièrement riche en jade. Le bouton de jade a été adopté par les empereurs de Chine, comme insigne de leur puissance.

ficulté de ce travail, y fit graver les noms et titres du
souverain et de ses ancêtres, entremêlé de versets du
Koran ; puis, il la fit placer comme un précieux hommage, sur le tombeau de Tamerlan. Un toug et le drapeau vert du grand prince veillent sur sa tombe.

Tous ces sépulcres ne sont, d'ailleurs, qu'une splendide fiction : ce sont des cénotaphes vides. Connaissant
à fond la cupidité humaine, Tamerlan avait prévu que,
peut-être un jour les richesses de son mausolée tente-
raient l'avidité des hommes ; il voulut épargner à sa
dépouille la suprême profanation.

Laissant donc ériger dans le merveilleux sanctuaire
les splendides mausolées, il se fit ensevelir dans une
crypte souterraine, ignorée des profanes, voilà trente
ans à peine, et que scellait une énorme dalle. Seuls,
les initiés pouvaient soulever la pierre et s'approcher
du tombeau caché. Vambéry, malgré ses habits de
derviche, dut à une faveur toute spéciale de le pouvoir
contempler. Maintenant, la pierre reste toujours levée
et tout le monde peut descendre dans le caveau mystérieux.

Beaucoup moins riche que la chapelle supérieure,
cette crypte noire, éclairée seulement par la torche du
mollah, montre des sépulcres de pierre très simples,
disposés exactement comme les cénotaphes de la chapelle.

Le mollah nous désigne celui qui renferme les
cendres de Tamerlan. Lorsqu'en 1405, le grand conquérant, maître de la moitié de l'Asie, trouva la mort
à Otrar, dans le Ferganah, au moment où, avec une
armée de deux cent mille hommes, il allait compléter
ses exploits par l'envahissement de la Chine, c'est là
qu'avec toute la pompe orientale, on scella dans la

pierre le corps de celui qui s'intitulait orgueilleusement *Sahib Kiran*, le *Maître du Temps*.

Impressionné par ce grand souvenir enveloppé, dans ce mausolée, d'ombre et de silence, on quitte le Gour Émir tout songeur. Les alentours sont d'ailleurs en harmonie avec cette impression : pas de bruits, pas d'animation. Le quartier indigène qui s'étend de ce côté paraît inhabité et, entre les arbres et les herbes broussailleuses, les maisons semblent désertes.

Enhardis par l'apparence d'abandon de cet endroit, nous entrâmes par escalade dans une de ces maisons : elle était vide et nous pûmes ainsi, à loisir, nous rendre compte de la disposition d'un logis sarte.

Autour d'une petite cour où était creusé un puits, plusieurs ouvertures sans portes, à seuil très surélevé, donnaient accès dans des pièces fort petites. Il y avait une cuisine minuscule et très basse avec un fourneau en briques, plusieurs chambres carrées, éclairées par de petites lucarnes (1) avec des niches pour ranger les coffres et les couvertures (2); une galerie soutenue par des poutrelles de bois occupait deux des côtés de la cour. Il s'agissait là d'une maison sarte confortable.

Les très riches indigènes ont une demeure plus vaste, comprenant un étage, bâti sur le même modèle, mais dont les chambres sont décorées d'élégantes arabesques; si leur rang leur permet d'entretenir un

(1) Les vitres étaient toutes faites de papier huilé avant la conquête russe : depuis, l'usage des carreaux de verre se répand de plus en plus.

(2) Un carré est réservé pour le brasero; au-dessus, on place une table recouverte d'une couverture : tous les habitants s'installent autour et chacun étend la main sous la couverture au-dessus du brasier.

harem, la première cour, le *biroun*, est réservée aux hommes et, dans le mur du fond, est percée une porte qui donne accès dans l'*anderoun* (1), dans la cour des femmes. Sur la rue, une seule ouverture, la porte, soigneusement close; un grand mur tout uni borde la chaussée et la vie se concentre à l'intérieur.

Le Sarte pauvre, au contraire, dont la misérable maison ne comprend qu'une pièce, a, nécessairement, porte et fenêtres prenant jour sur la voie publique. C'est là un indice certain qu'en cette maison loge un indigène de basse catégorie; dans ce cas, devant la demeure s'étend, parfois, un petit auvent sous lequel le Sarte dort l'été : ainsi logent les artisans et les petits boutiquiers sans importance.

D'ailleurs toutes les constructions sont faites de la même manière, les proportions et la disposition des pièces seules diffèrent. On construit un cadre de bois qui constituera le squelette de la maison : des poutres formeront la toiture, toujours plate; si la maison est petite, une poutre de peuplier (2) ou d'orme (*kara-*

----

(1) Anderoun est un mot persan qui équivaut au harem arabe.

(2) Le bois est très rare au Turkestan, aussi est-il réservé uniquement, chez les indigènes, à la construction des maisons. Son prix est assez élevé. Pourtant, faute d'autre combustible, les riches Sartes et les Européens (administrations, industries) l'emploient comme moyen de chauffage, sous forme de bois ou de charbon. Ainsi s'explique ce déboisement considérable de tout le pays. Les vastes forêts qui couvraient les pentes montagneuses, au moyen âge, ont peu à peu disparu, détruites par les incendies, les coupes irréfléchies et les besoins immodérés de l'industrie charbonnière (charbon de bois). Les montagnes ont perdu leur couronne verdoyante, le bois est devenu une rareté et, calamité plus grande, le régime des eaux et le climat se sont modifiés, amenant la stérilité et la pauvreté dans des régions autrefois plantureuses. Depuis la conquête, les Russes s'efforcent de réagir contre cet état

*gatch*) soutiendra le toit; si elle est plus considérable, des poutrelles nombreuses supporteront la construction et la galerie. Dans l'intervalle du cadre, on dispose des carrés de terre séchée en forme de brique, et ces morceaux sont soudés les uns aux autres par un mortier de terre et de paille hachée, mêlées ensemble.

Le soleil a vite fait de rendre compacts et secs ces murs primitifs (1), qui s'élèvent avec une rapidité étonnante. Dans une rue que nous fréquentions souvent, nous pûmes voir, terminée en moins de huit jours, la construction d'une maison, que ses habitants occupèrent le jour même. Le toit est fait d'un pisé analogue, qui englobe les poutres. Ce toit constitue une sorte de terrasse sur laquelle viennent respirer les Sartes à la chute du jour. Ces maisons, on le voit, sont d'une construction facile, rapide et peu coûteuse, aussi le Sarte abandonne-t-il facilement sa demeure.

La légèreté et le peu de solidité de ces constructions les exposent à des dégradations fréquentes : les pluies

de choses, ils ont fait des essais heureux de reboisement, notamment dans le Zerafchân Taou et les monts Karatéghine, à Tachkend et dans les villes du Ferganah, qui sont maintenant des nids de verdure. De même, ils ont réglementé la coupe des bois et le charbonnage, et interdit la destruction des arbres atteignant une taille fixée. Ce sont surtout le vernis du Japon, l'acacia, le pin d'Alep, le peuplier, l'orme qui donnent de bons résultats dans les plantations.

(1) Sur les murs se voient, imprimées en creux dans le pisé, des empreintes de mains aux doigts écartés : c'est le constructeur qui, alors que le mortier était encore humide, a plaqué sa main dans le pisé. Ces empreintes, nommées *mains d'Ali*, se retrouvent dans tout le monde musulman, elles répondent à une idée superstitieuse. Sur le mur, situé du côté du soleil, se voient encore des galettes de *kiziak* (fiente), plaquées contre le mur : elles servent de combustible aux indigènes, dans ce pays où le bois est hors de prix : et c'est là un bûcher économique et original.

détrempent le pisé et percent toits et murailles, les tremblements de terre ont vivement fait de démolir ces légères demeures. Si les dégâts ne sont pas importants, la réparation n'est guère coûteuse : un peu de terre délayée en fera tous les frais. Si, au contraire, la dégradation est trop considérable, le Sarte abandonne sa demeure et va dans une autre partie de la ville en construire une autre. De même, quand un indigène meurt, son toit est abandonné par sa famille. Son frère ou son parent le plus proche est tenu de reprendre ses femmes ; ses enfants se dispersent, et la maison reste inhabitée.

C'est, sans doute, dans une de ces habitations que nous avions pénétré. Car le Sarte laisse sa demeure intacte : le temps, les intempéries, les tremblements de terre auront vite fait de détruire le domicile abandonné. C'est pourquoi l'on rencontre souvent dans la ville sarte des maisons vides, et le nombre dans une ville indigène en est toujours beaucoup plus considérable que celui des habitants. Somme toute, dans la ville, le Sarte est un véritable nomade qui bâtit sa maison à l'aventure, ici ou là, et émigre avec facilité ; c'est peut-être un vestige de son antique nature d'habitant de la steppe.

Sans doute, dès l'antiquité, le logis sarte était ce qu'il est resté depuis, mais aucun vestige ne subsiste, d'habitations particulières d'autrefois : la légèreté des matériaux interdit la persistance des vieilles demeures, qui s'effondrent dans la poussière, après quelques années.

La maison que nous visitions communiquait par la terrasse à des habitations voisines également abandonnées. Et de toit en toit nous pûmes circuler dans tout

ce quartier, voisin du Gour Émir, et qui, pour une cause
que nous ignorions, était déserté. De très étroites et
tortueuses ruelles, faciles à franchir, séparaient seules
les habitations, et, cheminant ainsi dans cette ville dé-
laissée, nous arrivâmes à la porte d'une ancienne petite
mosquée fort dégradée, où quelques vestiges de sculp-
tures et d'arabesques indiquaient la main d'un artiste
d'autrefois.

Ainsi, à chaque pas, dans la Samarkand d'aujour-
d'hui, surgit l'art et la splendeur des siècles passés. Plus
de quarante monuments en ruine attestent la magnificence des Tamerlanides, et si l'on voulait décrire chacune de ces *médressehs* (1), chacune de ces mosquées,
chacun de ces *turbés* (2), les phrases laudatives se ré-
péteraient toujours les mêmes, car chaque monument
est un bijou délicatement ouvragé, qui mérite une
longue visite admirative. Aussi doit-on borner sa des-
cription aux édifices fameux, qui ont fait de Samarkand *la Reine des Villes*, *le Miroir de la Terre* (3).
Les monuments dont le style est le plus pur sont ceux qui
bordent le Righistan et dont l'ensemble est d'une admirable harmonie. Et pourtant, aucune des trois médressehs de *Mirza-Ouloug-Beg*, de *Tillah-Kahri* et
de *Shir-Dahr* n'est semblable aux autres, et c'est encore
un des traits du génie oriental de donner, avec des éléments différents, une impression de symétrie grandiose.


Lorsqu'on veut admirer pleinement la splendide ordonnance du Righistan (4), il faut y aller un jour où

(1) École de théologie.
(2) Mausolée
(3) Surnoms que les indigènes donnaient autrefois à cette ville.
(4) Le Righistan est une des rares places régulières de l'Asie

SAMARKAND — MÉDRESSEH DE TILLAH-KARRI, SUR LA PLACE DU RHIGISTAN

(v. p. 151)

la place n'est pas envahie par la foule : l'énorme espace, en forme de carré régulier de cent mètres de côté, est alors désert ; au grouillement coloré des jours de marché succède un religieux silence, et les quelques Sartes qui passent sont perdus au milieu de ces gigantesques portiques.

L'ordonnance générale est la même : une façade carrée percée d'une arche immense, dont l'ogive très pure et d'une sévérité grandiose occupe la plus grande partie. Et cette gigantesque baie, unique ouverture dans le portique carré, semble convier les foules à venir se prosterner dans la demeure sainte.

L'arche n'est d'ailleurs pas ouverte sur la cour de la médresseh, ce n'est qu'un formidable porche, toujours béant sur la ville profane ; mais l'autre paroi est pleine, et les ogives d'une porte et de fenêtres, relativement petites, sont percées dans cette muraille. Ce fond plein, presque caché dans la pénombre, ne nuit pas, d'ailleurs, à l'effet impressionnant de l'ensemble, et paraît, au contraire, y ajouter une idée de mystère religieux.

De chaque côté de l'immense portique principal s'étendent des bas côtés et des motifs architecturaux accessoires : c'est là que se différencient les trois monuments.

A *Tillah-Kahri*, les deux ailes latérales, bien développées, supportent deux étages de fenêtres en ogives voûtées, de forme et de régularité parfaites, et cette

centrale. Les Russes l'ont fait paver et éclairer de candélabres. Il est bordé de médressehs sur trois côtés ; le quatrième est ombragé de beaux arbres derrière lesquels s'alignent de modestes boutiques. Les médressehs Shir-Dahr et Mirza-Ouloug se font face, et la médresseh Tillah-Kahri occupe le troisième côté.

double série de baies donne une grande légèreté à
l'ensemble.

A *Ouloug-Beg* et à *Shir-Dahr*, le portique occupe
la majeure partie de la façade : bien plus élevé et
d'une amplitude très supérieure à celui de *Tillah-
Kahri*, il est accompagné de deux portions latérales
peu importantes et pleines. C'est donc le portique
qui frappe l'œil et qui écrase de sa masse formidable
le reste du monument.

A *Tillah-Kahri*, la façade n'est actuellement accompagnée d'aucun minaret et deux petites tourelles, à
peine plus hautes que le monument principal, occupent seules les angles. Les deux autres médressehs
sont flanquées chacune de deux hauts et élégants
minarets cylindriques, isolés du portique principal, et qui vont en s'amincissant légèrement, de la
base au sommet, où ils s'épanouissent en un chapiteau
élégant. Et l'on dirait de deux gigantesques colonnes,
destinées à supporter quelque formidable voûte, d'une
prodigieuse grandeur, et qui seraient restées seules,
témoignages d'une conception titanique, mais au-dessus des forces humaines.

Ces minarets ont tous la particularité bien curieuse
d'être penchés sur leur base. On songe tout d'abord
que c'est là un effet des tremblements de terre si fréquents dans ces régions. Mais cette cause est incapable
d'expliquer la déclivité de tous ces minarets : les
convulsions sismiques détruisent, mais il est rare
qu'elles déplacent un monument entier sans le délé-
riorer. Or, les minarets sont tous intacts. Il faut donc
supposer que c'est là un tour de force voulu des archi-
tectes, pour provoquer l'étonnement de la foule.

**Peut-être**, aussi, s'agirait-il seulement d'un trompe-l'œil. Les arêtes des portiques ne seraient pas absolument verticales, mais légèrement convergentes de bas en haut, tandis que les minarets vont en s'amincissant vers le sommet ; il en résulterait que le parallélisme des lignes serait rompu entre les deux axes, et que les minarets isolés sembleraient dévier de la verticale. Quoi qu'il en soit, l'effet obtenu est très curieux.

Deux élégantes coupoles côtelées, en forme de tépé, sont posées sur de gracieux tambours : entre le portique et le minaret leurs jolies silhouettes complètent l'ensemble de *Shir-Dahr*, le plus parfait des trois monuments.

L'ordonnance imposante de ces trois médressehs, sur les côtés du Rhigistan, leur architecture monumentale, suffiraient à donner à l'ensemble un aspect remarquable et majestueux.

Mais ce qui fait de ces médressehs des édifices incomparables, c'est le revêtement d'émaux brillants qui recouvre entièrement leur surface. L'art décoratif oriental se déploie là dans toute sa splendeur.

Les briques vernissées, de coloris délicats, sont assemblées avec art et forment de délicieuses arabesques, des losanges, des rosaces, des spires, qu'un goût parfait a réunis pour former des encadrements admirables, des ornementations exquises. Chaque motif particulier est une œuvre magnifique qui charme les yeux, et, par leur ensemble, l'artiste a obtenu des effets saisissants. Les fantaisies décoratives sont rehaussées par l'élégante complication des inscriptions *kouf-fiques* (1), qui ajoutent à la symétrie des ornements géométriques l'imprévu de leurs arabesques.

_______________

(1) On donne ce nom à l'ancienne écriture arabe.

Le dessin est partout merveilleux, mais la couleur ajoute à la puissance de l'effet. A *Tillah-Kahri*, l'or ruisselle sur la façade, sans que le goût en soit choqué. Car, dans ces pays du soleil, les plus violentes couleurs sont en harmonie avec l'intensité de la lumière ; et la médresseh *Vêtue d'or*, comme l'indique son nom, éblouit par la richesse de sa parure.

A *Oulouy-Beg* et *Shir-Dahr*, le décor est moins éblouissant, il n'est pas moins beau : le bleu et le jaune dominent, relevés discrètement par des tons rouges et verts, et l'ensemble est d'une tonalité admirablement fondue. Shir Dahr porte sur sa façade deux têtes de lions, d'où son nom qui signifie « deux lions » : c'est là une rareté décorative à noter.

En effet, à l'encontre des Assyriens et des Hindous, à l'encontre même des Persans schiites, les musulmans sunnites ne représentent jamais de figures d'hommes ou d'animaux dans leur ornementation (1) : ils sont iconoclastes. Des dessins géométriques, des fleurs, des arabesques, des inscriptions, dont l'ensemble, du reste, donne lieu à de délicieuses fantaisies, suffisent à décorer leurs façades. Les deux lions du Shir-Dahr, presque entièrement effacés aujourd'hui, sont presque les seules figures que l'on puisse relever dans tous les monuments, non seulement de Samarkand, mais de tout le Turkestan (2).

---

(1) Il en est de même pour les étoffes et les tapis. D'ailleurs, le Prophète a proscrit la représentation humaine, et l'on sait l'horreur des musulmans pour l'appareil photographique. Les princes et les émirs font cependant exception, et ils se font quelquefois photographier, sans songer à invoquer le véto religieux du Prophète, qui n'a certes pas proscrit nommément la photographie.

(2) Pourtant, sur la façade d'une mosquée en ruine, à Andou,

Une inscription perpétue sur la façade le nom du
fondateur : c'est Yalangtach Bahadour, grand vizir de
l'Émir Imam Kouli qui employa le trésor, pillé à
Mesched, à élever ce splendide monument : « Et la
Lune, » dit l'inscription, « interdite de stupeur devant
ce magnifique ouvrage des hommes, se posa le doigt
sur les lèvres. » C'est en 1618 que fut achevée cette
merveille.

Le dix-septième siècle paraît avoir été, pour l'art
persan, une période magnifique, une véritable Renaissance : Tillah-Kahri date aussi de cette époque, et ces
deux merveilles suffisent à indiquer l'apogée des
artistes orientaux.

*Mirza-Ouloug-Beg*, plus sobre de décoration, moins
splendide, date de 1434 : il se rattache donc à la
période de Tamerlan. Il permet de faire la comparaison
entre les deux époques, et l'on peut conclure que les
artistes se sont inspirés, à deux siècles d'intervalle, des
mêmes formules architecturales. Seule, la splendeur dont ils ont revêtu leurs conceptions diffère dans
la dernière époque : là, comme toujours, dans l'ultime rayonnement d'une gloire artistique, la richesse
est étalée avec profusion, l'ornementation est plus
compliquée et plus magnifique.

Malgré les injures du temps, les trois immenses
portiques restent debout; mais le revêtement splen-

vieille ville morte, près d'Aschabad, on a relevé un motif de décoration représentant, de chaque côté de l'arc ogival, un dragon
*immense, aux replis multiples,* tenant dans sa gueule une tulipe
jaune. C'est là un motif qui paraît emprunté au style chinois ;
d'ailleurs quelques archéologues veulent trouver aux monuments
du Turkestan une origine chinoise. Cette opinion ne nous paraît
guère soutenable.

dide s'effrite peu à peu ; de grandes places blanches
font de larges taches entre les brillantes décorations
qui ont conservé toute la fraîcheur de leur coloris, et
l'on se prend à regretter l'émiettement inévitable de
ces richesses.

Malgré tout, l'ensemble a grand air, et, lorsqu'on
n'approfondit pas la misère des lézardes et des crevasses, on peut voir encore le Rhigistan dans toute la
splendeur de son magique décor, et se le figurer tel
que le connurent Yalaugtach et Imam Kouli.

Et même on peut évoquer quelque pompeux cortège traversant, lentement, cette place, au retour d'une
expédition heureuse contre la Perse ou l'Inde.

L'or, les pierres précieuses éclataient sur les soies
multicolores et les velours de grand prix. Les armures,
les lances et les sabres, les casques et les boucliers
étincelaient au soleil ; les cavaliers nombreux caraco-
laient dans une lumière éclatante ; l'émir, sur un
merveilleux palefroi, harnaché d'or, et qui disparaissait
sous un caparaçon magnifique, bosselé de pierres précieuses, se dressait fièrement, suivi de l'étendard vert,
et regardait, méprisant, la foule prosternée de ses
sujets.

Puis c'était la cohue brillante des grands et des
princes, dans un scintillement de pierreries ; puis, enca-
drés de farouches guerriers, paraissaient les pauvres
prisonniers, courbés sous de lourdes chaînes et pesam-
ment chargés du butin conquis ; et la vision passait
lentement, splendide, dans le décor merveilleux ; et le
peuple se relevait seulement lorsque le cortège avait
disparu là-bas, dans l'Ark, la vieille et farouche citadelle qui celait, derrière ses épaisses murailles, la vue
de l'émir à son peuple dévoué.

Et alors commençait quelque ripaille formidable
où étaient dévorés des ploffs monstres et des bœufs
entiers, présent royal de l'émir vainqueur à ses
sujets fidèles.

A ces époques reculées, Samarkand était un foyer
d'art et de sciences. Dans les médressehs se pressaient
de nombreux élèves, et les immenses écoles du Rhigistan ne suffisaient pas à les contenir; à Bibi-Khanoum,
à Nadir Mouhamad, ailleurs encore, s'élevaient des
écoles très suivies. Là, des maîtres renommés ensei-
gnaient le Koran, et pendant dix, quinze, vingt ans
même, les élèves approfondissaient et discutaient le
livre sacré.

Samarkand avait, dans le monde musulman, un
renom universel; c'était un des lieux saints de l'Islam,
l'une des villes-lumières de la foi : le nombre des
lieux de pèlerinage, des tombeaux de saints, se comp-
tait par centaines, et tout musulman très religieux,
après avoir visité la Mecque et Médine, aspirait à
voir Samarkand et Boukhara.

A côté de ce rayonnement théologique, les sciences
progressaient. Tamerlan, au cours de ses conquêtes,
avait ramené à Samarkand des savants, des artistes et
des lettrés; il avait fait de sa ville une merveille, il
voulait que sa gloire fût complète.

La tradition prétend qu'il y avait assemblé une immense bibliothèque prise dans ses différentes guerres :
les livres grecs, arméniens et persans auraient formé
une collection unique. Un prêtre arménien, Hadjutos,
qui venait de Kaboul, dit même avoir vu dans une tour
d'énormes in-folio, garnis de chaines de fer; aucun
musulman n'osait s'aventurer au fond de ces tours,

qu'on disait hantées par des *djinns* (1). Vambéry et les autres voyageurs n'ont jamais rencontré aucune trace de cette fameuse bibliothèque, et la rangent au nombre des légendes.

Qui sait, pourtant, si sous ces ruines écroulées, que personne ne remua jamais, ne dorment pas les précieux manuscrits de Tamerlan. Dans tous les cas, le fait même de l'existence de cette légende prouve l'immense renom du terrible prince, non seulement comme conquérant, mais comme mécène.

Son petit-fils, Ouloug Beg, favorisa particulièrement les sciences. Passionné pour l'astronomie, il attira à Samarkand des savants fameux : Gayas eddin Djemshid, Muayïn kashani et Silah eddin Bagdadi, celui-ci israélite. Avec leur concours, il fit construire, en 1440, dans la médresseh du Rhigistan, *Mirza-Ouloug-Beg,* un observatoire, dont le renom parvint jusqu'en Europe. Ce prince put établir des tables astronomiques d'une exactitude remarquable.

On conçoit quel devait être, sous de tels princes, le rayonnement intellectuel de Samarkand. Hélas! aujourd'hui, tout cela n'existe plus! Les lieux vénérés s'écroulent, successivement abandonnés ; beaucoup d'écoles ont disparu, et celles qui restent sont presque désertées. C'est dans les médressehs du Rhigistan que se trouvent les derniers étudiants religieux (2).

(1) Esprits ailés, sortes de démons.

(2) Il y a deux sortes d'écoles : les écoles élémentaires, voisines des petites mosquées, où les bambins, accroupis, ânonnent bruyamment les phrases du maître et apprennent à lire ; les écoles de théologie, où les étudiants étudient, de savants mollahs, le Koran et ses commentaires, pour devenir mollahs à leur tour : ces écoles sont toujours dans une mosquée qui prend alors le titre de médresseh.

Ils occupent quelques-unes des chambres de ces immenses monuments : à Shir-Dahr étaient soixante-quatre chambres ; à Tillah-Kahri, cinquante-six ; à Mirza-Ouloug, vingt-quatre ; dans chacune logeaient deux étudiants. Il y avait donc près de trois cents élèves en théologie aux abords du Rhigistan ; une soixantaine, à peine, y logent aujourd'hui ; encore, en été, sont-ils généralement employés aux travaux des champs, et la médresseh déserte n'abrite plus que les mollahs.

Ceux-ci sont, paraît-il, fort ignorants ; à peine savent-ils lire le Koran, et leur science théologique est très bornée ; aussi leur enseignement ne saurait-il attirer à Samarkand les fervents de l'Islam. C'est Boukhara qui, en Asie centrale, reste le dernier centre éclairé de la doctrine musulmane.

Les rares élèves de Samarkand demeurent dans les médressehs par fainéantise : défrayés de tout, ils vivent sans avoir besoin de travailler, sauf, parfois, au moment des moissons. Beaucoup restent élèves toute leur vie, d'autres deviennent mollahs à leur tour, et continuent d'habiter la médresseh où ils vivent depuis si longtemps, s'absorbant en vaines discussions théologiques.

Le Sarte admet, sans protester, cette pieuse fainéantise, car cet étudiant est prêtre, et le Sarte est le dévot par excellence. Mais on ne rencontre pas, chez lui, de ces élans religieux sublimes, comme on en trouve chez les Arabes : le Sarte est l'homme de la tradition étroite et bornée. Boukhara et Samarkand, villes saintes de l'Islam, sont les sanctuaires de la bigoterie musulmane.

Les trois mosquées possèdent chacune des biens con

sidérables, provenant de magnifiques dotations qui
datent de leur splendeur. Ce sont des biens *rakoufs* (1),
exempts de tous impôts et parfois fort importants.

Tillah-Kahri et Shir-Dahr possèdent, aux environs de
Katti-Kourgàne (2), mille *tanaps* (3) de terre, un certain nombre de boutiques à Samarkand, et trente-huit
mille *tengas* (4), soit plus de trente mille francs de
revenus. Le revenu de Mirza-Ouloug, beaucoup moins
considérable, ne dépasse pas quatre mille tengas (trois
mille deux cents francs).

Cet argent sert à l'entretien des mollahs et de leurs
élèves, ainsi que d'un grand nombre de parasites qui
vivent de la médresseh. Il est gaspillé de tous côtés
inutilement, et aucune parcelle n'en est employée à
réparer les merveilles qui abritent ces ignares. Impassibles, ils regardent tomber en ruine coupoles et
portiques, alors que les subsides dont ils disposent
suffiraient à les réparer ou, du moins, à empêcher
leur anéantissement. Vraiment, Samarkand est bien
déchue !

Nous visitâmes, à plusieurs reprises, ces médressehs,
et toujours nous pûmes surprendre les mêmes scènes,
dans le même décor. Une grande cour carrée, entourée
de corps de bâtiments où s'ouvrent, sur deux étages,
les cellules des étudiants et des mollahs. Des portes
basses, plus ou moins sculptées, en ferment le seuil.
La cellule est très simple, vraiment ascétique : sombre,

(1) Ce mot est général dans tout l'Islam.
(2) Ville frontière actuelle entre les États de l'émir de Boukhara
et la province russe de Samarkand.
(3) Le tanap, mesure qui vaut 81 archines carrées, soit
57 mq. 50.
(4) Tenga, monnaie d'argent de la valeur de 0 fr. 80.

basse, exiguë entre les quatre murs, blanchis à la chaux et percés de niches pour les livres et les ustensiles ; une natte de roseaux sert, tout à la fois, de lit, de siège et de table de travail ; un vase pour les ablutions, une petite cuisine en terre cuite, un seau, quelques effets complètent cette installation sommaire.

Dans la cour, plusieurs mollahs sont accroupis, silencieux : ils méditent, prient ou songent. Pourtant la venue de visiteurs décide toujours l'un d'eux à se déranger ; est-ce la parole du Prophète : « On doit assistance à l'étranger ; » n'est-ce pas plutôt la perspective d'un généreux *silao* qui provoque la démarche du saint homme ? D'ailleurs, notre djiguit saurait bien, par quelque bourrade, mêlée de paroles appropriées, activer le zèle du mollah ; les djiguits n'ont vraiment pas le respect des choses saintes.

Ces mollahs sont des hommes âgés, en général, à figure grave et qui n'ont pas la mauvaise bouffissure de graisse des Sartes de qualité. Leur mise est propre et simple, pas de couleurs voyantes, pas de soies multicolores : leur seul luxe est un énorme turban de mousseline blanche, insigne de leur fonction. En résumé, ces hommes ont l'abord sympathique et n'inspirent pas la répulsion du Sarte. Celui qui conduit les visiteurs ouvre la grille ouvragée du sanctuaire de la médresseh.

Ces sanctuaires sont fort élégants : on y retrouve les motifs architecturaux et décoratifs de tous les monuments de cette époque ; à Tillah-Kahri, notamment, la chapelle est un petit bijou : très sombre, à pans octogones fort élevés, elle est surmontée d'un tambour qui supporte la coupole ; la voûte se perd dans l'obscurité.

Le mirahb (1) est orné de jolies briques émaillées, et l'on distingue, à la base de la coupole, des restes de peinture très dégradés ; enfin, à la voûte, dans les arrière-corps creusés sur chaque face, une superposition de petites niches délicatement sculptées constitue une fort jolie ornementation. Une haute tribune élève, sur un des côtés, ses douze degrés de marbre : l'ensemble est riche et élégant.

D'ailleurs, la cour de Tillah-Kahri est également ornée, au centre, d'un tout petit édifice octogone de style gracieux et joliment décoré (2) : c'est là, paraît-il, qu'habite l'*imam*, le chef des mollahs de la médresseh.

L'intérieur de ces médressehs, plus que l'extérieur, donne une impression de tristesse et d'abandon : la façade cache magnifiquement le délabrement des murs de la cour ; mais ici tout se dégrade, tout tombe en poussière, et ces mollahs immobiles vivent au milieu de ruines, vestiges eux-mêmes des grandeurs passées.

(1) Loge tournée du côté de la Mecque et devant laquelle l'iman se place pour la prière.
(2) Cet édifice se retrouve dans la plupart des médressehs.

# CHAPITRE VI



Plus on vit dans cette vieille et illustre cité, plus on s'y attache, ses monuments vous deviennent familiers et l'on y revient sans cesse, attiré par une sorte de fascination. Mais la sollicitude de nos amis russes ne nous permettait pas d'accorder tout notre temps au grand passé de Tamerlan. M. O... et sa charmante femme s'ingéniaient à nous procurer mille distractions : les dîners succédaient aux réceptions et nous avions l'honneur d'être présentés à toutes les hautes notabilités de Samarkand. Plusieurs dames, excellentes musiciennes, charmèrent maintes soirées, et elles eurent la délicate attention d'entremêler les mélodies russes de morceaux de Saint-Saëns, de Massenet, de Delibes et même de refrains beaucoup plus populaires : et ce fut encore comme un lambeau de patrie, subitement évoqué, en pleine ville de Tamerlan !

Le général Medinski, malgré son deuil, tint à nous recevoir, lorsque nous allâmes déposer notre carte chez lui. Il nous dit combien il regrettait que les tristes circonstances dans lesquelles il se trouvait l'empêchassent de nous faire lui-même les honneurs de Samarkand. Il voulut bien nous faire savoir qu'il avait donné des ordres pour que nous fussions bien reçus; il désirait que nous conservions de Samarkand et des Russes un bon souvenir, et, s'il pouvait nous être utile à quelque chose, il se mettait entièrement à notre disposition. Nous exprimâmes toute notre gratitude à cet homme charmant qui avait bien voulu, un instant, maîtriser sa douleur, pour faire bon accueil à des Français.

M. O... nous assura que l'on aurait bien désiré organiser pour nous une *baïga*, mais que, pris au dépourvu, on n'avait pas eu le temps de faire publier l'annonce de cette course dans les villages voisins, ce qui demande fort longtemps. Nous regrettâmes cette circonstance qui nous privait d'un spectacle typique et amusant.

La *baïga* est une course à la chèvre. Dans un champ, les cavaliers se réunissent et on place un chevreau à un endroit désigné d'avance; autrefois celui-ci était vivant, maintenant c'est un chevreau mort. A un signal, tous les cavaliers s'élancent en un tourbillon : l'un d'eux saisit l'enjeu et doit, pour gagner le prix, faire le tour du champ et le rapporter à celui qui préside la course. Tous le lui disputent, et, pour ces cavaliers admirables, c'est une lutte palpitante.

La vitesse du cheval, l'adresse et la force de l'homme, les batailles sauvages, les hurlements, la mêlée qui s'ensuit, constituent, paraît-il, un spectacle unique, d'une barbarie impressionnante. Les accidents, les morts ne sont pas rares; mais ces indigènes n'en ont cure, et l'ardeur du combat n'en est pas ralentie, jusqu'au moment où quelque cavalier plus fort, plus habile et plus rapide jette enfin, devant le chef, le chevreau, loque sanglante, qui lui assure la victoire.

Les fêtes splendides que voulurent bien nous donner les officiers de la garnison nous consolèrent de la baïga. Chaque arme tint à honneur de célébrer les Français, en nos modestes personnes, et nous assistâmes à une série de fêtes extraordinaires. Que tous les officiers russes qui nous ont fait un si cordial accueil sachent quelle profonde gratitude nous leur en gardons.

Nous savons fort bien que nos personnalités n'étaient pas en cause, et nous ne voudrions pas, comme l'âne qui portait des reliques, en tirer la moindre vanité : c'est à la France que ces messieurs rendaient hommage, à cette France pour laquelle nous avons pu constater leur immense sympathie et à laquelle nous nous sentions fiers d'appartenir.

Il est d'usage de dire, dans certains cénacles, que l'alliance russe est toute gouvernementale : les Russes, dit-on, nous ignorent et l'union n'existe que sur le papier. Après l'accueil enthousiaste fait à nous, Français, à Samarkand, il ne nous est plus possible de croire cela. L'alliance est effective, les deux races se connaissent et sympathisent, le Russe aime le Français, comme il hait l'Allemand et l'Anglais : c'est chez lui une affaire de sentiment personnel, et nullement de convenance internationale.

Et lorsque nous levions nos verres en unissant dans un même toast la France et la Russie, nous avions conscience que, chez eux comme chez nous, ce cri partait du fond du cœur : Vive la Russie, vive la France !

Nous avions eu l'honneur d'être présentés par M. O... au colonel G..., qui commandait l'infanterie de Samarkand. Ce géant, à la tête énergique et fruste, à la longue barbe d'argent, avait dans les yeux une douceur étonnante. C'est l'un des héros de Géok Tépé, et il nous donna sur la terrible campagne de l'Akkal des détails terrifiants : il y a, d'ailleurs, reçu à la nuque une balle, qui n'est jamais ressortie. Quel admirable soldat !

Fort aimablement il nous convia, dans son camp, à une fête improvisée. Ce fut la première et l'une des plus réussies de toutes celles auxquelles nous assistâmes par la suite.

Une escorte de trois cosaques et de deux djiguits indigènes, aux éclatants costumes, vient nous chercher et nous partons au galop, précédés de ces brillants cavaliers qui font ranger la foule sur notre passage.

Nous suivons ainsi, à grande allure, les belles allées ombragées qui mènent vers le camp, à travers des champs fertiles et des vergers chargés de fruits. Un nuage de poussière nous environne et nous arrivons, à toute vitesse, à l'entrée de l'immense plaine où sont campées les troupes de Samarkand.

Un cavalier attendait en cet endroit : sitôt qu'il aperçut notre équipage, il partit au galop, pour annoncer, sans doute, notre arrivée.

Nous roulons dans la plaine, parsemée de bouquets d'arbres, entre lesquels sont rangés les baraquements des troupes, bien alignés, propres, mais malheureusement, paraît-il, fort malsains. L'écoulement des eaux se fait mal, des flaques stagnantes dorment çà et là et engendrent la fièvre, la terrible fièvre, terreur de la région; près de 15 pour 100 des hommes seraient malades. Fléau bien terrible pour abattre des hommes aussi rudes et solidement trempés.

**Sous plusieurs bouquets d'arbres, aux angles de la route, sont répartis de petits détachements de cosaques.**

Sur notre passage, nous les entendons pousser, tous ensemble, le cri, inattendu pour nous, en ce moment, de : Vive la France ! et ces voix étrangères, qui rappelaient, si loin, la patrie, nous émurent singulièrement.

Nous arrivons. Le colonel, entouré de tous ses officiers et de nombreuses dames, nous souhaite gracieusement la bienvenue, tandis que la musique militaire joue la *Marseillaise !* c'est là une des nombreuses attentions du colonel pour ses hôtes français ; dès la veille il a fait répéter aux musiques notre chant national, pour pouvoir nous accueillir avec honneur.

En sa compagnie, nous visitons ce camp où habitent les troupes qu'il commande, et celles-ci sont dignes de leur chef. Admirablement entraînées, dures à la fatigue et aux privations, très braves, elles seront l'instrument magnifique et redoutable de la conquête, le jour où il faudra marcher sur Hérat, à la rencontre de l'Anglais abhorré.

Les baraques vastes et propres sont en bois, avec des murs mobiles en nattes de jonc. Une série de lits fixes, munis d'une chaude literie et une armoire pour deux hommes, en constituent tout l'ameublement ; pas de paquetage, mais un manteau savamment roulé, dont les plis recèlent la plupart des effets de petit équipement. A des râteliers, les armes, admirablement entretenues. Nous sommes dans le quartier de l'infanterie, il y a quatre bataillons de tirailleurs que commande personnellement le colonel, en l'absence du général. Plus loin est le quartier des cosaques de l'Oural et le parc d'artillerie.

Dans une grande allée centrale, ombragée de beaux arbres, près du quartier général, entre les ran-

gées de baraquements, le drapeau, incliné sur un **fais-
ceau**, repose dans sa gaine de cuir, et une garde d'honneur veille l'arme au pied; tout le monde **salue** respectueusement le symbole sacré.

Bien que, nous dit le colonel, les troupes fussent très fatiguées, car elles revenaient le jour même de manœuvres pénibles, il avait organisé en notre honneur une fantaisie cosaque, une *djiguitowka*.

Ne voulant nullement forcer les hommes à exécuter ce travail supplémentaire, il avait fait demander ceux qui voulaient y participer. Tous s'étaient proposés, et cela pour deux raisons : d'abord parce que cela faisait plaisir au colonel, qui est adoré de tous, ensuite parce que la *djiguitowka* est une récréation nationale des cosaques, et qu'ils désiraient, par un légitime sentiment de fierté, montrer à des étrangers leur habileté et leur souplesse.

De fait, ce sont d'étonnants cavaliers, pour qui la voltige n'a plus de secrets et qui évoluent sur leur cheval aussi aisément qu'à terre. Nous admirâmes, sans réserve, cette étourdissante fantasia, grisés par le mouvement, la poussière et les cris.

La *djiguitowka* se compose d'une série de mouvements, de figures, d'assouplissements que le cavalier imagine lui-même et qu'il exécute, au galop de charge, dans un nuage de poussière.

Toujours à cette allure vertigineuse, il saute à cheval, puis à terre, ramasse sa casquette au ras du sol, monte debout sur la selle, se retourne, croise les jambes sur l'encolure, se soulève sur les bras, jambes en l'air; et telle est la précision de ses mouvements qu'il se retrouve toujours en selle. L'un des cavaliers seulement, dont le cheval avait buté et roulé par terre, était malheureusement tombé sur la tête. : deux soldats l'emportèrent évanoui, et nul ne s'en inquiéta, la fête continua avec la même furie. Quels rudes hommes !

D'autres cavaliers miment des scènes comiques, se mettent deux sur la même monture, et affectent de se griser en buvant tour à tour au goulot de la même bouteille.

Puis c'est toute une scène joliment figurée. Deux hommes se poursuivent : le premier se retourne et tire un coup de fusil ; le second, simulant une blessure, tombe de cheval comme raide mort ; un troisième arrive par derrière, arrête sa monture devant le corps, fait coucher son cheval, et, plaçant le mort sur l'encolure, il exhorte l'intelligente bête à se relever ; le cheval reprend le galop, le cavalier saute en croupe, et, emportant le corps, il disparaît. Cette petite scène émotionnante est, paraît-il, vraie, et après une bataille, les cosaques emportent ainsi leurs morts et leurs blessés.

Longtemps la fantasia étonnante se poursuit, toujours variée ; longtemps se succèdent les tours de force, sans que l'on se lasse de contempler cette voltige fantastique.

Enfin voici venir le détachement entier des cosaques, massé en colonne : tous les hommes sont debout sur leurs chevaux et ils agitent leurs sabres en criant tous ensemble : Vive la France ! Alors l'enthousiasme devient grand et nous applaudissons, avec frénésie, ces braves et infatigables cavaliers.

Le soleil à ce moment se couchait derrière les montagnes qui entourent Samarkand, la plaine était enveloppée d'un poudroiement d'or et les collines se nuançaient de cette admirable et douce teinte lilas, dont se parent aux beaux jours les monts de l'Estérel.

Accompagnés du colonel, suivis par tous les officiers et près de quinze cents hommes, marchant en tête de cette multitude, nous, simples docteurs, comme des personnages, nous pûmes comprendre de quel renom la France jouit dans cette lointaine région, pour que la seule qualité de Français mérite tous ces hommages.

Pendant ce temps, les cosaques rassemblés défilent par sotnias (1), dans la fin du jour, à demi cachés par les flots de poussière dorée, et chantent les tristes et mélancoliques mélopées des steppes qui se perdent dans le lointain, tandis que, par moments, tonne là-bas la grande voix du canon : l'impression est grandiose et inoubliable, et l'on ne peut détacher les yeux de ces splendides cavaliers chantant, estompés par la poussière et qui s'effacent peu à peu dans l'éloignement de la plaine.

Nous nous approchons d'un cercle de soldats, qui tous portent l'uniforme des troupes du Turkestan : pantalon rouge, bottes, casaque et casquette blanches : ceux-ci chantent et dansent.

Les motifs sont grêles, vifs, sautillants avec des notes suraiguës; un soliste dit une strophe et toute la troupe reprend en chœur, accompagnée par un siffleur émérite, aux sons d'instruments bizarres et assez discordants.

Puis commencent les danses effrénées, et notamment la *tamarinsky* et la *cosaque* ; sur un rythme vif et uniforme, chacun se livre, en cadence, à sa fantaisie :

(1) La sotnia est l'unité tactique de la cavalerie cosaque : elle correspond à notre escadron; son nom, qui en russe veut dire centaine, indique son effectif ancien.

les flexions de jambes, les tapements de talons, les
sauts les plus variés alternent avec des contorsions,
des déhanchements, des sautillements sur les genoux,
qui, à défaut de grâce, ont du moins une originalité
et une bizarrerie très caractéristiques; et une douce
gaieté envahit tous les spectateurs de cette curieuse
scène.

Les quatre musiques régimentaires, installées
devant le quartier général, recommencent leurs airs
entraînants et nous prenons place au banquet. L'attention du chef avait placé, près de chacun de nous, des
officiers parlant français, et nous pûmes reconnaître la
distinction et l'intelligence de tous ces hommes de
guerre.

L'un d'eux, ancien aide de camp du grand-duc
Nicolas, à Tiflis, homme tout jeune, distingué, fin,
nous fit apprécier quelles séductions on peut trouver
chez un représentant de la haute société moscovite. Un
autre, vieux commandant de cosaques, maigre, osseux,
couturé, nous charma par l'étendue de ses connaissances
ethnographiques et par la hauteur de ses vues. Ces officiers nous parurent avoir leur valeur et leur originalité.

Chez tous nous retrouvâmes la sympathie pour la
France, et surtout pour la France guerrière : ils sont
avant tout des soldats, ils aiment les soldats ; l'armée
française est sœur de l'armée russe, et les deux armées
réunies seront invincibles.

L'esprit de lutte est porté, chez eux, au point
suprême; ils veulent se battre, et bientôt; à leurs
yeux, l'alliance française est une alliance offensive :
elle amènera plus promptement cette guerre, tant
attendue, qui décidera du sort de l'Europe.

Cet esprit guerrier, sans cesse entretenu chez les officiers du Turkestan par la proximité des frontières, pouvait, pensions-nous, être local; mais nos amis nous assurèrent que l'armée russe tout entière nourrissait le même espoir, la même certitude de se battre bientôt.

Quant à eux, ils attendent chaque jour l'ordre qui leur permettra de tailler en pièces l'ennemi détesté, l'Anglais; mais ce n'est là qu'un hors-d'œuvre, et leur objectif, c'est la frontière polonaise. Ils nous disent leur désir de traverser l'Allemagne tout entière, trombe de cavaliers déchaînée sur l'Europe, pour venir nous donner la main à Belfort. Et très sérieux, ils nous fixent rendez-vous bientôt à la frontière d'Alsace.

Pour eux, l'idée d'une lutte malheureuse n'existe pas : sûrs de l'intrépidité et de l'endurance de leurs troupes, ils ne doutent nullement qu'ils vaincront tous les obstacles et que, irrésistibles, ils passeront.

Et comme nous leur parlions d'un échec possible, alors, le sourcil froncé, ils nous firent part de leur résolution inébranlable et farouche : brûler les villages, détruire les récoltes, faire le désert comme en 1812, et préparer une nouvelle retraite, désastreuse pour les envahisseurs.

Napoléon, que tous connaissent, que tous admirent, Napoléon, lui-même, fut vaincu par cette féroce tactique et son étoile fut engloutie dans les neiges moscovites.

Comme nous nous étonnions que les paysans pussent admettre qu'on détruisît leurs biens : « Le paysan russe, nous dit-on, ne sait qu'une chose : obéir. Il est fataliste et soumis; l'ordre viendra de tout brûler et le paysan s'en ira sans mot dire; le paysan, comme le soldat, dit dans sa prière qu'il est soumis aux volontés de Dieu et du tsar : il a l'abnégation et l'esprit de devoir, il obéit, sans espoir de récompense, parce que c'est l'ordre, le devoir. » Quel admirable peuple à manier, et comme un grand homme a là un précieux outil pour accomplir ses géniales conceptions.

Le banquet s'achevait, on en était aux toasts, et le colonel, d'une voix retentissante, porta le premier, en l'honneur des Français et de la France; nous répondîmes en buvant à la santé du tsar et de nos hôtes.

Puis le colonel vint, successivement, devant chacun de nous avec un verre et une carafe de champagne. Il remplissait le verre et nous le tendait : nous devions boire d'un trait, tandis que tous chantaient, sur un rythme lent et gracieux, un couplet commençant par ces mots : « *Tcharetschka moya;* » en voici la traduction :

> « Oh ma petite coupe d'or,
> « Posée sur un plateau d'argent,
> « Celui qui te boira d'abord,
> « Celui-là sera bien portant.
> « Buvons à la santé de X... »

C'est, paraît-il, un usage de chanter ce refrain aux fêtes de mariage et lorsqu'on reçoit des amis intimes; c'était donc encore une manière délicate de nous faire comprendre que nous étions des amis.

Le banquet était fini, chacun se leva et les groupes se mêlèrent. Tous les officiers nous entouraient, tenant à honneur de causer avec nous, de nous exprimer leur sympathie.

Certains savaient à peine quelques mots de français, mais leur ardeur n'était pas moindre : un géant blond à l'air farouche répétait à chaque instant : « Ami, » en nous broyant les mains dans les siennes. Un autre, brun, poussait constamment de terribles hurrahs; et ainsi la soirée se passait dans une atmosphère d'amitié et de sympathie.

Les Russes savent bien boire, et ce furent, certes, de monumentales lippées, où, malgré l'infériorité de nos estomacs français, nous luttâmes dignement avec nos terribles partenaires. Champagne, vin chaud, *cruchon* (1), vin blanc et rouge de toutes les marques, vodka, les liquides les plus variés, tantôt chauds, tantôt glacés, servaient de prétextes à des toasts continuels, où, au milieu de la cordialité et de l'enthousiasme, nous confondions, dans notre sympathie mutuelle, les deux grandes nations sœurs.

Et cette réunion n'avait en aucune façon la raideur gourmée, correcte, des soirées officielles de nos pays, c'était plutôt une réunion de camarades heureux de se retrouver.

Un lieutenant nous présenta sa mère, vieille brave femme, qui avait été cantinière pendant la guerre de Crimée et dont, avec raison, il était fier : nous fûmes bienheureux de pouvoir porter sa santé.

Notre qualité de civils gênait visiblement les officiers ; mais lorsqu'ils apprirent que deux d'entre nous étaient officiers de réserve, leur enthousiasme ne connut plus de bornes. Nos amis furent enlevés de terre, par des mains puissantes, et portés en triomphe au milieu des cris et des hurrahs.

De temps à autre l'un de nous s'échappait un instant pour respirer un peu l'air frais du dehors. Là, souvent il trouvait encore un officier ami, qui l'accapa-

_______

(1) Ce sont des pêches coupées et trempées dans du champagne.

rait aussitôt en lui demandant, comme un honneur, de venir un instant chez lui ; ou bien les hommes qui, de loin, regardaient la fête, l'acclamaient avec des transports de joie.

Nous fûmes ainsi amenés à visiter les chambrées, la nuit. La fête attirait les hommes dehors, et les lits étaient presque tous déserts ; mais, à notre suite, les soldats rentraient, fiers de posséder un instant l'un des hôtes de leur colonel.

Un sous-officier montre avec orgueil son revolver, bonne arme, bien en main ; un autre présente un sabre ou un fusil, tous sont heureux d'exhiber quelque chose de nouveau. Notre mimique laudative les remplit de joie, et nous nous faisons des amis en serrant cordialement les mains de ces sous-officiers.

La promenade dans la nuit, au clair de lune, semble douce, après le tumulte de la fête ; mais il ne faut pas abandonner nos hôtes trop longtemps. Là-bas sous les guirlandes de lanternes vénitiennes, les musiques militaires entonnent des airs de danses, et dans la lumière crue des lustres, les couples tourbillonnent. Nous rentrons.

Les danses russes sont toujours très rapides, mais après les nombreuses libations de la soirée, on peut concevoir le tourbillon des valses et des mazurkas. Les *polonaises* sont fort en honneur, avec les gesticulations bizarres du danseur, devant les glissements silencieux de la femme. Mais la palme doit être donnée à la merveilleuse *cosaque* que la colonelle des cosaques danse avec un jeune officier, réputé le meilleur danseur du régiment : celui-ci n'avait pas retiré sa grande redingote verte de service, et c'est dans cette tenue qu'il dansa.

Jusque-là, nous n'avions vu dans la *cosaque* qu'un exercice bizarre, nécessitant une agilité prodigieuse, et remarquable, seulement, comme tour de force ; mais ce soir-là, nous en comprimes le sens et la poésie : c'est la poursuite de l'homme qui désire posséder une femme.

Celle-ci glisse gracieusement, se penche, puis se retire avec de menus gestes des bras du plus charmant effet, elle s'offre, parait s'abandonner, puis recule, coquette et désirable : et l'homme bondit, se traîne, s'agite, exprime, par ses mouvements désordonnés, l'ardeur de ses sentiments ; il danse, il fait le pantin, pauvre loque humaine devant l'éternelle Beauté, et la poursuite se termine par la possession : c'est une valse tourbillonnante et folle où les deux êtres, étroitement enlacés, s'abandonnent à l'impétuosité de leur triomphe. Ce fut un admirable spectacle et qui déchaîna des applaudissements, car l'homme était beau, jeune, agile et aimable, et la femme, svelte, élégante et coquette à souhait.

Après les danses, les toasts reprirent plus ardents, et, de nouveau, la plupart d'entre nous furent portés en triomphe.

Après chaque toast, on devait vider d'un trait son verre et le laisser ensuite tomber : à chaque instant, l'on entendait le bruit du cristal qui se brisait, mêlé aux acclamations, et nos hôtes nous prenaient dans leurs bras et nous embrassaient à pleines lèvres, suivant la mode russe.

Toute fête a une fin ; la nuit s'avançait, il fallut se séparer. Ce fut un deuil général, les visages exprimèrent la tristesse, et, seule, la promesse que nous viendrions, quelques jours après, au camp d'artillerie rasséréna les figures.

La voiture partit au galop, dans la nuit éclairée par une lune magnifique, et une quinzaine d'officiers tinrent à nous accompagner à cheval : ils sautaient les fossés, évoluaient devant nos voitures, montraient les qualités de très habiles cavaliers ; la plupart d'entre eux étaient cependant des officiers d'infanterie.

A l'extrémité du camp, ils nous firent arrêter, car ils n'avaient pas le droit de franchir cette limite, et, là encore, ils nous tendirent des coupes pour sabler le champagne de l'adieu : sous la lune brillante nous levâmes une dernière fois notre verre à la grandeur de la Russie, et à la santé des amis qui nous avaient donné cette inoubliable fête.

Le commandant B... nous avait proposé de venir visiter la citadelle, nous n'eûmes garde de manquer à cette invitation. Placée sur une hauteur d'un abord difficile, la citadelle domine fièrement toute la ville : c'est l'ancien *Ark*, la forteresse de Tamerlan.

Les nécessités de la défense ont forcé les Russes à modifier, dans certaines portions, l'aspect des épaisses murailles ; mais, à l'intérieur, ils ont laissé intact l'antique palais. Les troupes qui logent là l'hiver, lorsqu'elles quittent le camp, habitent des casernes de construction récente, ce qui a permis de sauver la fameuse *Talari Timour*, la salle d'audience de Tamerlan, des injures et des dégâts des soldats. C'est une longue cour bordée d'un haut trottoir couvert, sorte de cloître aux élégantes colonnettes.

Une relique inestimable est conservée là, derrière une grille : c'est un bloc de marbre monolithe de couleur grisâtre, orné d'arabesques et qui aurait été, paraît-il, enlevé, à Brousse, par Tamerlan, dans le

trésor de Bayézid. On l'appelle *Keúk-Tach*, c'est-à-dire
*pierre bleue*.

Depuis Timour, cette pierre est située devant le
trône de l'émir, à la place même où on peut la voir
encore. Pour y monter, dit-on, l'émir se faisait un
marchepied du dos d'un prince vaincu ou d'un cour-
tisan, et ce n'était pas pour ceux-ci un mince honneur.

La tradition a naturellement ensanglanté cette salle
du trône d'affreuses hécatombes, et certains auteurs
prétendent que, presque chaque jour, le terrible
monarque prenait plaisir à voir, devant lui, couler le
sang de nombreux captifs : on sait avec quelle méfiance
il faut accepter ces légendes.

Jusqu'à la conquête russe, le *Keúk-Tach* resta le
trône des émirs, et c'est là qu'ils venaient se faire cou-
ronner. Quelques chambres, aux plafonds voûtés, d'une
architecture sobre et jolie, subsistent autour de la salle
d'audience, mais, pour la plupart, elles sont posté-
rieures à Tamerlan.

Près de la forteresse, notre aimable guide nous
montra un monument funéraire élevé à la mémoire
des soldats russes morts en défendant cette citadelle.

La conquête de Samarkand fut très facile : les
troupes de l'émir, au nombre de quarante mille
hommes, placées sur les hauteurs dominant le Zerafchâne, s'enfuirent (1) en désordre sitôt que les troupes
russes (2), qui ne comptaient que huit mille hommes,

______

(1) Si l'on se rappelle la résistance terrible que les Turkmens
opposèrent aux Russes à Géok Tépé, quoiqu'ils ne fussent que
20,000, contre 8,000 Russes, on peut immédiatement se rendre
compte de la différence d'énergie que l'on trouve entre ces nomades et les sédentaires.

(2) Parmi les troupes russes se trouvaient 300 Afghans d'élite

eurent franchi le fleuve. Mais elles trouvèrent les portes de Samarkand fermées par la population, et elles poursuivirent leur déroute à travers le Miangkal.

Les habitants de Samarkand, pendant ce temps, venaient apporter au général Kaüffmann leur soumission, et celui-ci faisait, le lendemain même, son entrée triomphale à Samarkand, le 14 mai 1868.

Laissant une petite garnison dans l'*Ark*, il poursuivit les troupes de l'émir, pour frapper un grand coup, et leur infligea, à *Serpoul*, une défaite sanglante et définitive ; l'émir *Mozaffer Ed din* demanda la paix, paya une forte indemnité de guerre et se résigna à n'avoir plus, dans ses États, qu'une autorité nominale et fictive.

Mais, pendant cette conquête, les Sartes de Samarkand, ne voyaut, dans l'*Ark*, qu'une petite garnison de 650 hommes, fatigués et malades, se révoltèrent et tentèrent, le 12 juin 1868, de prendre la forteresse par surprise. Le baron de Sempel, commandant la place, résista héroïquement pendant six jours et laissa à Kaüffmann le temps d'accourir. La garnison était sauvée, mais dans sa lutte inégale et héroïque, elle avait perdu 50 morts et 170 blessés, le tiers de son effectif : ce sont les cadavres de ces héros qui reposent sous ce mausolée.

Quant à la répression, elle fut impitoyable. Kaüffmann s'imposa par la terreur à ces natures lâches et féroces, et depuis son nom est vénéré par tous les indigènes

amenés par Iskender-Khan, fils du Khan de Hérat ; celui-ci avait offert son bras à l'émir pour défendre l'Islam, mais n'ayant pas été payé, il avait pieusement remis son âme entre les mains d'Allah et était passé aux Russes avec ses hommes.

et aucune velléité de révolte ne s'est jamais produite.

La prise de Samarkand fut un coup très rude pour le monde musulman, car c'est là que se conservaient, inviolables, les traditions, et Samarkand, comme la Mecque, était une des colonnes de l'Islam !

Nous avions pu apprécier, au cours des nombreux banquets qui nous étaient offerts, la qualité des vins de Samarkand. M. O... nous mena chez Philatof, l'un des grands viticulteurs de la région, petit homme, à l'œil vif et malin, qui a gardé frappant le type du moujik. C'était, d'ailleurs, à l'origine, un simple paysan qui suivit l'armée russe pendant les campagnes d'Asie centrale. Il vendait alors de menus objets de mercerie, quelques provisions, un peu de vodka aux soldats.

Lorsque la pacification de la Boukharie fut terminée, le général Kaüffmann s'efforça d'attirer des colons russes dans la nouvelle conquête : il leur distribuait gratuitement des terres, aux environs de Tashkend et de Samarkand, à condition qu'ils les missent en culture. L'un des premiers, Philatof s'en fit donner, et il y planta des vignes, qui réussirent admirablement ; d'ailleurs, le pays de Samarkand, dès l'antiquité, était une région viticole renommée.

Puis, avec beaucoup de bon sens, Philatof vint en France, dans le Bordelais, la Bourgogne, la Champagne ; il en rapporta des plants qu'il greffa sur ses vignes déjà vigoureuses et prospères. Il créa ainsi une immense exploitation, qui lui fit gagner des millions.

Dans un grand jardin, ombragé d'énormes bouleaux, qu'il a plantés lui-même, il y a vingt-cinq ans, il nous montre avec orgueil une case de joncs, conservée soigneusement : c'est là qu'habita Skobeleff, lorsqu'il vint à Samarkand avant d'entreprendre sa rude campagne contre les Turkmens. Les caves immenses forment, sous terre, deux étages où s'alignent des milliers de fûts, et c'est un véritable pèlerinage gustatif que nous accomplissons alors.

Presque à chaque tonneau, Philatof nous arrête et nous offre dans une fine coupe de cristal le vin rouge ou blanc qu'il tire à même la pièce.

Comme chante le poète persan.

« Le vin était si limpide et la
« Coupe d'un si fin cristal, que
« Leurs couleurs étaient
« Confondues. — On eût dit que
« Ce n'était qu'une coupe
« Sans vin, mais on eût dit
« Aussi que c'était du vin
« Sans coupe. »

Nous goûtons ainsi successivement du château-margaux, chaud et alcoolique, du pomard, du muscat, du liebfraümilch, que sais-je? Et tous ces pastiches de crus vénérés d'Europe sont réellement bien imités et de goût délicieux.

Ces nombreuses expériences ont d'ailleurs délié les langues et sous terre nous sablons gaiement, pour finir, un champagne au muscat, de goût très particulier. Notre hôte lève son verre au chef de l'État français, et c'est vraiment un spectacle peu banal, que ce toast à notre Président, fait à quinze pieds sous terre, en pleine Asie centrale. Notre gaieté paraît remplir de joie et de fierté notre hôte qui semble très honoré de nous avoir reçus : il a, dans la prospérité, gardé son âme simple de moujik, et il est glorieux des plus légères marques de considération qu'on lui témoigne.

Il nous promena ensuite à travers ses vignes admirablement entretenues, et nous fit goûter des raisins excellents, parmi lesquels un raisin à petits grains, sans pépins et ayant un délicieux parfum de fraise, nous séduisit tout particulièrement.

Grâce à Philatof, on peut savourer à Samarkand les plus fameux crus d'Europe, et lorsque ce précurseur aura été imité, le Miangkal deviendra quelque jour un pays viticole célèbre qui vendra ses vins réputés à toute l'Asie centrale.

Les environs de Samarkand sont d'aspect très divers suivant les régions : à l'ouest, au nord, vers le camp et vers la gare, c'est la plus riche plaine qui se puisse voir : la fraîcheur des pâturages, l'abondance des récoltes, la surproduction des fruitiers, sont incomparables.

Si, au contraire, on quitte Samarkand par la route de Tashkend, si, dépassant Bibi-Khanoum et le champ de foire, la coquette demeure orientale où est installée la douane et le cimetière sarte, on traverse l'ancienne porte de l'est, aujourd'hui disparue, l'aspect est tout autre.

Dans une aridité absolue, une terre jaune, brûlée, crevassée, d'une sécheresse terrible, s'ouvre par endroits en immenses tranchées naturelles : et l'on côtoie ainsi, par une route poussiéreuse et cahoteuse, d'immenses et terribles falaises brunes et grillées, produites par la sécheresse ou les tremblements de terre : toute vie cesse dans ce paysage désolé et l'on trouve, à côté **de l'aspect luxuriant de l'oasis, l'aridité des pires déserts.**

SAMARKAND — LE TOMBEAU DE DANIAR, SUR LES BORDS DU ZÉRAFCHANE
(p. 183).

Et pourtant cette terre est la même que celle qui porte de si belles moissons, de si prodigieux vergers, c'est le *toprach*, la terre jaune, la magnifique terre d'alluvions, généreuse et fertile : « Plantez un bâton dans le toprach, dit le Sarte, arrosez-le d'un filet d'eau, et l'année suivante vous aurez un arbre. »

Le dicton est vrai, et sitôt que l'on trouve de l'eau dans la plaine, la végétation est follement vigoureuse ; mais là, sur ce plateau élevé qui domine l'est de la ville, l'irrigation est impossible, des machines élévatoires seules, inconnues en ce pays, pourraient fertiliser le sol, aussi la sécheresse a-t-elle tout anéanti et la terre, désolée et brûlée, étend partout son affreuse aridité.

Lorsqu'on a circulé, quelques verstes durant, au milieu de ce paysage mort, on arrive au tombeau de *Daniar*, un pèlerinage célèbre des environs de Samarkand. *Daniar* ou *Daniel* est un saint personnage musulman : s'agit-il, dans l'esprit des Sartes, du prophète Daniel de la Bible, qu'ils connaissent et honorent, ou de quelque mollah ou poète de ce nom, la question est difficile à résoudre, car les récits des indigènes ne concordent pas.

Quoi qu'il en soit, une légende, comme on en rencontre partout en Asie centrale, est attachée à ce monument. Le mausolée du saint grandit chaque année, il s'allonge peu à peu, et lorsqu'il aura fait le tour de la terre, l'Islam dominera le monde : aussi l'appelle-t-on le *tombeau qui marche*.

C'est dans une gorge abrupte, sur une sorte de promontoire entouré d'un étroit ravin circulaire, que la sépulture s'élève, et l'on n'y atteint qu'en traversant un petit pont de bois branlant et vermoulu. Le tombeau, en terre blanchie à la chaux, a environ quinze mètres de long, et chaque année, parait-il, il s'allongeait de quelques centimètres, mais le gouverneur russe décida un jour que son extension devait s'arrêter définitivement : et depuis, chose étrange, le miracle a cessé ! D'ailleurs, pour enlever à Daniar toute velléité nouvelle de s'accroître outre mesure, on a recouvert le mausolée d'une petite mosquée à coupole, joliment campée au bord du ravin. La tête du tombeau est couverte de cornes de bélier, l'offrande habituelle des Sartes, et de petits cierges de cire. Un ou deux indigènes accroupis, silencieux, paraissent perdus dans leurs méditations, et cet ensemble donne une impression d'étrange superstition !

Si l'on descend le raidillon qui mène au fond du ravin, on pénètre dans un nid de verdure, jusqu'au bord d'un large et impétueux cours d'eau : c'est un des nombreux bras du Zérafchâne, qui, à l'est de Samarkand, se partage en une série de ramifications : il forme un vaste delta dont les branches se réunissent dans le Miangkal.

A l'époque des crues, plusieurs de ces bras débordent et s'unissent, couvrant la terre d'une eau limoneuse, bienfaisante : c'est là un phénomène absolument analogue à la crue du Nil. En été, les bras sont bien séparés les uns des autres, mais ils coulent à plein bord.

Naturellement la végétation est folle aux bords du cours d'eau et les karagatch (ormes) et les peupliers surgissent touffus des hautes herbes vertes. Le courant très violent se brise à la pointe d'une île verdoyante, rattachée à la rive par un ponceau minuscule, où un homme à pied peut seul passer.

D'ailleurs les ponts sont très rares sur le Zerafchâne et même dans tout le Turkestan. C'est à gué que passent presque toutes les voitures, et les quelques ponts de bois existants sont en général fort étroits : souvent, il y a juste la place suffisante pour une arba, et l'on conçoit les difficultés qui se présentent lorsque deux arbas sont engagées, en sens contraire, sur l'un d'eux.

Lorsqu'il n'y a pas de gués, il faut traverser les bras de fleuve sur des bacs où n'entrent pas les voitures chargées et attelées ; on comprend, dès lors, la difficulté d'un voyage en voiture et la grande perte de temps due au passage des cours d'eau ; mais l'allure torrentielle, la violence du courant, la variété de largeur du lit du Zerafchâne sont telles, que les indigènes ont toujours reculé devant les difficultés de construction (1).

Le chemin de fer faisant maintenant plus rapidement les transports, il est probable que la circulation des routes diminuera ou restera réservée aux seuls Sartes, qui ne connaissent pas le prix du temps ; dès lors, l'établissement systématique de ponts, sur les multiples bras du Zerafchâne, n'aura probablement jamais lieu.

Il existe pourtant, à une douzaine de verstes de Samarkand, une ruine très intéressante nommée *pont de Tamerlan*. Deux arches ogivales grandioses traver-

(1) Dans le Khiva, les ponts sont sur pilotis et très frêles, sans balustrade ; dans la vallée du haut Zerafchâne, ce sont des ponts formés de deux poutrelles recouvertes de planchettes, sans balustrade. Très flexibles et légers, « ils dansent, disent les Sartes, au passage d'un chien. » Lorsque le lit du fleuve est **large et les rives élevées**, le passage constitue un vrai danger.

sent un bras du Zerafchâne, faisant entre elles un angle saillant; des débris fort dégradés paraissent des vestiges du tablier.

Cette ruine, toute en brique, se voit de loin dans la campagne ; il n'est pas sûr qu'il s'agisse là d'un simple pont, et l'on se perd en conjectures sur la direction angulaire des deux arches ; peut-être est-elle destinée à lutter efficacement contre la force du courant.

Des moulins indigènes hydrauliques utilisent la puissance de l'eau. Ces moulins, nommés *dejermâne*, sont fort rudimentaires : sous un simple abri très bas sont disposées deux meules de grès dont l'une, mobile sur l'autre, porte au bout d'un pivot une série de palettes que le courant met en action. Entre les deux meules arrive le grain qui est broyé au fur et à mesure; la mouture obtenue est grossière, et sans élimination du son (1). Ces appareils primitifs semaient de leurs petites et basses toitures le lit du fleuve, comme de bizarres radeaux.

Sur l'autre bord un Sarte, accroupi au milieu des herbes, paraissait suivre attentivement des yeux le cours de l'eau; par instants, il relevait une sorte de sac, baignant dans le courant : on aurait pu penser qu'il s'agissait de quelque pêcheur indigène; ce n'était cependant pas le poisson qui attirait là ce pauvre diable; sa visée était plus haute, il pêchait de l'or.

(1) Un meunier moud en moyenne 7 *batmans* en vingt-quatre heures et reçoit en argent ou en nature la valeur de 1 *tenga* et demi (1 fr. 25) pour 2 batmans. Le batman a deux valeurs : le katta-batman vaut 16 pouds (260 kilogr.) et le kitchi-batman vaut 8 pouds (130 kilogr.); d'ailleurs, comme toutes les mesures sartes, le batman a une valeur variable dans chaque région.

Car le Zerafchàne, comme son nom l'indique, roule dans ses eaux impétueuses des paillettes d'or, et les Sartes qui font ce métier peuvent recueillir chaque jour la valeur de quelques tengas de poudre d'or ; pour ces hommes, aux besoins si modestes, c'est là un gain merveilleux, une véritable fortune.

Mais cet or brut ne constitue pas la principale richesse dispensée par le fleuve : les nombreuses dérivations qui répandent ses eaux bienfaisantes dans d'énormes étendues de terrain ont une importance économique bien autrement considérable.

A l'inverse des grands fleuves des autres contrées, le Zerafchàne diminue peu à peu, à mesure que se poursuit son cours, et s'épuise enfin dans la région de Karakul. Ses eaux se sont divisées en des milliers de canaux, immense éventail de ramifications qui féconde tout le pays.

Dès l'antiquité la plus reculée, cette irrigation du Zerafchàne était célèbre, elle s'est perpétuée à travers les siècles.

Aucun cadastre, aucune réglementation ne préside à la distribution de l'eau, à la construction des *aryks*, nom donné aux canalisations ; la tradition, maintenue par des fonctionnaires nommés et rétribués par les indigènes, les *aryks aksakals*, suffit à assurer une équitable répartition de l'eau dans les villages de la vallée du Zerafchàne.

Ces fonctionnaires veillent au bon entretien des canaux qui n'appartiennent en propre à personne, et distribuent l'eau, aux périodes de sécheresse, à chaque village successivement.

L'on peut voir ces canalisations de bois et de terre

glaise, striant de leur réseau bienfaisant le terrain de chaque village ; quelques claies de terre et de branchages sont les seules écluses connues, les seuls barrages qu'emploient les aryks aksakals pour régler le débit de l'eau.

Quant au cultivateur, il creuse lui-même à la houe, l'unique instrument de jardinage connu ici, les petits ariks qui doivent arroser son champ, sitôt qu'il a apprécié, au jugé (1), la direction la plus favorable pour l'écoulement de l'eau.

Et ce filet liquide apporte la richesse et la vie ; la terre féconde, si peu quelle soit fouillée par le soc triangulaire des *amatchs* (charrues indigènes), se couvrira de récoltes abondantes.

Le riz, l'orge, le blé, multiplieront jusqu'à vingt et même cinquante fois le grain semé ; le trèfle, la luzerne, donneront six à sept regains, les arbres fruitiers se couvriront de fruits merveilleux : abricots, poires, prunes, figues, pêches, et les pampres s'enlaceront, image antique, au tronc des arbres ; des champs entiers seront couverts de légumes, et surtout de ces étonnantes pastèques, de ces extraordinaires melons qui sont un régal si fin, si délicat. La vie abondante, facile, heureuse, sera le partage des riverains du Zerafchâne, de ceux qui ont su emprunter à ses eaux, non pas l'or, mais la richesse qu'elles recélaient.

Mais, si l'irrigation peut ainsi transformer en éden de mornes déserts, c'est que l'admirable terre jaune, le *toprach*, recèle une extraordinaire fertilité latente. Le

---

(1) Le laboureur s'étend sur le dos, la tête vers l'endroit où il veut faire venir l'eau, et il regarde le point où la terre apparaît au-dessus de son front : c'est vers ce point qu'il prendra la direction en amont du canal projeté.

Sarte le sait bien, aussi aime-t-il cette terre qui est
tout pour lui ; il en tire sa nourriture, il en construit
sa maison, il y repose après sa mort : « C'est l'épiderme de la terre, a dit Aboul-Ghazi, Allah en a fait
le premier homme. »

L'endroit où nous nous trouvions, frais et ombragé,
tout au bord de l'eau, était délicieux, c'est d'ailleurs
un but de promenade bien connu des Russes, et on y
vient fréquemment déjeuner en pique-nique. Il est dur,
après cette splendide nature, de retrouver l'aridité effrayante de la plaine, et le paysage paraît encore plus
désolé.

Aux portes de Samarkand, on traverse le cimetière
sarte, qui ajoute une dernière note de tristesse au
tableau. Les tombes s'étendent sur une vaste surface
dénudée ; une modeste pierre recouvre la multitude
des humbles sépultures, une petite coupole s'arroudit
sur le tombeau des riches. Enfin, quelques monuments en pisé, précédés fièrement du toug de crins
noirs, distinguent les puissants et les saints personnages disparus.

Rien n'indique ici les soins pieux que, chez nous, les
vivants rendent aux morts : pas d'encadrements, pas de
fleurs, on sent partout l'abandon et l'indifférence ;
beaucoup de tombes sont ouvertes et violées, la pierre
a roulé et des ossements paraissent çà et là.

Tout à côté, quelques tranchées indiquent les humbles tentatives faites pour retrouver l'antique Afrasia,
mais la vieille cité n'a pas encore révélé son secret : à
peine quelques inscriptions, quelques monnaies, quelques vases témoignent-ils que sous cette terre dort
une grande ville grecque.

Le cimetière sarte, le *mazar*, dégage toujours une poignante impression de tristesse, mais c'est la nuit, lorsque la lune donne au paysage une apparence irréelle, qu'il faut venir voir cette solitude.

Souvent, nous y venions, en sortant d'une de ces fêtes bruyantes et fastueuses, où la vie et la joie éclataient de toutes parts ; et le contraste était saisissant.

Pas un bruit humain, pas une lumière, Samarkand dort, sitôt que vient la nuit. Les tombes délaissées élevaient de toutes parts la modeste bosselure de leur tertre de poussière. Parfois un chacal, mangeur de cadavres, s'échappait en glapissant de quelque sépulture violée, des crânes et des os se voyaient dans des trous béants.

La lune, extraordinairement brillante, éclairait ces scènes funèbres, tandis que, devant nous, l'immense champ de foire vide et enveloppé dans une pénombre argentée contrastait avec l'éclat laiteux des coupoles élégantes de Shah-Zindeh et des ruines grandioses de Bibi-Khanoum.

Les terrasses plates et tassées des maisons indigènes faisaient comme un tapis lumineux, où les ombres dures des ruelles traçaient de fantastiques dessins.

Et une hallucination hantait nos esprits obnubilés par cette vision irréelle et grandiose : là-bas, voilà que s'élevaient des portiques, des colonnades, et, dans le lointain indécis, toute l'antique Afrasia se dressait, dans l'orgueil de son décor grec, sous la caresse lumineuse de Phébé !

L'on revenait impressionné, à travers les rues absolument désertes, où nous rencontrions seulement deux ou trois agents de police qui nous saluaient militairement. Des dormeurs étaient étendus devant les maisons

ou sur les terrasses, et aucun mouvement n'indiquait
que nous eussions dérangé leur sommeil.

A intervalles réguliers, un cri rauque, étrange, prolongé, éclatait, formidable, dans le silence, suivi d'un
coup sur un tambour, et le même cri plus lointain se
répétait par toute la ville : c'étaient les veilleurs, les
*Karaouls,* qui s'avertissaient mutuellement : et ce son
humain était plus lugubre encore que le silence du
cimetière.

Presque de chaque maison partait, à tout instant, un
petit cri alerte et moqueur : c'était l'appel des cailles (1)
qui ornent chaque logis sarte.

Jamais, dans nos promenades nocturnes, nous
n'avons été inquiétés, jamais nous n'avons fait une rencontre dangereuse ou désagréable, bien que nous
ayons circulé partout et à toute heure à travers la ville
indigène. Et ce fait est très intéressant à noter, car à
la même époque, notre compatriote Noblemaire ne
pouvait circuler dans le bazar de Peshawer, à la frontière indo-afghane, qu'accompagné d'une dizaine de
policiers armés.

Or, la population marchande de toute l'Asie centrale, en Turkestan comme à la frontière indienne,
comprend les mêmes races ; c'est toujours le Sarte qui
domine, et si, à Peshawer, les belliqueux Afridis
peuvent amener un certain fanatisme antieuropéen, il
n'en est pas moins vrai que ce sont les Sartes qui sont
les maîtres du marché de Peshawer. Ne peut-on pas
conclure de cette différence d'attitude de la race indi-

---

(1) La caille est très répandue en Turkestan : chaque indigène
en a au moins une en cage ; elle est considérée comme protectrice
du logis. Dans certaines régions, on élève ces cailles pour les
combats, elles acquièrent alors un grand prix.

gène avec les Européens en Turkestan et à la frontière
des Indes, à la différence des principes de colonisation
des Anglais et des Russes?

Les Anglais, hautains, implacables, considèrent les
indigènes comme des bêtes de somme : ils les pres-
surent et les blessent dans leurs convictions et leurs
usages. Les Russes, plus habiles, laissent toute liberté
aux indigènes; ceux-ci ont, comme par le passé, leurs
*aksakalls*, leurs *kourbachi* (1), leurs fonctionnaires; ils
paient les mêmes impôts, et qui sont levés avec plus
d'intégrité qu'autrefois. Nullement inquiétés, ni dans
leurs convictions, ni dans leurs intérêts, ils n'ont
aucune raison de se révolter contre les Russes : ces
derniers ont été plutôt pour eux des libérateurs, en les
délivrant de la barbarie et de l'arbitraire des émirs.

Aussi la pacification et l'assimilation russe de la
région est-elle parfaite : il est vrai que si les Russes
sont magnanimes dans leur administration, ils sont
impitoyables dans la répression, et la moindre tentative
de rébellion est noyée dans le sang. La main de fer dans
un gant de velours, telle est la politique russe en Asie.

Une seule partie de la ville n'est pas absolument
vide et morte le soir : c'est le quartier des *djalaps*, le
quartier joyeux. Là, on rencontre ces émissaires com-
plaisants qui, pour un modeste silao, vous conduisent,
et l'on peut, sur les terrasses, oublier en compagnie des
petites jaunes aux costumes d'idoles la solitude attris-
tante de la ville nocturne.

Si quelque Sarte trop curieux vient troubler le
charme de la rêverie, on a tout loisir de lui faire

(1) *Aksakall*, le maire; *Kourbachi*, le chef de police indigène :
son insigne est une sorte de fouet (courbache) ou une petite
hachette.

dégringoler les étroits degrés à coups de botte, et les *djalaps* sont les premières à rire de ce traitement peu diplomatique, mais nécessaire.

Quelle diversité dans le caractère de ces femmes; tandis que certaines gardent la gravité quasi sacerdotale des Orientales, d'autres ont déjà la mignardise et l'effronterie qui font pressentir l'Extrême-Orient. D'ailleurs si, le plus souvent, tout se passe ici avec une grande liberté d'allure, il y a parfois des appels mystérieux, capables d'intriguer les nouveaux venus. Un individu vous abordera silencieusement et vous mènera, avec force précautions, au fond de quelque grande cour.

Là, dans une sorte de ruelle bordée de palissades de jonc et de branchages, d'aspect tout à fait sauvage, il frappera à une porte cadenassée faite de nattes de jonc superposées. Un autre individu viendra parlementer, et, après un colloque à voix basse, ouvrira à demi la porte : on arrivera ainsi en se baissant dans quelque chambre exiguë, et les deux compères disparaîtront.

Dans ce décor exotique, qui vous reporte en pleine sauvagerie africaine, ces allures de mystère ne laissent pas que de procurer un petit frisson : et l'on a l'angoisse de l'attente, l'anxiété de l'inconnu. L'attente est souvent longue; le silence de la nuit, le lugubre cri des veilleurs, un aboi de chien à la lune, mettent l'esprit dans un état de malaise et d'inquiétude assez spécial, et l'on réfléchit un instant à l'inconséquence qui fait suivre un inconnu, la nuit, dans un endroit qui peut être un coupe-gorge : il n'en est rien.

Avec les Sartes, point de ces craintes, et l'on verra paraître tout simplement quelque jeune *djalap,*

escortée de vos deux conducteurs : ce sera quelque
fillette trop jeune pour exercer ouvertement la profession, car on exige que les *djalaps* aient atteint au moins
l'âge de quinze ans, et l'on est tout désappointé de
l'issue banale de l'aventure.

Les Sartes ont bien soin, cependant, de faire valoir
leur pauvre petite victime, et ils vous font comprendre,
comme suprême argument, que c'est quelque femme
enlevée clandestinement au harem d'un riche Sarte :
en voilà qui connaissent bien la psychologie humaine!

# CHAPITRE VIII

## SAMARKAND
### LES MERVEILLES D'AUTREFOIS

Samarkand, située en dehors des grandes routes de
transit asiatiques, n'a jamais été une ville commerciale
de premier ordre : ce rôle était l'apanage de Boukhara ;
mais la pureté de son climat, la richesse de sa campagne, l'étendue de ses jardins et de ses ombrages, en
avaient fait de tout temps une ville de plaisir et de
luxe : Samarkand ressemble au Paradis, disent les
Sartes.

Elle a conservé ces caractères. On ne trouve pas à
Samarkand la fièvre commerciale de Tiflis, de Bakou
ou de Boukhara ; en dehors des jours de marché, l'animation n'est pas extraordinaire, elle reste cantonnée à
quelques rues (1). Il n'y a nulle part le grouillement
inouï des bazars de certaines villes : les passants sont

(1) Samarkand compte environ 80,000 Sartes habitant une ville
fort étendue en surface : Boukhara a, pense-t-on, près d'un million
d'habitants indigènes resserrés entre les murailles de la vieille ville.
On conçoit que la foule dans les bazars de Boukhara soit bien plus
compacte qu'à Samarkand. La population russe est en proportion
inverse : à Boukhara, elle compte à peine 3,000 âmes ; à
Samarkand, elle comprend 15 à 20,000 habitants. Mais c'est à
Tashkend, siège du gouvernement général du Turkestan et grande
ville de commerce, que le nombre des Russes est le plus considé-

des oisifs, ils se promènent et ne vont pas à des transactions.

Mais, comme dans toute cité de luxe, on trouve à Samarkand des ressources nombreuses ; il y a ample matière à dispendieux achats. Les Sartes étalent des richesses sous les yeux éblouis, et l'on ne peut que difficilement résister à la tentation.

C'est surtout chez un riche marchand de soieries que nous allions faire de magnifiques et coûteux achats. Cet homme était presque aveugle : une ancienne ophtalmie avait amené peu à peu des lésions incurables du fond de l'œil.

D'ailleurs, comme dans beaucoup de pays chauds, les maladies des yeux sont très fréquentes à Samarkand : l'intensité de la lumière, la poussière des sables, provoquent des ophtalmies, surtout des conjonctivites granuleuses terribles, et l'histoire apprend que Gengiskhan fut soigné, à Samarkand, par un oculiste célèbre (1), nommé Zui Zabban, pour des granulations oculaires graves.

Les maux d'yeux sont donc de tradition ici et notre marchand n'était malheureusement pas une exception.

rable : il est de 30,000. Il y a en outre 100 à 120,000 Sartes. Ce sont de beaucoup les trois villes les plus peuplées de la région ; puis viennent : Khokand, dans le Ferganah ; Merw, Aschabad, Turkestan.

(1) C'est l'historien Kharezmien Nessavi, contemporain de Gengiskhan, qui rapporte ce fait : « L'oculiste, qui était très laid et désagréable, demanda, paraît-il, comme récompense la plus belle des chanteuses du sultan vaincu du Kharezm ; mais celle-ci ne voulut pas le suivre et se réfugia chez le vizir. L'oculiste se plaignit au maître, qui profita de ce fait pour se débarrasser du vizir et imposa à la belle cet horrible amant, bien qu'elle ne méritât vraiment pas, ajoute Nessavi, qu'on lui infligeât un tel personnage. »

Quand il apprit que nous étions médecins et Français
(car les Sartes connaissent seulement trois nations européennes : les « Ourouss » ou Russes, les « Ingliz »
ou Anglais, les « Farenghis » ou Français, et font
rentrer toutes les autres nationalités dans une de ces
trois rubriques), quand il eut connu notre profession,
il conçut l'espoir d'être guéri.

L'un de nous lui donna une consultation et lui pres-
crivit un collyre dont il se trouva fort soulagé. Dès
lors, sa gratitude n'eut plus de borne : il nous assura
que toute sa maison nous appartenait, qu'il voulait
nous donner toute sa marchandise pour rien ; ce qui
veut dire qu'il nous vola consciencieusement par manière de reconnaissance.

En effet, devant ses protestations nous étions sans
défiance, et, oubliant le dicton : « Quand un Sarte dit
la vérité, il attrape la colique, » nous acceptions ses
marchandises au prix qu'il nous demandait, ce qui lui
permettait de surélever considérablement ses offres.

C'était un type de Sarte grave et mielleux, d'ailleurs
instruit et parlant le russe. Il se tenait immobile sur
des coussins, en tenue d'intérieur : un *tépé* brodé
coiffait son chef rasé, sans aucun turban enroulé ; sur
une veste étroite (*bechmet*) étaient passés deux ou
trois riches khalats ; un simple pantalon de cotonnade
(*tchalvar*), des bas de cuir et des galoches (*kaouches*)
complétaient l'accoutrement.

Son fils, jeune Sarte intelligent et rusé, lui présentait
les objets que nous désirions, et, après les avoir palpés,
il nous disait un prix que nous acceptions, naïfs, lorsqu'il nous avait assurés que c'était un prix d'ami.

Nous avons passé là de bien bons moments, et nous
avons enrichi nos collections de soies fines et douces

nuancées de dessins délicats, d'étoffes à grands ramages très apprêtées, dont on fait des khalats de dessous ; nous avons encore acheté des fourrures, gris-gris, zibelines, martes, astrakan, à des prix très peu inférieurs à ceux de Paris. Que sais-je encore ? Nous étions ensorcelés par ce diable d'homme et nous ne comptions pas ; mais notre plus précieuse acquisition fut la moisson d'impressions et de renseignements que nous pûmes recueillir là sur l'âme et le caractère sartes.

Beaucoup d'indigènes fréquentaient la boutique et nous pouvions voir deux Sartes aux prises l'un avec l'autre, lutte toujours palpitante et instructive. Aussi, quand nous allions, nous-mêmes, chez quelque autre marchand, profitions-nous des leçons apprises et marchandions-nous avec acharnement.

C'est ainsi que nous nous rendîmes acquéreurs de calottes brodées, spécialité de la région du Chehri-Sabz, de tapis aux vives couleurs, de selles de bois superbement vernies, de bijoux, de *kalians*, entourés de métal ciselé, parsemé de turquoises. Chez un changeur, nous achetâmes des *pouls*, petits disques de cuivre informes qui valent le quart d'un kopek ; des *tengas* de Khokand et de Boukhara, pièces d'argent épaisses, mais de frappe défectueuse, valant environ 80 centimes, et des *tillas*, belle monnaie d'or de la valeur de 4 roubles. Ce marchand nous proposa également des pièces datant, disait-il, de Tamerlan, et d'autres trouvées dans les fouilles d'Afrasia, mais leur prix exhorbitant et leur authenticité douteuse nous empêchèrent de les acquérir.

Pour faire ces achats, nous circulions à travers toute la ville sarte, que nous connaissions jusque dans ses ruelles. Souvent nous nous arrêtions pour voir travailler des artisans installés sur une plate-forme devant leur échoppe; se servant comme moteur d'un simple archet, ils travaillaient le métal ou le bois pour fabriquer quelques-unes de ces jolies choses que nous achetions avec empressement.

Dans les rues, nous étions connus et suscitions à peine la curiosité des nombreux promeneurs; les vendeurs de fraîcheur, les vendeurs de fumée exerçaient leurs modestes métiers en plein vent, offrant aux cavaliers leur morceau de glace ou leur *kalian;* les femmes glissaient silencieuses et cachées au long des maisons; des derviches quêtaient et des estropiés nombreux quémandaient les quelques *pouls* suffisant à assurer leur misérable existence.

Ils exhibaient des moignons horribles, des faces de cauchemar; des femmes, non voilées et la tête encadrée dans un linge blanc, tendaient leurs bras suppliants. Nous demandâmes au D$^r$ A... quelle était cette Cour des Miracles; il nous répondit : ce sont des lépreux. Un matin, il vint nous chercher pour nous mener, à quelques verstes à l'est de Samarkand, au *makhao kichlak*, au village des lépreux.

Une léproserie, que voilà bien un mot fleurant le moyen âge! Et cependant, près de chaque grande ville du Turkestan existe une léproserie. Ce pays est l'un de ceux où s'est conservée avec le plus d'intensité la terrible maladie.

Il faut, pour arriver au village maudit, traverser ce pays mort et calciné qui borde l'est de Samarkand : le chemin passe entre ces falaises craquelées, crayeuses, arides, où, par endroits seulement, le turban d'un indigène, un brillant khalat, une caravane de chameaux ou d'ânes, mettent une note éclatante de vie.

Puis on franchit un pont minuscule, et, dans un nid de verdure, apparaissent des maisons plates et grises : c'est le village des lépreux. Tous doivent habiter là, ainsi que leurs enfants, même si ceux-ci ne sont pas malades.

Ils peuvent aller mendier en ville et ne sont pas munis, comme nos lépreux d'autrefois, de cliquettes indicatrices, mais leur costume spécial les fait reconnaître, et chaque soir ils doivent regagner leur village.

Nous voyons là toutes les tares, toutes les misères, tous les accident de la lèpre : les bouffissures et les nodosités de la lèpre tuberculeuse, les doigts sanieux et amputés spontanément des panaris myélitiques, les larges marbrures blanches des leucodermiques, et des plaies, des déformations, des paralysies ; tous ces malheureux se traînent, rampent, exhibent, presque avec fierté, les stigmates de leur mal, heureux de trouver des hommes qui les approchent. Car tous les indigènes qui passent sur la grand'route, traversant le village, s'écartent épouvantés et pressent le pas.

Mais parmi tout ce rebut d'humanité, nous remarquons des hommes paraissant sains, solides ; l'*aksakall* qui nous conduit est lui-même de visage fin et intelligent ; ceux-ci n'ont que la tare héréditaire : fils de lépreux, ils doivent passer leur vie ici, et leur santé présente s'efface devant le souvenir de la lèpre ancestrale.

Comme nous demandions au D' A... si on avait expérimenté quelque traitement pour tenter de guérir ces malheureux, il se contenta de sourire.

**Les** médecins indigènes *oustas* sont, paraît-il, fort

ignorants, et ne songent même pas à essayer un traitement pour lutter contre une maladie réputée incurable : l'isolement les lépreux empêche la propagation du mal, mais ceux qui sont atteints sont condamnés d'avance.

Les *oustas* n'emploient leur science (!) qu'à soigner certaines maladies : quelques dermatoses, qu'ils traitent avec de la suie ou des frictions mercurielles, amenant parfois ainsi des accidents terribles ; les fièvres, qu'ils combattent par le sulfate de quinine et l'*hazar ispand*, herbe très répandue dans le pays et qu'ils considèrent comme une sorte de panacée universelle : ils l'emploient en fumigations et en font absorber la graine ; la cantharide et la pierre infernale complètent leur arsenal. Ce sont, en outre, des chirurgiens terribles pour leurs malades ; ce qui d'ailleurs a, pour l'apparence de la race, un bon côté : les estropiés sont exceptionnels en Asie centrale.

Les lépreux ne peuvent, naturellement, s'employer comme ouvriers, encore moins être marchands ; les plus valides cultivent des terres autour de leurs *kichlaks*, les autres gagnent péniblement leur vie en mendiant.

Ils sont surtout nombreux aux environs des mosquées et des lieux de pèlerinages : beaucoup affectionnent les parages de Shah-Zindeh, et ils étalent leur hideur le long des délicieuses arabesques du portique d'entrée.

C'est tout au bout du champ de foire, à l'orée d'un petit bouquet de bois, en contrebas de la colline qui recèle l'Afrasia antique, que se dressent les élégantes coupoles, les merveilleux portiques de Shah-Zindeh.

Quelques marches, très hautes et inégales, donnent accès dans l'intérieur. L'arcade d'entrée, d'un dessin superbe, mais beaucoup moins colossale que celle de Shir-Dahr, est décorée de charmantes faïences, délicatement teintées. Puis c'est une sorte de vestibule qui se continue par l'imposant développement de quarante degrés majestueux : le temps a détruit leur revêtement de marbre, et les briques, aujourd'hui, reparaissent de toutes parts.

Au haut de ces marches, commence un corridor que borde, de chaque côté, une série de délicieux portiques. Chacun donne accès dans une petite chapelle, élevée à la mémoire d'un des fils de Tamerlan, et recouvrant son tombeau.

Nulle part la grâce des céramistes orientaux ne s'est déployée avec une plus prestigieuse fantaisie : chacune de ces chapelles, chacun de ces portiques, sont revêtus d'émaux merveilleux et différents ; les combinaisons les plus imprévues et les plus charmantes, la fusion habile des teintes, l'association des élégants motifs donnent à l'ornementation un éclat et un charme indicibles.

Comme toujours, les figures géométriques se mêlent aux fantaisies des inscriptions kouffiques, mais ici la plupart des motifs sont en relief, et ce sont de véritables ciselures céramiques qui encadrent le portique et ornent les frises ; les émaux azurés, jaunes, verts portent des ornementations moulées, rouges, bleu foncé et dorées, et l'on ne saurait suivre et décrire les mille combinaisons délicates que permettent l'emploi judicieux des couleurs et les formes gracieuses des ornements.

On reste confondu devant le luxe, la grâce et la

SAMARKAND — SCULPTURE D'UN DES PORTIQUES
DE SHAH ZINDEH
(v. p. 202)

variété de cette succession de petites merveilles. Les
chapelles, souvent octogones, sont minuscules, et les
coupoles sont partagées en loges surchargées de petites
niches délicieusement ouvragées. Tantôt elles sont
entièrement tapissées de carreaux émaillés d'une
variété infinie, dont la couleur diffère pour chaque chapelle ; tantôt, sur les murs, sont peints à fresques des
rosiers héraldiques, des feuillages conventionnels, toute
une flore fantaisiste.

Et l'on suit la longue galerie, où subsistent partout
les traces de l'art exquis du XIV° siècle.

C'était ici, paraît-il, un palais d'été de Tamerlan ; mais
le prince, pour apaiser le saint Shah-Zindeh, qu'il avait
offensé gravement, lui bâtit en ce lieu un mausolée
magnifique et convertit la résidence en une très sainte
mosquée ; par la suite, plusieurs membres de sa
famille y furent ensevelis. Cette origine du monument
actuel se rattache à une légende célèbre et universelle-
ment accréditée.

Un saint disciple de Mahomet (1) vint prêcher à
Samarkand la pure doctrine islamique. Vieux de plusieurs siècles, il était las de ne pouvoir mourir. A
cette époque, régnait un roi païen, qui, voyant l'extrême influence du saint et le nombre croissant de ses
disciples, en prit ombrage. Il lui fit donc trancher la
tête.

Le saint, alors, ramassa son chef décollé et se retira
dans la campagne. Il descendit au fond d'un puits que,
dit-on, il s'était creusé lui-même, et y demeura ense-
veli de longs siècles, toujours vivant et en prières.

(1) Les uns le nomment Koussan et prétendent qu'il était cousin
germain du prophète ; les autres le nomment Kanim ben Abbas :
nous n'avons pu fixer ce point.

La tradition s'était conservée, de ce prodige, et le saint avait reçu le nom de *Shah-Zindeh : le Roi vivant*.

Tamerlan voulut s'assurer du fait. Il fit descendre dans le puits plusieurs émissaires qui ne revinrent jamais. Un dernier demanda à tenter l'aventure et, au fond du puits, trouva le saint priant. Trois jours celui-ci le garda, puis le renvoya vers les vivants : il lui avait fait jurer de ne rien révéler de ce qu'il avait vu, sous peine d'être frappé de mutisme ainsi que tous ses descendants jusqu'à la huitième génération. Tamerlan, par la menace des supplices, le força à parler, et le malheureux devint muet ainsi que toute sa descendance.

Repentant, le prince voulut calmer le courroux du Shah-Zindeh, et, dans son palais, il lui fit élever un superbe mausolée. C'est la somptueuse mosquée dont la coupole domine, presque au sommet de la colline, le groupe de coupoles des chapelles secondaires. Toutes ont la forme habituelle et la couleur bleu turquoise des dômes samarkandiens, mais, tandis que quelques-unes des plus petites ont des côtelures analogues à celles du Gour Émir, la coupole principale et quelques autres sont lisses, avec seulement des restes de cabochons en relief.

Le sanctuaire est carré, obscur, et la coupole se perd dans une mystérieuse pénombre. Quelques pieux mollahs sont dévotement accroupis, mais, loin de regarder comme une profanation la venue, dans ce saint lieu, d'infidèles tels que nous, ils nous accueillent avec les plus gracieuses salutations : est-il besoin de dire que la considération religieuse n'était pour rien dans cette attitude aimable mais non désintéressée.

Derrière une grande grille, surchargée d'offrandes

bizarres : morceaux d'étoffes, de tapis, objets rapportés
de la Mecque, cornes de bélier, s'élève le mausolée
du Shah-Zindeh. Comme les turbés de Stamboul ou
d'Algérie, il est recouvert de tapis et d'étoffes précieuses.
Un toug et le drapeau vert du Prophète le dominent.
D'ailleurs, tandis que le devant de la grille est brillamm-
ment illuminé, la chapelle très sainte du tombeau
reste voilée d'ombre.

Là, dit encore la légende, Shah-Zindeh veille toujours, attendant l'heure où l'Islam régnera sur le
monde. Ce jour-là, il sortira triomphant des ténèbres
de son tombeau.

On voit combien de légendes, combien de lieux de
pèlerinages perpétuent cette idée du triomphe définitif
de Mahomet.

Ce lieu redoutable est encore inviolé, et nul être
humain n'y peut pénétrer : au moment de la conquête,
le général Kaüffmann respecta le fanatisme des mollahs et ne fit pas ouvrir la grille. Tout près, se trouve
l'entrée du puits sacré où s'était retiré le saint, mais il
est interdit à tout chrétien de le voir.

On pourrait croire qu'un lieu si vénéré depuis des
siècles est enveloppé de mystère, et que l'on y pénètre
en se cachant et au prix de ruses sans nombre : il n'en
est rien ; tous, même les femmes, sont admis à visiter
la sainte mosquée, et les quelques mollahs qui prient
en cet endroit ne portent pas les stigmates d'un fanatisme farouche : l'exaltation religieuse paraît bien
diminuée ici, et il nous semble qu'un jour viendra où,
moyennant un silao convenable, tel voyageur pourra
pénétrer derrière la redoutable grille et présenter ses
hommages au Shah-Zindeh.

D'ailleurs, ce lieu de pèlerinage, jadis célèbre, et

fréquenté par des milliers de pèlerins, est actuellement
presque désert ; les cellules souterraines, où les fanatiques jeûnaient pendant quarante jours, sont vides ;
seules, quelques femmes gardent toute leur foi envers
le « Roi vivant ».

Celui-ci a le pouvoir, en effet, de rendre fécondes les
femmes stériles, à condition qu'elles viennent passer
une nuit dans une cellule voisine du sanctuaire. C'est
là une qualité peu banale pour un saint âgé de
quelque quatorze siècles ; il est vrai que ses dévoués
ministres pouvaient, quelquefois, suppléer le Shah-
Zindeh, et contribuer à maintenir son renom.

Dans la chapelle se voit un merveilleux Koran écrit
sur d'immenses feuilles de parchemin, de près d'un
mètre cinquante de long. Certaines lettres sont entourées de délicieuses arabesques, d'une variété et d'une
richesse étonnantes. Ce Koran est, paraît-il, la copie du
fameux Koran d'Othman, écrit sur peau de gazelle, et que
Tamerlan avait rapporté de Brousse à Samarkand (1).

Un généreux silao nous valut de nouvelles révé-
rences de notre pieux *cicerone* et, franchissant une porte
de bois merveilleusement fouillée et parée d'ornements
d'ivoire, nous quittâmes le saint lieu, encore étourdis
des trésors d'art et de fantaisie que peut créer la
féconde imagination orientale.

Dans le bois touffu et ombreux, au bord d'une fontaine
aux eaux stagnantes et vertes (2), se tenait, un faucon au
poing, un jeune indigène vêtu d'un éclatant khalat : et

(1) Ce Koran se trouvait dans le Gour Émir, où put le voir Vambéry : les Russes, après la conquête, le transportèrent à Pétersbourg.
(2) Cette fontaine sacrée a des eaux miraculeuses, et les indigènes y plongent tous les objets, même comestibles, qu'ils veulent
bénir.

ce fut comme un personnage des contes orientaux sur-
gissant, tout à coup, dans ce cadre de splendeur et de
grâce.

Du reste, on a constamment l'esprit hanté par ces
souvenirs lointains, dans cet Orient immuable qui
garde, pleines et entières, les traditions d'autrefois.
C'est ainsi que nous pûmes nous croire transportés pendant quelques heures à l'époque de Tamerlan, chez
quelque riche seigneur d'autrefois, le soir où l'*aksakall* (1) nous reçut chez lui et prépara pour nous, à la
demande des autorités russes, une magnifique fête indigène.

Nous furetions, suivant notre habitude, chez des
marchands sartes, lorsque arrivent au grand galop les
voitures, escortées de policiers et de djiguits indigènes
aux costumes multicolores, qui doivent nous mener
chez l'*aksakall*.

A travers le dédale des petites rues étroites, notre
cortège circule à une allure très rapide et, bientôt,
s'arrête devant une porte cintrée qui s'ouvre devant
nous.

Un indigène, vêtu de splendides khalats de soie,
nous accueille avec un geste très noble : c'est l'*aksakall :* riche marchand, il possède une des plus belles
maisons de la ville et a, paraît-il, une grande influence
sur les Sartes.

C'est un homme corpulent, assez âgé, à large barbe
grise, à type uzbeg prononcé : sa figure, impassible,
ne manque pas de noblesse, et l'œil fixe exprime une
suprême indifférence.

(1) *Aksakall* signifie, rappelons-le, barbe blanche : c'est une
fonction indigène qui correspond à celle de maire.

Nous ayant accueillis, son rôle est terminé : ses hôtes sont dans sa maison comme chez eux, dès lors, ils n'ont plus de rapports avec lui. Et de fait, tandis que des domestiques indigènes, superbement vêtus, nous conduisent sur un perron où des chaises sont préparées, lui-même va s'accroupir sur des coussins avec deux ou trois autres Sartes de condition, sous une tente boukhare en étoffe très joliment brodée de soies de couleur. Sans plus s'occuper de nous, il se remet gravement à fumer le *kalian*.

Près de lui est couché un superbe levrier aux longs poils soyeux et grisâtres : il est de cette race *tazi* si belle et si rare, qui se rapproche du lévrier arabe sloughi.

Nous sommes dans une grande cour carrée, le *biroun*, et le large perron qui borde deux côtés de cette cour précède l'entrée de plusieurs appartements. L'ensemble est vaste, de belle allure, et dénote un Sarte de condition.

Des tapis superbes sont étendus au milieu de la cour, et sept ou huit hommes joueurs de flûte et de tambourin y sont assis en demi-cercle.

Devant eux, une dizaine d'enfants aux allures bizarres sont accroupis sur les genoux, immobiles. Les pieds nus, vêtus d'un pantalon large noué aux chevilles, de longues tuniques de soie serrées par une ceinture multicolore, la tête rasée par devant, mais gardant de longs cheveux pendants par derrière, une jolie toque brodée sur le front, ils ont une apparence androgyne bizarre : ce sont des *batchas*, des danseurs indigènes aux gages de l'*aksakall*, qui, comme tous les Sartes de qualité, est friand de leurs séductions à rebours.

SAMARKAND — DJALAPS OU DANSEUSES INDIGÈNES
(v. p. 214)

SAMARKAND — BATCHAS, JEUNES DANSEURS SARTES
(v. p. 208)

Tout à coup, les musiciens commencent tous ensemble un assourdissant tintamarre : sur un rythme très vif et très cadencé, c'est toujours la même note que reproduisent, avec une insistance obsédante, les modulations suraiguës des petites flûtes, tandis que font rage les grands tambourins constamment promenés devant un réchaud, pour que la peau surtendue rende un son plus vibrant.

Au bruit de cette musique sauvage, dansent les batchas. L'un après l'autre ils se lèvent et dansent seuls ou deux ensemble. Ils s'agitent, battent des mains, ont des contorsions de corps, des déhanchements d'une grande souplesse, mais où ils ne déploient aucun charme. Puis ce sont des passepieds, des flexions de jambes brusques, des culbutes et des tours rapides sur eux-mêmes, qui se succèdent avec une vitesse extraordinaire et se reproduisent avec une énervante uniformité.

Notre goût européen ne peut déceler le sens de ces danses, et en apprécier l'intérêt, mais il ne parait pas en être de même des indigènes qui assistent au divertissement, au *tomacha*, comme on dit, de l'aksakall. Tous dévorent des yeux les batchas et semblent se passionner pour leurs exercices.

De plus, la crête du mur est garnie d'hommes et de femmes qui, des terrasses voisines, sont accourus pour assister à ce spectacle recherché, auquel ils n'étaient pas conviés.

Des femmes, regardant par-dessus le mur de séparation de *l'anderoun*, avaient oublié, dans le feu du spectacle, de mettre leur voile, et, ne soupçonnant pas que ceux pour qui la danse était donnée pourraient être distraits dans leur contemplation des batchas, elles montraient sans défiance leur visage : deux ou trois, fort blanches de peau, étaient vraiment belles, et cela nous changeait un peu de l'esthétique spéciale des danseurs androgynes.

Les batchas se succédaient, reproduisant tous les mêmes mouvements et accélérant sans cesse leur allure. Nous cherchions vainement l'explication de ces fastidieuses contorsions, mais M. O... nous donna la clef du mystère : ces jeunes gens spéciaux montrent ainsi leurs avantages, leur souplesse, leurs formes, leur beauté; ils s'offrent à l'admiration des hommes : et nous comprîmes alors les regards de convoitise que leur jetaient les Sartes : les abominables mœurs de l'Orient se révélaient à nous tout à coup, et ces gamins féminisés résumaient, pour les Asiates, les suprêmes séductions.

Les danses sont maintenant accompagnées, par les musiciens, de chants rauques et nasillards que reprennent d'une voix faible et enrouée les batchas.

Un guignol indigène joue dans un autre coin : un homme, le haut du corps engainé jusqu'à la ceinture dans une toile peinte, agite sur cette scène improvisée une série de pantins, et c'est toujours, avec des costumes sartes, l'éternelle scène du commissaire et de guignol battant tout le monde ; mais ce karageuz samarkandien a une apparence sauvage et primitive tout à fait amusante.

Plus loin, ce sont des jongleurs qui font tourner des assiettes d'étain au bout de longs bâtons.

Puis arrive un petit être en robe rouge, la tête ornée d'un foulard de soie noué autour du front : la figure est gracieuse, le teint mat et chaud, le visage animé de beaux yeux noirs très vifs; le sourire découvre des

dents éblouissantes; il a l'apparence d'une charmante
petite fille. C'est cependant un batcha, favori de l'aksakall qui, avec des souplesses, des attitudes, des mi-
gnardises de femme, esquisse quelques pas qu'il ne
termine jamais : il est sûr de son pouvoir et ne
se donne pas la peine de danser. Vraiment les Orientaux parent leur vice de toutes les séductions fémi-
nines.

Le jour baisse peu à peu, et c'est à la lueur des
torches que continuent les interminables divertissements. Des domestiques splendidement vêtus nous
conduisent, précédés de torches, dans une longue salle,
où est dressé le *dasterkhâne* (1), le repas.

Suivant la coutume orientale, notre hôte n'assiste
pas au dîner; il nous a livré sa maison, mais doit s'abs-
tenir de partager notre repas : il reste immobile sous
sa tente, regardant impassible les danses incessantes,
le guignol, les jongleurs, qui tous à la fois continuent
leurs exercices.

La salle est fort joliment décorée : le plafond à caissons est richement orné, les murs sont parés de rosiers
héraldiques peints sur fond blanc, que l'on retrouve,
toujours pareils, dans tous les palais indigènes. Une
frise, faite d'inscriptions du Koran en lettres arabes,
d'un joli effet, court tout autour des parois, et une
multitude de niches servent à poser les différentes des-
sertes.

Nous prenons place à une grande table, chargée
d'argenterie et de cristaux très luxueux, mais, hélas!
européens. Le sol est recouvert de moelleux tapis; de

_______

(1) Le *dasterkhâne* est la nappe sur laquelle on sert les repas,
mais on donne par extension ce nom au repas lui-même.

nombreux domestiques indigènes nous servent avec gravité.

C'est un défilé imposant d'innombrables mets qui se succèdent, sans discontinuer, à la manière orientale. Le mouton est la base de ces plats variés, mais il est préparé de manières différentes et constitue toujours une chère fort délicate. Mouton à la casserole très parfumé, boulettes enrobées dans une pâte très fine, petits pâtés de viande hachée, *ploff*, nommé ici *palao*, fait à la mode persane (1). Tous ces plats sont délicieux et l'uniformité de la viande n'est nullement fastidieuse, ainsi parée par l'habileté du cuisinier.

Sur la table se trouvent des fruits superbes, des confitures cristallisées, des pistaches au poivre et la multitude des sucreries (2), qui sont la caractéristique des *dasterkhânes ;* entre chaque plat de viande, on fait circuler ces choses sucrées.

Les mets se succèdent indéfiniment, et toujours variés. On sert enfin une très juteuse arbouse (3) coupée

---

(1) Le riz est cuit à l'étouffée, les grains sont secs et sans cohésion les uns avec les autres.

(2) Les Sartes sont très friands de sucreries : ils emploient trois sortes de sucre : le sucre blanc russe, relativement cher, le sucre de cassonade produit sur place et la poudre de sucre dite *koumtchakar*, introduite d'Hindoustan en petite quantité. Ils emploient enfin la manne (*khorrtchakar*) ou sucre d'épine, que l'on recueille au mois d'août en secouant un arbre spécial, l'*alaghi*, sur les branches duquel il se trouve en petits grumeaux : les indigènes, comme les Hébreux, prétendent que c'est un présent d'Allah ; les savants, sans être absolument d'accord entre eux, pensent que c'est le produit de secrétion d'un insecte.

(3) En Russie, les variétés d'arbouses ou melons d'eau les plus réputées viennent d'Astrakhan et de Kazan. Quant au melon, il y en a 16 variétés qui croissent surtout dans les terrains salins : les plus réputés et les plus exquis viennent de Tjardjoui.

en tranches, et un de ces délicieux melons de Tjardjoui à chair blanche et fondante, qui sont vraiment les
rois des fruits; on nous verse en même temps d'excellent thé vert; mais auparavant, pendant toute la durée
de cet interminable repas, si les mets avaient été
surabondants, les boissons étaient fort rares, bien
que, suprême attention, on nous eût mis du vin
sur la table. L'indigène, en effet, absorbe tous les
plats sans arrêts, et ne se désaltère qu'à la fin du repas.

Nous nous levons enfin de table, et repassons dans la
cour éclairée par des flambeaux; les divertissements
n'ont pas discontinué, et la cour, avec ses alternatives
d'obscurité et de lueur violente où s'agitent les batchas et les indigènes, s'oppose à la clarté laiteuse de la
lune, qui dessine des ombres crues à l'arête des terrasses.

Nous quittons l'aksakall, qui, très digne, nous recon-
duit jusqu'à la porte. Là, nous attendent les voitures
entourées de djiguits à cheval, portant au bout de
lances de grosses torches enflammées, et nous partons
à grande allure, à travers les étroites rues du quartier
indigène fantastiquement éclairées, au passage de notre
bruyante cavalcade, par les lueurs sanglantes des tor-
chères : et les Sartes se rangent précipitamment devant
nous et regardent, pleins d'étonnement, cette chevau-
chée rapide qui bouleverse un instant le silence de la
ville.

Nous arrivons au quartier joyeux et, par un escalier
en échelle, atteignons une terrasse recouverte en partie
d'une sorte de velum fait de tapis. Là, attendent une
vingtaine de femmes, richement vêtues, et accroupies
par terre.

Toutes ont revêtu leurs plus somptueux atours, et, dans ce décor exotique, on dirait une rangée de petites idoles. Elles ont le visage découvert ; les cheveux sont partagés en une multitude de petites tresses qu'allongent des cordonnets noirs ornés de pendeloques de métal ciselé. Des toques richement brodées, des bandeaux faits de petites piécettes d'argent oblongues, garnis de corail et de turquoises, avec d'élégants pendentifs et cinq ou six petites plumes frisées, ornent leur front.

Leur poitrine est surchargée de bijoux, colliers de corail, grands pendentifs ciselés partant des côtés de la tête et ramenés en avant ; de larges boucles d'oreilles annelées, des étuis de métal contenant des amulettes et compliqués de chaînettes, enfin de nombreuses bagues et des bracelets d'argent niellé enserrent les oreilles, les doigts, les poignets et les chevilles. Tous ces bijoux sont d'argent ou d'or, le travail en est souvent précieux, et les pierres fines, corail et turquoises surtout, y sont semées à profusion.

L'habillement comprend toujours un large pantalon de légère étoffe rouge, serré au bas, et deux ou trois chemises de mousseline blanche à larges manches, recouvertes d'un manteau descendant au genou et qui ne ferme pas sur la poitrine. Dans ces manteaux réside toute la variété : en soie brochée claire ou en velours foncé, unis ou brodés d'énormes fleurs d'or, galonnés d'or ou faits d'une soie lamée, ils ont un chatoiement étrange et une somptuosité hiératique.

Tandis que nous nous installons sur des coussins, elles restent immobiles et muettes, puis, sur un signe du Kourbachi (chef de la police indigène), l'une d'elles se lève et commence à danser.

Trois musiciens, dont un vieux, au regard vague et flottant d'aveugle, sont accroupis dans un coin devant un brasier, où ils chauffent leurs grands tambourins ; ils ont des types extraordinaires ; tous, paraît-il, sont abrutis par le haschisch et incapables de faire aucun autre métier.

Sans aucun accompagnement de flûte, ils commencent à frapper avec frénésie sur leurs tambourins, s'animant de plus en plus à mesure qu'ils jouent, et la vitesse augmente sans cesse sur un rythme très variable, sauvage et toujours fort rapide. Ils chantent souvent, pour scander la mesure, et toujours en mineur, des choses à allure furieuse avec des refrains barbares.

Et, pendant ce temps, la danseuse glisse pieds nus sur les tapis avec des torsions de bras, des mouvements fébriles de la poitrine, qui font vibrer ses bijoux de métal : elle croise les mains derrière la tête, puis les tend suppliantes et raidies en avant, tandis qu'elle se courbe en arrière, pose où elle semble s'offrir : puis elle s'agenouille et ondule en mouvements lascifs et lents avec des gestes de demande puis de résistance, et se relève brusquement, à un grand coup de tambourin, pour recommencer son glissement perpétuel. Enfin elle se rassoit et une autre reprend des danses du même genre, sur un rythme un peu différent.

Les danseuses se succèdent ainsi, variant peu leurs éternels mouvements d'amour. Puis une grande femme, de port majestueux, commence à son tour une danse expressive et frémissante, et elle l'accompagne de lentes mélopées, modulées d'une voix large, un peu âpre, mais très prenante : ce sont des litanies passion-

nées, où elle détaille sa beauté et ses charmes, où elle
vante son pouvoir :

> Il m'a dit : L'impiété de tes
> Boucles de cheveux m'a
> Égaré dans ce monde.
> Je lui répondis : Si tu sais,
> Cette même boucle
> De cheveux te montrera ta route.

Et encore :

> Si je dénoue les boucles de
> Ma chevelure, combien
> D'infidèles et d'ivrognes
> Deviendront musulmans !

Et les chants continuent ainsi, toujours en mineur,
pareils à des supplications, avec des trilles imprévus,
tout en notes élevées, contrastant avec de belles notes
graves, et chaque couplet se termine par un refrain
sauvage repris en chœur par les musiciens. L'on se
sent pénétré par une impression toute spéciale, à la fois
énervante et douce, d'un charme exotique étonnant.

Enfin la reine des djalaps, la jolie et blanche Alma (1),
gaie et n'ayant en rien la gravité orientale, se lève à son
tour et commence à chanter, mais toute sa figure rit,
et ses yeux noirs pétillent de malice. Sa chanson est
alerte, vive : elle invente, parait-il, ou transforme les
couplets au fur et à mesure, avec des plaisanteries qui
provoquent à rire la rangée d'idoles accroupies par
terre, en costumes de soie et d'or, et, jusque-là, figées
dans leur pose hiératique.

Voici maintenant que, sur un ordre donné au chef

_____

(1) Surnom qui signifie la Pomme : les femmes sartes n'ont
pas de nom de famille, ni de prénom.

des sbires, somptueusement vêtu de soies multicolores, on fait sortir tous les indigènes qui s'étaient groupés au fond de la terrasse, pour prendre leur part du spectacle, puis on bande les yeux aux musiciens, car les Sartes ne doivent pas voir la suite du spectacle; fortement intrigués, nous assistions à ces étranges préparatifs.

Tout à coup le kourbachi donne un ordre à Alma, qui fait un geste de dénégation et se réfugie dans un angle; l'homme la ramène dans le cercle et d'un geste impérieux lui enjoint d'obéir; alors, lentement, avec de petits airs boudeurs, elle laisse tomber un à un tous ses voiles, puis, tout à coup, prise de honte, cherche à se dérober.

Mais le sbire, d'un ton rude, lui dit quelques mots; les tambourins résonnent et la gracieuse enfant reprend sa danse glissée. Son petit corps gracile et élégant se cambre et ondule, tandis que les bras se tordent dans une attitude de supplication : elle a gardé son étrange coiffure précieusement ouvrée, et l'on dirait quelque Salomé dansant devant Hérode.

Deux ou trois autres femmes se sont aussi dévêtues, sans empressement, sur l'ordre sévère du kourbachi, et les voilà nues, les pauvres petites poupées maigriottes, avec de petits corps fluets et des allures piteuses; elles dansent, elles chantent, telles les esclaves antiques souriantes sous le bâton.

Puis elles se rassoient passives et grelottantes et profitent sournoisement d'un moment d'inattention pour se rhabiller bien vite. Bizarre pudeur des djalaps!

Et tout cela se passe sur une terrasse de pisé, éclairée de quinquets fumeux. Dans un ciel d'encre constellé d'étoiles, un ciel comme on n'en voit qu'en Orient, une lune éblouissante jette sur tout le paysage un éclat diaphane, et c'est, couchés sur des coussins, fumant gravement des kalians, que nous suivons d'un œil charmé ces danses captivantes.

L'esprit s'affole, se brouille, on oublie les notions de temps et de lieu, et l'on vit dans un rêve merveilleux qui vous reporte bien loin, au temps fabuleux des Mille et une Nuits.

... Notre cortège nous emporte au grand galop loin de ces étranges spectacles ; les torches éclairent d'un sanglant éclat l'ombre des rues et, au passage de cette cavalcade fantastique, les Sartes couchés sur leurs terrasses se lèvent, brusquement éveillés, et regardent passer, croyant à quelque hallucination, ce tourbillon qui s'évanouit dans le lointain...

Bibi-Khanoum, quel nom évocateur pour celui qui a visité Samarkand ! Bibi-Khanoum, la reine Bibi, c'est la femme préférée de Tamerlan, c'est cette princesse chinoise, d'une beauté si radieuse, d'une intelligence si puissante, qu'elle sut imposer l'empire de sa volonté à celui qui ne connaissait pas de maître.

Son influence fut bienfaisante pour Samarkand et partout on retrouve sa trace : c'est *Ikhrat Khanah*, ce bijou parfait de forme, et de décoration délicate, que la reine s'était fait construire, mais qu'elle donna à son royal époux, lorsque celui-ci lui en eut exprimé le désir; puis l'immense médresseh qui porte son nom et dont les restes gigantesques peuvent être comparés aux plus splendides conceptions qu'ait réalisées la main des hommes.

Devant le champ de foire, les ruines se dressent for-

SAMARKAND — RUINES DE BIBI-KHANOUM, VUES DU MARCHÉ AUX CHEVAUX
(v. p. 218)

midables, et l'on ne peut les voir sans un sentiment de
profonde admiration.

Une arcade qui devait être colossale, et dont l'ogive
est effondrée, dessine encore la splendeur de ses
lignes montantes recouvertes d'admirables faïences.

L'ogive plus petite, qui, dans la courbure de l'immense arche, permettait l'accès de la médresseh, subsiste seule, mais si frêle, si lézardée, qu'elle paraît
être sur le point de s'écrouler. D'un dessin parfait et
de belle proportion, elle permet d'imaginer l'ampleur
que devait avoir l'arcade principale.

Deux blocs ruinés subsistent seuls de chaque côté de
la porte, et leur masse gigantesque déconcerte : un
immense minaret complète, par ses proportions, l'impression écrasante de l'ensemble : il n'en reste que
la base, mais le fût est d'une puissance sans égale.

On n'a pas ici, comme au Rhigistan, l'impression de
monuments dégradés, mais encore entiers; ce sont
bien des ruines, des pans de murs et des débris de
tours sans cohésion; toutefois l'admirable revêtement
d'émaux a conservé l'éclat d'autrefois, et la tristesse de
ces débris grandioses est parée, comme par une magnifique draperie en lambeaux, des couleurs éclatantes
de ses faïences multicolores.

Lorsqu'on pénètre dans l'immense cour intérieure,
plantée d'arbres, on a, surtout un jour de marché,
une impression de fraîcheur et de solitude qui contraste étrangement avec le grouillement du champ de
foire tout voisin. Ici pas un homme, pas un bruit.

Partout entre les arbres, des blocs ruinés, des amas
énormes de pierres écroulées indiquent la puissance
fantastique du plan primitif. Au fond, est le sanctuaire
que précède une majestueuse arcade, flanquée d'un

charmant minaret octogone : ses proportions admirables, la beauté de son revêtement de faïence en relief, en font, certainement, l'un des plus élégants de Samarkand.

La coupole, dont les dimensions sont en harmonie avec l'énormité de l'ensemble, est crevée par une grande brèche d'où s'échappent en croassant des centaines de corbeaux; l'impression est lugubre, et l'on erre au milieu de ces souvenirs d'une formidable puissance morte, obsédé par la grandeur de l'œuvre que le vandalisme des hommes n'a pu anéantir après cinq siècles de destruction : car Bibi-Khanoum, comme le Colisée, a été en butte à la destruction forcenée et systématique des ignorants. Ses pierres, ses briques, ont servi pendant des siècles à bâtir les humbles masures indigènes, après avoir contribué à la majesté d'un édifice grandiose; Vambéry vit continuer la démolition du chef-d'œuvre et la conquête russe put seule arrêter la fureur destructive des Sartes.

Malheureusement aucune restauration n'est possible et l'on a dû, seulement par places, étayer ou consolider les lézardes et les crevasses pour retarder la définitive disparition de cette merveille en lambeaux.

Au milieu de la cour est un immense pupitre de marbre blanc qui, élevé sur une tablette à colonnettes, est formé de deux montants de pierres divergents. Là se plaçait ouvert le grand Koran d'Othman, et la reine Bibi-Khanoum, dit-on, le lisait, assise à la fenêtre d'une tour voisine aujourd'hui disparue.

Longtemps même, le Koran resta ouvert à la page que Bibi-Khanoum lisait, la dernière fois qu'elle vint à cette fenêtre.

C'est un pupitre gigantesque, comme tout ce qui se

SAMARKAND — LE PUPITRE MIRACULEUX DU KORAN D'OTHMAN
A BIBI-KHANOUM
(v. p. 220)

SAMARKAND — VUE GÉNÉRALE DE LA VILLE (COTÉ NORD-EST)
VUE PRISE DU HAUT DU PORTIQUE DE SHIR-DAHR
(v. p. 223)

trouve ici, et, en dehors de son immense intérêt historique, il a, pour les indigènes, la précieuse vertu de guérir les maladies de la moelle épinière, à condition que le malade puisse se courber suffisamment pour passer sous la tablette du pupitre. C'est là une des multiples superstitions que l'on retrouve à chaque instant chez les dévots sartes. Elle avait déjà cours, alors que la médresseh gigantesque renfermait des milliers d'étudiants, avides d'écouter les saints mollahs que Bibi-Kanoum avait attirés dans son école théologique.

Ce fut là en effet l'œuvre capitale de cette grande reine, et elle s'intéressait très particulièrement à la prospérité de son entreprise. Aussi voulut-elle être enterrée ici, et dans une tour effondrée, voisine de la médresseh, on peut voir, sous l'écroulement d'une voûte souterraine, la place où repose la grande reine qu'aima Tamerlan.

Une triste cérémonie nous amena le dernier jour au cimetière russe. Il y avait un service mortuaire pour la générale Medinsky, femme du gouverneur.

Devant la tombe couverte de fleurs, tous les assistants se tiennent debout, un petit cierge à la main. Un pope, à tête superbe, vêtu de riches costumes sacerdotaux, dit des chants lents et graves d'une grande majesté, avec lesquels contrastent violemment les répons presque sautillants des soldats qui entourent la tombe.

Lorsque les prières sont terminées, chacun va déposer son cierge au milieu des fleurs, puis on passe un plat contenant du riz parfumé mêlé de raisins de Corinthe, dont tous, à tour de rôle, avalent une cuillerée. On retrouve là un antique vestige des vieilles agapes funéraires d'autrefois.

L'instant du départ avait sonné, et toutes nos visites d'adieu, à ceux qui nous avaient constamment traités comme des amis, avaient un caractère de tristesse qu'on ne trouve que bien rarement lorsqu'on quitte des relations de fraîche date.

Mais, ici, la réception qui nous avait été faite avait dépassé les bornes habituelles de la bienveillance, et nous nous séparions, comme de très vieux amis.

Un dernier pèlerinage nous restait à faire à la ville indigène : il nous fallait, du haut de Shir-Dahr, contempler la ville au coucher du soleil.

Sitôt qu'on a franchi la splendeur de l'arcade, on trouve la misère croulante de la cour. Quelques mollahs nous saluent et, moyennant un silao, nous indiquent la tour dont l'escalier donne accès au sommet de l'édifice.

L'escalier est en ruine et c'est au prix de grands efforts que l'on peut escalader ces débris de marches, ces pierres croulantes qui dessinent, à l'intérieur de la tour, les spires d'un antique escalier.

On arrive alors à une première galerie à hauteur des plus petites coupoles; puis, dans un minaret, nouvelle et aussi pénible ascension qui nous conduit au faîte de l'immense façade. La vue est ici incomparable et une violente émotion nous saisit.

Au-dessus du tapis plat formé par les terrasses des maisons indigènes, émergent les gigantesques vestiges du passé.

Là, c'est le squelette formidable de Bibi-Kanoum, et par delà le champ de foire désert, les merveilleuses coupoles de Shah-Zindeh; ici, c'est la masse imposante de l'Ark, puis le dôme d'azur du Gour

Emir; à nos pieds, c'est le Rhigistan et sa bordure
merveilleuse de médressehs ; et çà et là, de l'uniformité des terrasses, surgit un débris de coupole ou de
minaret, le dessin élégant de quelque arcade ruinée :
de toutes parts, la puissance morte de la Samarkand
d'autrefois domine la petitesse humble de la ville
actuelle.

Une forêt verte cache la ville russe vers l'ouest, et à
l'opposé les falaises calcinées du plateau qui recouvre
Afrasia dessinent leurs arêtes dures.

Dans la campagne, encore, on peut voir des ruines
imposantes : Khodja-Ahrartahli, la vaste et antique
médresseh, et sur la colline Shobanata, la mosquée
où repose le saint patron des pasteurs. Plus loin, vers
le sud, c'est l'imposant cirque des montagnes couvertes de neige, les pics majestueux, avant-garde du
Toit du Monde.

L'éclatant soleil d'Orient se couche dans un ciel
d'une admirable pureté. Sur les terrasses, quelques
Sartes, des femmes aussi profitent de la première fraîcheur du soir ; les rues étroites, le Rhigistan, se voilent
d'ombre ; les minarets et les coupoles, seules éclairées,
se parent des tons dorés du soleil, à son déclin, et les
muezzins, d'une voix nasillarde et grêle, invitent les
croyants à la prière, à l'heure du crépuscule.

Là-bas, la neige étincelle sous les derniers feux du
jour, et, sur ce panorama mélancolique et saisissant,
s'étend peu à peu la brume du soir...

Nous ne pouvions nous détacher de cette vision
ultime et inoubliable, aussi dûmes-nous presser nos
préparatifs de départ pour ne pas manquer le train transcaspien, car, ici, le chemin de fer ne passant que tous
les trois jours, les retards sont, on le conçoit, importants.

A la gare nous attendait une dernière et délicate attention. Tous nos amis russes avaient tenu à nous dire un dernier adieu, et chacun portait, pour notre aimable compagne de voyage un charmant bouquet : aussi fut-elle bientôt cuirassée de fleurs et le wagon transformé en un véritable parterre.

Une fois de plus, tous nous témoignèrent leur plus affectueuse sympathie, et donnèrent les marques de la plus vive amitié à leurs amis français.

Et quand le train s'ébranla, tous en même temps poussèrent un immense cri de : « Vive la France, » auquel notre petit groupe répondit de son mieux, et c'était un touchant spectacle, que ces hommes exprimant, en pleine Asie, leur amour pour notre pays.

Nous partons, et voici qu'en pleine nuit, d'autres acclamations retentissent : notre train longe le camp, et les officiers que leur service a retenus sont venus à leur tour nous donner un dernier adieu. Nous sommes maintenant tout tristes, au milieu des fleurs de notre wagon, tristes parce que nous quittons des amis, tristes parce que nous abandonnons cette merveilleuse Samarkand à laquelle nous nous étions attachés, tristes parce que nous revenons sur nos pas, et que le retour est toujours attristant !

SAMARKAND — VUE GÉNÉRALE DE LA VILLE (COTÉ SUD-EST),
VUE PRISE DU HAUT DU PORTIQUE DE SHIR-DAHR

# CHAPITRE VIII

## BOUKHARA — LA VIEILLE VILLE

Comme toutes les villes créées, tout à coup, autour
d'une station de chemin de fer ou d'une industrie
importante, la Boukhara russe ne présente aucun
intérêt; des voies rectilignes, extrèmement larges, se
croisent à angle droit avec une désespérante régularité ;
des maisons propres, blanches, neuves, toutes pareilles, avec leur toit plat et leur façade à un seul
étage, s'alignent au long des avenues.

Une grande place nue, bordée de bâtiments officiels
éclatants de blancheur et d'une banalité navrante,
offre le désert de son immensité. Pas un arbre, pas
un ombrage ne vient égayer et reposer l'œil : seuls
quelques maigres arbustes jettent çà et là un peu de
variété.

La ville entière flambe sous un soleil torride et ne
présente, d'ailleurs, aucune animation ; on a tout à
fait la sensation de quelque ville coloniale nouvelle,
où, autour de bâtiments officiels, s'élèveraient seulement
quelques factoreries.

Autant Samarkand était agréable à habiter, autant
le séjour de Boukhara paraît pénible : ce doit être pour
les fonctionnaires un véritable exil et un poste bien
peu enviable.

Le palais de l'Agent diplomatique russe, cependant,

fait exception : c'est une résidence très confortable que M. Ignatief a su rendre charmante ; il a bien voulu nous en faire les honneurs et nous y recevoir de la plus agréable façon.

Cette première journée que nous dûmes passer à la ville russe, faute de moyens de transports pour aller à la cité boukhare, fut marquée par un incident très spécial : un tremblement de terre !

Tandis que nous écrivions tranquillement au frais, dans une pièce bien close, soudain une large oscillation se produisit ; sous les pieds, ce fut comme une secousse molle et prolongée, suivie de plusieurs autres fortes et plus courtes.

Chacun interpréta tout d'abord différemment le phénomène : l'un croyait avoir eu un vertige, un autre pensait qu'un camarade avait fait remuer un meuble, mais comme les glaces, les suspensions continuaient à se balancer, soudain surgit l'idée d'un tremblement de terre.

Dehors, les arbres, le faîte de la maison oscillaient très nettement et l'on avait, à chaque secousse, la sensation onduleuse d'une énorme vague ou de quelque bête gigantesque soulevant une plate-forme.

L'impression était très neuve et peu effrayante, mais nous n'avions ressenti, à Boukhara, que le très faible contre-coup de la grande oscillation sismique qui avait bouleversé tout le Turkestan de l'est.

Le lendemain, nous sûmes, par des dépêches, qu'à Tashkend, nombre de maisons s'étaient écroulées ; à Viernoïé, disait-on, la plus grande partie de la ville était détruite (information plus tard reconnue fausse) ; enfin, à Samarkand, la ville indigène avait été très éprouvée.

Beaucoup de maisons sartes s'étaient effondrées, et, chose plus regrettable pour l'histoire de l'art, la magnifique arcade de Bibi-Khanoum, que nous admirions la veille encore, s'était abattue sous l'effort du tremblement de terre ; l'une des parures de cet incomparable joyau qu'était Bibi-Khanoum avait disparu ; l'œuvre destructive du temps continuait ses progrès, et la photographie, que nous en avions faite la veille, était l'ultime témoignage de la grandeur et de la puissance de cette arcade maintenant anéantie.

Les tremblements de terre sont d'ailleurs fréquents en Asie centrale, mais rarement ils atteignent les proportions de celui-ci ; sauf en 1831 et en 1861, les secousses sismiques se réduisent à quelques oscillations, semblables à celles que nous avions ressenties à Boukhara, et ne sont cause d'aucune ruine.

Dans la soirée, deux autres secousses se produisirent, et l'une d'elles ne fut pas perçue par certains d'entre nous qui étaient allés se promener dans les avenues : ce fait tient à ce que les oscillations se produisent par immenses ondulations, dont les nœuds présentent le minimum de mouvement, tandis que les ventres donnent le maximum d'effet vibratoire.

Aussi, dans les secousses atténuées comme celles que nous ressentions, lorsqu'on se trouve au nœud d'une oscillation, on ne perçoit aucun mouvement ondulatoire alors que, plus loin, on peut voir nettement se balancer la crête des toits et la pointe des arbres.

Le lendemain, dès le matin, nous partîmes à grande allure vers la vieille cité, escortés d'un djiguit indigène, que nous avait envoyé l'Agent diplomatique.

C'était un intelligent et beau jeune homme dont la tête fine et mobile était malheureusement couturée de cicatrices ; il était vêtu d'un large khalat rouge, parsemé de grosses fleurs de couleur, en toile très apprêtée, dont le frou-frou bruyant est si apprécié des Boukhares, d'une culotte bouffante et de bottes à bout relevé et à talon aigu. Sa taille finement cambrée était dessinée par une immense ceinture parsemée d'énormes plaques d'émail bleu, simulant des turquoises ; autour du tépé brodé s'enroulait un énorme turban blanc.

Fièrement campé sur un joli et vif cheval gris pommelé, il file devant nous à toute vitesse, écartant les indigènes sur notre passage à grands coups de *nagaïka*, fouet court, rigide et sans mèche, analogue à celui des cosaques.

La route, morne, plate, est affreusement poussiéreuse, et nos cochers, luttant de rapidité, pour tâcher de se dépasser, soulèvent des nuages tellement épais que l'on ne voit plus rien autour de soi ; la conséquence de cette course échevelée ne se fit pas attendre ; c'était trop demander aux vieilles guimbardes qui nous transportaient, et l'une d'elles protesta en laissant choir une de ses roues, ce qui provoqua quelques heurts, Dieu merci, sans gravité.

Les quelques minutes nécessaires à la réparation nous permirent d'examiner un immense édifice en construction qui, avec ses innombrables fenêtres, ses clochetons, ses toits contournés, avait un aspect assez imposant, sans qu'on pût lui assigner un style défini.

C'est un nouveau palais que le gouvernement russe fait bâtir à l'émir, non loin de la ville russe, soidisant à titre de présent, mais en réalité pour l'éloigner du centre fanatique de la Boukhara indigène et le rapprocher de l'autorité russe qui l'aura ainsi plus dans la main.

D'ailleurs, en 1886, à la mort de *Mozaffer ed Din*, l'émir qui subit la conquête, *Seïd Ahad Khan*, l'émir actuel, a été nommé, sous la pression des Russes, au détriment de son frère aîné ; il a toujours été fidèle au conquérant qui le maintient sur le trône en lui conservant un semblant de pouvoir, dont il sait se contenter. Il accepte sa vie oisive et sans responsabilité, se contentant des quelques soldats, une apparence de justice, des impôts et des femmes que les Russes lui ont laissés ; son fils, àgé de 16 ans, est élevé à la russe, à Saint-Pétersbourg, c'est dire que la mainmise de la Russie sur le Boukhara est définitive.

De chaque côté de la route, des champs cultivés, des arbres fruitiers, de la verdure indiquent la richesse du pays ; de nombreux aryks sillonnent la plaine.

Toutes ces terres sont bien entretenues, on a la sensation d'un pays riche et heureux ; d'ailleurs, depuis que la venue des Russes a régularisé la perception des impôts et a mis un terme aux exactions des percepteurs de l'émir, les Boukhariotes sont heureux ; il y a beaucoup de marchands riches, on compte même trois ou quatre millionnaires.

Autrefois, ici comme à Khiva, ceux-ci étaient sans cesse à la merci de l'arbitraire de l'autorité, et ils cachaient avec soin l'état de leur fortune ; s'ils en laissaient paraître quelque chose dans leurs vêtements ou dans leur genre de vie, l'émir, au moyen d'un emprunt forcé et jamais rendu, prélevait sur la fortune de chacun une dîme formidable.

Quant aux terres, elles sont divisées, au point de vue de l'impôt, en plusieurs classes : celles qui ne paient

pas d'impôt, les terres *vakouf* héréditaires et inalié-
nables, données par l'émir comme récompense, en
l'honneur du courage ou de la sainteté ; les médressehs
ont toutes des biens *vakoufs,* souvent considérables,
qu'elles louent aux indigènes ; celles qui ne paient que
des prestations (entretien des routes), données par
l'émir, pour certains services rendus ; celles qui
donnent au fisc une partie de leur récolte : elles
appartiennent aux autochtones ralliés à l'islamisme,
qui fournissent la majeure partie de l'impôt.

Au coin de la route, nous apercevons une borne
carrée : c'est, paraît-il, une borne milliaire. La plupart
d'entre elles datent de Gengiskhan et, tout le long du
Miangkal, vers Kermineh et Samarkand, la route de
caravane est ainsi jalonnée, depuis le règne du grand
conquérant : d'ailleurs, à cette époque, des routes de
postes étaient régulièrement établies à travers toute
l'Asie centrale, par Kachgar, jusqu'au centre de la
Chine : Marco Polo cite le fait avec étonnement.

Actuellement l'une des mesures itinéraires les plus
employées est le *tach*, mesure qui varie avec les
régions et qui est en moyenne de sept verstes. Lorsque
l'émir voyage, il doit s'arrêter pour se reposer à chaque
*tach*, mais à mesure que l'étape s'allonge l'émir se
fatigue plus vite, et pour lui complaire, on marque
plus tôt le *tach*, afin qu'il se puisse reposer plus
souvent : la valeur du *tach* est donc sans cesse variable.

Les voyages émiriens ne manquent du reste pas
d'agrément, car, à chaque étape, celui-ci se marie avec
une des plus jolies filles du pays qu'on lui a choisie
avec soin : combien de sédentaires prendraient à ce
compte le goût des voyages !

Les champs se succèdent, ombragés d'ormes, de

peupliers et d'arbres fruitiers, puis un long mur crénelé borde la route : c'est le mur d'enceinte des
jardins de l'émir ; des cahutes indigènes apparaissent
nombreuses, des forgerons, des charrons, des buvettes
où l'on vend de l'eau, boisson peu alcoolique, n'est-il
pas vrai? les passants sont plus nombreux, les cavaliers
se multiplient, des ânes lourdement chargés défilent,
des chameaux s'alignent, des arbas circulent ; c'est
l'animation qui précède toute grande ville : nous
sommes dans un faubourg de la banlieue de Boukhara.

Un autre mur crénelé, que dépassent des coupoles
grises, des monuments grossiers, des tumulus, quelques
hauts tougs à queue de cheval : nous côtoyons la cité
des morts. Puis une lourde porte carrée dans une
grande arche ogivale flanquée de deux tours massives,
c'est l'entrée de l'enceinte. Une haute et épaisse
muraille, puissamment fortifiée, le *tchime*, entoure
toute la ville, souvenir de sa puissance passée ; onze
portes, nommées *derrazes*, donnent accès dans la cité,
et, suivant un usage moyenâgeux, elles ne restent
ouvertes que du lever du jour à la prière du soir.

Nous voici dans le vieux Boukhara, au milieu d'une
population très dense et bariolée, dans des rues étroites,
sinueuses, bordées de murs de terre percés de rares
et minuscules fenêtres et de portes carrées, basses, en
bois sculpté avec plus ou moins de finesse; et nous
filons vivement, précédés de notre djiguit écartant à
coups de fouet ceux qui ne se rangent pas assez vite.
Et, si rapide est l'accoutumance pour ces traitements
un peu vifs à l'égard des indigènes, que nous les con-
sidérons maintenant comme très naturels.

La supériorité de l'Européen est tellement admise
de tous, tellement palpable, qu'il semble tout simple

de se faire toujours céder le pas, fût-ce un peu brutale-
ment; d'ailleurs les indigènes eux-mêmes ont conscience de la nécessité des bourrades, et l'on nous rap-
portait ce mot de l'un d'eux : « Il ne faut pas être trop
doux avec les gens de Boukhara, ils vous prendraient
facilement pour un âne et essayeraient de vous bâter.»

Nous nous arrêtons, et, après avoir franchi une porte
basse, nous nous trouvons au milieu d'une foule
compacte, entassée autour d'un grand bassin carré,
ombragé de magnifiques ormes : c'est un *lapichkhaouss*,
une fontaine sacrée dont les eaux, stagnantes et verdâ-
tres, servent à la fois pour les ablutions et la boisson.

Les indigènes s'y lavent, y jettent leurs immondices
et s'y désaltèrent, et l'on comprend de suite, en voyant
ce cloaque dégoûtant, cette eau répugnante, la fréquence
chez les Sartes des maladies parasitaires et notamment du bouton dit d'Alep et de la *richta* (filaire de
Médine); cette *richta* est un ver long et très fin qui,
sous la peau tuméfiée de la jambe, du bras ou de la
face, s'accroît peu à peu, provoquant des accidents
souvent graves.

A certaines périodes, surtout du mois de mai au
mois d'août, une grande partie de la population, près
d'un dixième, est atteinte par le fléau, qui constitue
une sorte d'épidémie; c'est aux barbiers qu'est dévolu
le soin d'extirper la richta, et ils y montrent une
certaine dextérité : avec une longue aiguille, ils
piquent la peau, à l'endroit où se trouve le parasite, et
au moyen d'une petite baguette et d'un fil, l'enroulent
lentement.

Si l'opération est bien conduite, le ver doit être
amené ainsi entier au dehors, mais si l'opérateur agit
avec un peu de brusquerie, il rompt la richta ; dès lors,

les embryons, qu'elle contenait dans ses segments, se répandent dans les tissus, et il en résulte des complications graves : lymphangites, gangrènes, qui nécessitent souvent l'amputation d'un membre et peuvent se terminer par la mort.

A l'hôpital indigène de Boukhara, que nous fit visiter le docteur P..., nous pûmes voir, dans un nombre total de vingt-cinq malades, onze indigènes atteints d'accidents graves, suites d'extraction incomplète de richta; on voit donc la fréquence considérable de ce fléau à Boukhara.

D'ailleurs, les indigènes ne le redoutent guère, ils y sont tellement accoutumés qu'ils considèrent la richta comme un inconvénient inévitable, et lorsqu'ils se sentent atteints de la démangaison, premier symptôme de l'affection, ils tardent plusieurs jours avant d'aller présenter au rasoir du barbier leur face ou leur membre malade.

C'est autour du *lapichkhaouss*, dans de petites échoppes, alignées au bord du bassin, que se tiennent les barbiers-chirurgiens, et on peut les voir, tantôt rasant soigneusement la tête de leurs clients à la mode musulmane, tantôt enroulant quelque longue richta autour de la baguette spéciale; les patients stoïques et impassibles regardent, tranquillement, couler le sang et dévider le ver; ils ne paraissent avoir aucune anxiété sur le résultat de l'opération, et ne semblent pas se douter que ce fil fragile peut amener, en se brisant, la perte d'un de leurs membres.

Cependant la chose doit être bien fréquente, car toutes les richtas séchées, que nous montre orgueilleusement l'un des barbiers, sont incomplètes.

Lorsque l'opération est terminée, l'homme de l'art

va tranquillement jeter, dans le bassin, la soucoupe contenant le sang du patient, et ce sang infecté de germes souille l'eau que boivent les indigènes ; comment s'étonner alors de la rapide extension du fléau et de l'inefficacité des moyens de préservation.

Cette eau hideuse et mortelle, verte et parsemée de détritus, est contenue dans un bassin majestueux, au centre d'un cadre charmant. Le réservoir carré, assez profond, de cent pieds de longueur sur quatre-vingts de largeur, est bordé de larges dalles ; huit à dix degrés de pierre également descendent à fleur d'eau ; sur ces degrés circulent de nombreux Sartes aux costumes multicolores. Les uns font leurs ablutions, d'autres lavent du linge ou des fruits ; d'autres, marchands d'eau, remplissent des outres ; d'autres, enfin, puisent à même pour se désaltérer. Et si, faisant abstraction du dégoût qu'inspire le bourbier, on ne s'occupe que du mouvement coloré de l'ensemble, on ne peut s'empêcher d'admirer l'animation pittoresque de cette fontaine.

Les magnifiques ormes séculaires répandent sur le tableau une ombre épaisse que trouent, par places, les flèches lumineuses d'un soleil éclatant. De nombreux marchands de melons et de pastèques, installés sous des nattes mobiles, ajoutent une note vive à l'ensemble, et les deux tours de la mosquée Mesdjidi Divanbeghi, couvertes de faïences brillantes, qui dominent la fontaine sacrée, donnent le sceau de l'Asie centrale à ce magnifique tableau.

Il y a à Boukhara plusieurs de ces *lapichkhaouss* dont l'eau est fournie par les canalisations du *Chakhrirond*, affluent du Zerafchâne ; déjà, lorsqu'il arrive aux environs de Boukhara, le Zerafchâne a beaucoup moins

d'importance qu'à Samarkand, et le débit du Chakhrirond suffit-il à peine aux besoins de la cité ; aussi
a-t-on réglementé la distribution de ses eaux.

A certaines époques seulement, toutes les semaines
ou tous les quinze jours, on ouvre les barrages, vers la
*dervaze Mezar*, la porte du nord-est, et l'eau, bien
trouble cependant, est saluée par les habitants comme
un bienfait du ciel.

Tous s'y baignent à l'envi, puis les bestiaux et
enfin les chiens s'y rafraichissent ; alors seulement que
tous ont profité de la fraicheur de l'eau, on la laisse
déposer ses immondices et s'épurer pendant quelques
heures ; c'est cette eau qui, pendant une semaine, devra
suffire à tous les besoins des Boukhariotes pour les
usages domestiques et la boisson !

De nouveau, nous partons au galop dans l'enchevê-
trement des rues étroites, ensoleillées, étouffantes, et
nous arrivons sur une place irrégulière, pas très
grande, que bordent plusieurs monuments : c'est le
Rhigistan de Boukhara.


Rien de comparable à la majestueuse régularité du
Rhigistan de Samarkand : la place est beaucoup moins
vaste, le sol en est inégal et la plate-forme surélevée
de la médresseh en occupe une grande partie. Le
reste est encombré par des marchands installés sous
ces petites nattes volantes qui, en Asie centrale, carac-
térisent les marchés en plein vent : ils vendent de
menus objets, du thé et surtout des gousses de cotonnier, un des grands commerces de Boukhara.

Là, circule une population compacte d'indigènes
aux khalats colorés, aux turbans blancs : les cavaliers
sont moins nombreux qu'à Samarkand ; seuls, les très

riches Sartes peuvent se permettre de ne sortir qu'à cheval.

Nous gravissons les quelques marches qui donnent accès à la plate-forme d'entrée de la médresseh; sur cette plate-forme, il n'y a personne, et ce vide contraste singulièrement avec l'animation intense du reste de la place.

La façade de la médresseh ne rappelle que de bien loin l'aspect grandiose du Shibr-Dahr : l'arcade ornée de faïences est cependant d'un dessin très pur, et les deux coupoles bleues qui l'accompagnent sont d'un style parfait, mais les proportions sont minuscules, comparées à l'ampleur colossale des monuments de Samarkand; on croirait voir une réduction, jolie d'ailleurs, des géants de là-bas.

La cour de la médresseh est fort belle, bien pavée, elle n'a pas l'aspect délabré de celles de Samarkand. Les deux étages d'arcades en ogives sont bien conservés, et d'un joli style : des arabesques de faïences compliquées encadrent chaque baie.

Au milieu de chacun des quatre côtés est un portique orné de logettes élégantes, et une petite coupole avec des motifs de faïence détachés, plaqués à même sur le plâtre qui forme un fond blanc à l'ensemble : c'était la première fois que nous observions cette combinaison de briques émaillées incrustées dans le plâtre et d'un effet très gracieux. Chaque fenêtre était fermée par une sorte de damier de faïence des plus élégants.

Les portes des cellules étaient presque toutes closes : pas un seul étudiant dans cette grande cour, seul un mollah venait d'achever sa prière, et il enroulait autour de son front un turban d'une blancheur éclatante.

La figure impassible, l'œil fixe, il ne semblait pas s'apercevoir de notre présence, et tranquillement continuait à entourer son front pieux, des plis compliqués de ce *tchalma* qui, suivant la coutume islamique, devait être son linceul.

Boukhara, colonne de l'Islam, dernier refuge du fanatisme musulman en Asie, s'enorgueillit de compter quatre-vingts médressehs, toutes encore fréquentées : les biens *vakoufs*, que la plupart possèdent, leur permettent d'entretenir facilement tous leurs étudiants ; pour les autres, des impôts spéciaux et des sommes prélevées sur les biens des parents d'étudiants permettent de nourrir les futurs mollahs.

Toutes ces médressehs portent le nom de celui qui les a fait bâtir ; chaque personnage tenant à honneur de faire une fondation pieuse à Boukhara. On y étudie le Koran et on interprète les différents commentateurs du livre sacré. Ces commentaires sont longs et subtils, et l'étude approfondie du *Livre* doit être bien ardue puisque les étudiants passent, en général, une vingtaine d'années et plus à la médresseh avant d'acquérir le titre ambitionné de mollah.

Dès lors, ce sont de saints personnages, considérés comme très savants et qui deviennent maîtres à leur tour là où ils ont été si longtemps élèves.

En dehors des médressehs, l'enseignement élémentaire est donné dans des *mekteb*, sortes d'écoles primaires, annexées également aux mosquées et qui sont très fréquentées. L'enseignement y est, en grande partie, religieux : sitôt qu'ils savent lire, c'est dans le Koran que les élèves perfectionnent leur instruction, ainsi que dans la lecture des poètes persans. La plupart des Sartes fréquentent ces écoles, et l'instruction est très répandue en Asie centrale et principalement à Boukhara, par rapport au reste du monde musulman ; il est rare d'y trouver des illettrés et les femmes même reçoivent une certaine instruction.

En face de la médresseh, est la façade émaillée de la mosquée de *Kolan*, l'une des plus considérables de Boukhara, qui en compte trois cent soixante : car Boukhara (1) est la ville sainte de l'Islam, la clef de voûte de la foi du Prophète, et si la Mecque peut être comparée à Jérusalem pour la sainteté des souvenirs, Boukhara est un peu la Rome mahométane.

Aussi le fanatisme des Boukhariens se maintient-il beaucoup plus vif que celui de leurs coreligionnaires voisins, et si, depuis la conquête russe, ils admettent le contact des Européens, ils supporteraient mal la profanation de leurs mosquées par la présence d'infidèles ; aussi entrons-nous dans l'édifice sacré, non par le grand portail du Rhigistan, mais à la dérobée par une entrée latérale, située dans une ruelle.

Cette mosquée de Kolan, bâtie par Tamerlan et restaurée par Abdoullah Khan, comprend une immense cour rectangulaire, bordée d'un large cloître que des rangées de colonnes divisent en cinq allées.

Des ogives basses, aplaties, irrégulières, soutenues par des piliers massifs, se succèdent dans toute la longueur du cloître, donnant à l'ensemble l'aspect d'un monument gothique du début. C'est le seul véritable grand cloître à plusieurs nefs que nous ayons rencontré en Asie centrale.

(1) D'après les vieux chroniqueurs musulmans, *Boukhar* signifierait, dans la langue des idolâtres, le lieu saint, l'enceinte où se réunissent les religieux, ce qui indique bien qu'au temps du mazdéisme, Boukhara était déjà un foyer de fanatisme religieux.

BOUKHARA — INTÉRIEUR DE LA MOSQUÉE DE KOLAN
A DROITE, LE MIRAH-ARAB
(v p 259)

BOUKHARA — PORTE ET REMPARTS DE LA VILLE INDIGÈNE
(v. p. 231)

Un élégant petit monument octogonal, percé de fenêtres en ogive, occupe le milieu de la cour devant le sanctuaire. Celui-ci, comme partout, est précédé d'un portail carré, percé d'une arche monumentale : une porte en arcade, comprise dans le porche, donne accès dans l'intérieur où règne une ombre mystérieuse. Le sommet de la voûte se perd dans l'obscurité, tandis que le mirhab, orné de jolies faïences, brille, éclairé d'aplomb par la lumière de la porte.

Toute la façade ogivale de la cour était autrefois ornée de magnifiques émaux, dont il ne reste, malheureusement, aujourd'hui, que des vestiges bien dégradés ; néanmoins l'aspect de l'ensemble est grandiose et majestueux. Aucun être vivant ne trouble le silence de cet immense espace, où des broussailles folles et des amas de débris donnent une note poignante d'abandon.

Mais l'on peut se représenter l'aspect étrange que doit prendre cette cour lorsque, à quelque grande fête, elle contient huit ou dix mille fidèles, courbés, en prière, dans une ardente invocation à Allah !

Cette cour, environnée de bâtiments, représente un type de mosquées bien différent de celles de Constantinople ou d'Algérie : en Turkestan le sanctuaire seul est couvert, les fidèles assistent de loin à la prière ; en Algérie, à Constantinople, la mosquée tout entière forme un immense vaisseau dont le mirhab n'occupe qu'une petite portion, tournée du côté de la Mecque.

Un haut et magnifique minaret complète l'ensemble des édifices réunis autour du Rhigistan : c'est le *Mirah-arab*, la tour des exécutions, d'où, jusqu'en 1886, on précipitait dans le vide les grands criminels : la dernière victime fut **l'assassin du *Kouch Begui*** (premier ministre) de l'émir.

Depuis, l'escalier intérieur du Mirah-arab s'est
écroulé, et nul ne pourra plus monter au sommet de
ce sinistre et magnifique monument, le plus haut de
toute la ville, et d'où le panorama de la vieille cité
doit se déployer, splendide.

Le Mirah-arab n'est pas, comme les autres minarets
d'Asie centrale, annexé directement à une mosquée;
il s'élève solitaire sur le Rhigistan, entre la médresseh
et la mosquée de Kolan.

Haut de vingt-quatre sagènes (cinquante et un
mètres), c'est le plus colossal minaret du Turkestan.
Il a l'aspect habituel de ces sortes de monuments : un
fût de colonne, rond, plus mince en haut qu'en bas et
couronné par une sorte de chapiteau ; celui-ci est percé
de gracieuses fenêtres ogivales et bordé d'une corniche
ornée d'élégantes niches superposées. Un magnifique
revêtement de briques émaillées, presque intact, offre
la variété de ses motifs colorés et fait de l'ensemble un
tout parfait. Un petit pylône couronne le faîte du monument : on y voit un nid de cigognes, caractéristique de
toutes les coupoles de Boukhara.

A Samarkand quelques monuments supportent aussi
ces nids, vénérés des habitants qui considèrent ces
animaux comme des oiseaux sacrés. A Khiva, au contraire, les cigognes sont en nombre infime ; par contre
les rossignols y sont très nombreux et très aimés :
aussi les Khiviens disent-ils volontiers aux Boukhariotes, avec une nuance de mépris : « Chez vous, le
claquement de bec des cigognes remplace le chant
harmonieux des rossignols. »

Nouvelle course rapide dans les rues étroites, bordées de longs murs gris sans fenêtres : beaucoup de

maisons sont ornées, à un angle, de petites logettes à
coupole blanche, montées sur deux ou trois arcades et
d'un aspect fort élégant. Nous nous arrêtons devant
l'arche monumentale d'une autre grande mosquée.

Là, au milieu d'un cercle d'indigènes, un baladin
fait des tours, au grand ébahissement de la foule : il
exécute, avec force gestes comiques, et en récitant une
sorte de complainte à laquelle répond un compère, des
tours antiques et traditionnels, tours qui avaient amusé
notre enfance et que nous sommes tout étonnés de
revoir au fond de l'Asie, exécutés par un Sarte au facies
finaud, à l'œil matois et mobile.

Les couteaux à coulisse, les passe-muscade sous
des gobelets, les anneaux brisés, les livres à plusieurs séries de caractères, les morceaux de bois
truqués, maintenus par leurs extrémités opposées,
sont offerts à la curiosité gobeuse du public qui regarde, les yeux écarquillés : et, telle est l'attention
de ces braves Sartes que, cette fois, notre présence
passe inaperçue; et nous pouvons assister à la séance,
sans être le point de mire de tout ce public multicolore.

A côté est l'arsenal, avec le parc d'artillerie qui comprend deux batteries de vieux canons de bronze, posés
à même le sol ou montés sur d'énormes et invraisem-
blables affûts de bois : tous les spécimens antiques de
la vieille artillerie turque et persane se retrouvent là,
trophées des anciennes victoires : certaines pièces sont
magnifiquement ciselées, d'autres monstrueuses et
grossières.

A côté des énormes canons des siècles passés se
voient des couleuvrines et des mortiers accroupis :
et l'on conçoit que la voix de ces vénérables aïeux

dut être facilement étouffée par le tonnerre de l'artillerie russe.

Un soldat de l'émir garde ce musée historique : il fait partie de ce petit corps militaire que l'on a laissé au souverain boukhariote comme un vestige de sa puissance. Quelques centaines d'hommes (1) occupent ainsi sa capitale et forment la garde d'honneur du prince ; ils sont vêtus d'une tunique rouge foncé, garnie d'épaulettes, d'un large pantalon de cuir jaune et d'un bonnet rond en fourrure : tout cet accoutrement est d'ailleurs sale et débraillé.

Ces quelques compagnies de parade manœuvrent bien, et, au son de la trompe, qui remplace le commandement verbal dans le Boukhara, elles exécutent avec précision les mouvements les plus compliqués, Là se bornent d'ailleurs leur fonction, car elles n'auront, sans doute, jamais plus à aller au feu : elles peuvent être rangées à côté des troupes du bey de Tunis et du prince de Monaco.

Un de leurs exercices les plus réjouissants consiste, paraît-il, à s'étendre à terre tous ensemble, à un son de trompe réglementaire, en élevant les jambes en l'air.

Ce mouvement bizarre et incompréhensible vient de l'époque de la conquête : à ce moment les Russes devaient traverser à gué maints bras du Zerafchâne :

(1) Au temps de Nasr Oullah, lorsque Vambéry parcourait le pays, l'armée comprenait 40,000 hommes. Depuis la conquête russe le nombre a été considérablement réduit : 12,000 hommes d'abord, puis 6,000 furent laissés à l'émir : ce ne sont plus guère actuellement que des troupes de parade, une ombre de puissance militaire, un prétexte à beaux costumes et à titres pompeux pour quelques princes de la famille régnante.

arrivé sur l'autre bord, chaque soldat exécutait ce
geste pour vider l'eau de ses bottes, puis il repartait
avec une nouvelle ardeur à la poursuite de l'ennemi.

Très frappés par ce mouvement, les Boukhariotes
lui attribuèrent une partie des succès des Russes, et
dès lors, ils l'introduisirent dans leur armée sans en
avoir jamais compris la signification exacte. Depuis, il
est exécuté ponctuellement et avec une admirable précision. Cela ne rappelle-t-il pas la sentinelle qui,
pendant fort longtemps, fut de faction aux Tuileries
devant un banc qui, plusieurs années avant, peint de
frais, devait être interdit au public pendant quelques
heures seulement!

# CHAPITRE IX

## BOUKHARA — LE BAZAR

... Quelques tours de roues et nous arrivons devant une colline grillée par la chaleur (1), dominée par une forteresse crénelée, l'*ark* de Boukhara. Nous gravissons, sous un soleil implacable, une pente rocailleuse qui donne accès à l'une des entrées de la citadelle. C'est une porte en ogive, basse et lourde (2), où sommeillent les soldats boukhariens du corps de garde.

Notre arrivée les tire brusquement de leur douce quiétude, et, ne sachant au juste quelle attitude ils

(1) C'est une colline artificielle de 15 mètres de hauteur, occupant à peu près dix déciatines (11 hectares) de superficie. Elle est occupée par l'ark qui comprend les palais de l'émir, du *Kouch Beghi* ou gouverneur et des grands dignitaires. L'émir occupe, comme toujours en Asie, le point culminant, parce qu'aucun sujet ne peut atteindre à sa hauteur. Actuellement, il y habite rarement.

(2) La porte principale, flanquée de deux hautes tours et couronnée d'une véranda, a un aspect imposant et élégant tout à la fois. Quelques larges degrés montent de la place du Marché au seuil de la citadelle. Au-dessus de cette porte se trouve une horloge célèbre, la seule horloge publique de Boukhara, qui, depuis de nombreuses années, marque midi moins le quart. Elle est arrêtée à cette heure, depuis le jour où un malheureux Italien, qui était chargé de la remonter et de veiller à son entretien, fut mis à mort, par ordre du sanguinaire émir Nasr Oullah, pour une faute légère.

devaient prendre devant ce groupe d'Européens précédés d'un djiguit de la Résidence, à tout hasard ils
nous présentent les armes, hommage auquel nous
répondons gravement par un salut militaire.

A l'intérieur, c'est la prison boukharienne, enveloppée de sinistres légendes ! C'est là qu'autrefois était
creusé l'horrible *sindone*, la fosse à punaises, immense puits de dix mètres de profondeur, où les grands
criminels étaient abandonnés aux tortures de la faim,
de la soif, aux misères d'horribles promiscuités !

Là, dans un espace si restreint qu'à peine pouvaient-
ils se mouvoir entre les murailles lisses de ce tombeau, ils se disputaient, dans d'épouvantables luttes,
les quelques poignées de riz avarié, les quelques gorgées d'eau corrompue qu'on leur jetait parcimonieu-
sement tous les deux jours.

En dehors de ce contact avec l'humanité, on les laissaient croupir dans un abandon terrifiant. Aucun besoin de gardiens, de clefs, de cadenas pour enfermer
ces misérables, la hauteur des parois du *sindone*
défiait toute tentative d'évasion, elles étouffaient les
plaintes et aucune pitié n'avait accès jusqu'à ces malheureux.

Une hideuse vermine rongeait leur chair, les plus
immondes maladies se communiquaient dans cette
cohabitation forcée, et, lorsque l'un de ces ensevelis
vivants venait à succomber à ses misères, son corps
restait plusieurs jours dans le *sindone* : seulement
lorsque l'odeur de la putréfaction devenait intolérable
aux hommes du corps de garde, ceux-ci se décidaient
à enlever le cadavre décomposé. On conçoit l'épouvantable pestilence qui devait alors régner dans cet enfer.

C'est là qu'on jetait les plus dangereux criminels,

mais c'est là aussi que la fantaisie sanguinaire des émirs précipitait *tous ceux* qui avaient porté ombrage à leur puissance, qui avaient eu le malheur de faire froncer leur sourcil. C'était là aussi la geôle réservée aux hardis explorateurs qui osaient affronter le sphinx asiatique, et Vambéry raconte l'effroi que lui inspirait le *sindone,* auquel il était fatalement destiné, si sa supercherie eut été découverte.

Deux explorateurs anglais, Stoddard et Conolly (1), durent subir, pendant de longues semaines, ces tortures inouïes, et ils considérèrent comme une délivrance le jour où on les retira du *sindone* pour les livrer au bourreau.

L'horreur du *sindone* rappelait les âges de barbarie ancestrale, il ne pouvait pas subsister sous la domination russe ; aussi le premier soin du tsar fut-il d'exiger de l'émir la suppression du *sindone.*

Le jour où il fut aboli, cent treize malheureux croupissaient dans ce cul de basse-fosse : ils durent considérer comme une aurore de liberté le nouveau traitement qu'on leur imposait. Celui-ci n'a cependant rien d'enviable.

La prison est partagée en deux longues pièces contiguës. Dans la première, *complètement obscure* et qu'éclaire seul le jour de la porte ouverte, des Sartes étendus sur la paille s'éventent tranquillement ou dorment paisibles : c'est la prison pour dettes : l'incarcération ne dépasse jamais deux ou trois mois, les prisonniers ne sont pas enchaînés et peuvent recevoir quelques visiteurs ; en un mot, c'est presque le bonheur.

(1) **En 1842,** ces deux officiers anglais avaient été envoyés en mission secrète par leur gouvernement, afin d'exciter les Boukhariotes à la résistance contre les Russes.

Dans le mur de cette pièce est percée une porte
donnant accès dans une chambre plus éclairée : là,
trois rangées d'indigènes accroupis par terre et attachés les uns aux autres par d'énormes chaînes qui
leur entravent les pieds, les mains et le cou se tiennent
immobiles.

Notre arrivée provoque un certain étonnement, et
quelques-uns, au milieu d'un sinistre cliquetis de fers,
lèvent leurs bras vers nous en criant : *silaou, toura,*
« charité, seigneur; » et les souvenirs reviennent en
foule à la mémoire, les récits de cachots du moyen âge
et les tableaux de prisons célèbres que tous ont visitées, mais où les chaînes pendent, Dieu merci, inutiles et abandonnées, privées à jamais de toute proie
humaine.

Là, c'est le tableau vivant, c'est la chair pantelante,
et les carcans prennent une singulière intensité d'horreur au contact de la guenille humaine. Et pourtant
ces gens ne portent pas sur leur visage l'empreinte de
la souffrance, ils ont l'air indifférent, tranquille, presque heureux ! Tant l'âme orientale renferme de passi-
vité et de résignation.

Ce sont, paraît-il, des voleurs, presque tous étrangers,
car le pays est très sûr et les malfaiteurs boukhariotes
sont extrêmement rares. Telle est la confiance des
habitants, que la porte de la rue est fermée seulement
par une petite cheville de bois. Mais souvent des
étrangers : Persans, Turkmens, viennent dans la ville
commettre quelque larcin. S'ils sont pris, on les en-
chaîne dans la prison.

Là, leur sort est entre les mains de l'émir : celui-ci
se fait adresser chaque année une liste des prisonniers
avec la mention du crime qui a provoqué leur incarcé-

ration, et, d'un trait de plume, il juge souverainement
le cas de chacun.

Trois listes sont ainsi dressées par son ordre souverain : ceux de la première auront la gorge coupée
(c'est le supplice légal en Boukharie), les seconds
seront graciés, les troisièmes resteront en prison :
ainsi certains malheureux seront prisonniers à perpé-
tuité avec la crainte annuelle d'être égorgés! Perspective véritablement délicieuse !

Cette grande cellule, quoique fort peu aérée, ne
sentait pas mauvais; ce fut pour nous un vrai mystère, car les soins les plus élémentaires de propreté
sont négligés et on ignore les besoins les plus naturels
des prisonniers.

En quittant ce terrible lieu, nous jetâmes quelques
menues monnaies à ces pauvres gens, et la vue des
petites pièces triompha de leur impassibilité.

Ce fut pendant un instant un horrible bruit de fer-
raille; et ces compagnons de chaîne devinrent pour
quelques minutes de féroces ennemis, luttant pour la
conquête de ces modestes *pouls* de cuivre, qui pour
eux constituaient une fortune. Nous quittâmes ce lieu
sinistre en emportant l'impression pénible de cette
âpre lutte que nous avions inconsciemment suscitée.

A la porte de la prison, une longue théorie de
femmes, strictement voilées, attendait : femmes mariées,
masquées de noir, jeunes filles aux masques de couleur, toutes se tenaient immobiles à la porte : elles
allaient voir les prisonniers! Il y a donc encore de la
pitié pour ces parias?

... Encore une galopade et tout à coup nous entrons dans l'ombre et la fraîcheur : la sensation est

brusque et délicieuse, après l'éclat aveuglant des rues
ensoleillées. La foule, beaucoup plus dense, se presse
ici de tous côtés : c'est le bazar.

Une série de galeries couvertes se croisant, s'enche-
vêtrant, bordées de petites boutiques minuscules. Le
chemin est étroit entre les deux devantures et là s'écrase
un peuple immense : des cavaliers, des piétons, des
femmes, des derviches mendiants, des marchands sur
des ânes, des voitures, des files de bourriquots chargés,
des caravanes de chameaux se pressent, se mêlent, se
bousculent; c'est un tohu-bohu invraisemblable et la
voie est beaucoup trop étroite pour contenir cette foule.

Pourtant c'est au grand trop, précédés de notre
djiguit, distributeur de coups de cravache, que nous parcourons cette cohue; notre dignité nous interdit une
autre allure, et, tremblant à chaque instant d'écraser
un homme ou de provoquer un grave accident, nous
passons à grande allure entre deux rangées d'indigènes pressés contre les boutiques.

Il était très intéressant pour nous de prouver ainsi
notre supériorité aux foules, mais notre curiosité s'en
trouvait fort mal, et sitôt que nous eûmes pris à la
*nomera Orient* un déjeuner bien gagné, nous nous
lançâmes à pied dans la cohue du bazar, au risque de
voir décliner notre prestige. Les galeries étroites, couvertes de toits plats doublés de nattes, avec un trou
carré de distance en distance pour donner du jour et
de l'air, rappellent beaucoup les soukhs de Tunis; mais
ce qui appartient en propre à Boukhara, ce qui lui
donne sa note bien spéciale, ce sont les types et les
costumes.

Si Samarkand est ouzbeg, Boukhara est tadjik et le
magnifique type de l'Iran s'y retrouve à chaque instant.

Le profil fin, la peau blanche, l'allure noble décèlent
l'Iranien, mais l'œil faux et servile dépare ordinairement ce bel ensemble, car, sous cet aspect physique
engageant, se cache l'âme corrompue du Sarte, et les
marchands de Boukhara ont tous les mauvais instincts
des marchands de Samarkand. Ils se tiennent tous accroupis au seuil de leur échoppe, buvant silencieusement une tasse de thé vert.

Chaque quartier est réservé à un commerce spécial,
comme dans tout l'Orient, et successivement nous parcourons le quartier des armes, des tapis, des cuirs, des
étoffes (1), des vêtements (2), des changeurs, des
rubans, des cuivres, des merciers, des bonnets, des
cordiers, des fruits, des livres, etc., sans cesse inté-
ressés, sans cesse incités à des achats ruineux.

C'est par l'intermédiaire de notre djiguit que se font
les transactions : c'est lui qui marchande, qui essaie
de faire baisser les prix sans obtenir d'ailleurs grand
résultat; les négociations sont fort pénibles, car il faut
sans cesse traduire en roubles les prix énoncés en
tengas, opération qui ne va pas sans de nombreuses
erreurs : aussi en sommes-nous venus à nous réjouir
quand un marchand sait parler russe!

Nous nous lançons, malgré tout, à corps perdu dans
des dépenses exagérées; mais la tentation est si forte

---

(1) Les étoffes les plus habituellement vendues sont l'*aladja*,
beau tissu de coton où deux couleurs alternent en étroites rayures,
plusieurs espèces de soieries, depuis les mouchoirs impalpables
comme des toiles d'araignées, jusqu'à l'*atres* pesant qui se manie
à pleines mains.

(2) Les vêtements sont éclatants, et les Boukhares aiment le
*tchakhtchik* ou froufrou bruyant des étoffes neuves, d'où l'habitude des marchands d'endosser le *tchapan* (habit) avant de le
vendre, pour en faire apprécier la qualité musicale.

et le marchand, d'ailleurs, absolument silencieux, et
bien différent en cela des négociants arméniens, étale
sous nos yeux de telles merveilles, des choses si imprévues, si inconnues de l'Europe, que nous succombons
forcément et chargeons le djiguit des dépouilles de
l'Orient : porte-théière en cuir ouvragé, bottes en mo-
saïque de cuir, agrafes de ceintures, couteaux damas-
quinés, anciennes couvertures de livres antiques en
cuir frappé, pièces de monnaie d'or et d'argent anciennes, tillahs (1), tengas et pouls de Tamerlan, ceintures brodées, etc.

On ne se lasse pas de flâner dans le bazar, en quête
d'achats que l'on redoute en même temps. Et toute la
journée nous errons au milieu de cette foule compacte
qui grouille, s'écrase dans un fouillis invraisemblable,
mais en faisant constamment devant notre passage une
large place vide.

L'heure du départ a sonné, il faut nous hâter pour
quitter la ville avant la fermeture des portes. Nous
regagnons la *nomera*, vaste caravansérail où, dans une
large cour, sont parqués de nombreux ânes et de grands
chameaux à deux bosses, tandis que leurs conducteurs
assemblés autour d'un feu font bouillir du thé.

Par un invraisemblable escalier, nous accédons au
premier étage, où sont disposées des chambres très
propres à l'usage des Européens, car c'est ici le seul
hôtel du vieux Boukhara : encore ne date-t-il que de
quelques années, puisqu'en 1881 le comptoir russe le
*rossiieskoïe obchestvo* était la seule maison européenne
de la ville indigène.

Après une légère collation, nous repartons au galop

(1) Tillah, pièce d'or de la valeur de 10 francs.

à travers les rues, maintenant enveloppées dans la grisaille du crépuscule, et nous dépassons la porte, au soleil couchant.

Là, le long d'un mur, des lépreuses tendent leurs moignons horribles et semblent nous accabler d'invectives : peut-être est-ce ici la manière habituelle d'implorer la charité! Peut-être aussi joignent-elles à leur épouvantable tare quelques troubles mentaux, si communs chez ces malheureux.

Le traitement indigène de la folie ne parait pas, d'ailleurs, devoir amener de cures bien fréquentes, si l'on en juge par les pratiques habituelles : dès les premiers symptômes d'aliénation, on fait agenouiller le malade et un mollah lit des prières sur sa tête : si le remède est insuffisant, on l'attache à un pilier et on le laisse plusieurs semaines à une diète sévère, l'empêchant tout juste de mourir d'inanition.

Si la cure n'est pas encore complète, on lui applique la bastonnade, tandis que le mollah récite de nouvelles prières : le malade crie-t-il, c'est un symptôme considéré comme favorable pour la guérison, ne se plaint-il pas, la folie est réputée incurable. Et, de fait, un malade capable de rester insensible à ces barbares pratiques est vraisemblablement dans un état de déchéance morale définitive.

Le lendemain, de bonne heure, notre cavalcade repart pour refaire le long et poussiéreux trajet de treize verstes qui sépare la ville russe de *Bokharah chériff*, la *Ville Noble,* ainsi que se nomme orgueilleusement cette cité sur toutes les pièces de monnaie du pays !

Pour varier la monotonie du chemin, notre djiguit nous avait fait prendre une autre route : la poussière y était d'ailleurs tout aussi épaisse et insupportable, mais, du moins, les ombrages et les ruisseaux qui la bordaient la rendaient-ils beaucoup plus fraîche.

Partout des fruitiers et surtout des pruniers, la renommée du pays, parsemaient des herbages épais et des champs de blé, d'orge et de riz moissonnés, mais dont la paille avait été laissée haute, suivant la coutume du pays. De nombreux potagers nous offraient aussi la tentation de leurs melons et de leurs arbouses magnifiques. Mais notre équipage nous entraînait au milieu des tourbillons de poussière, et nous ne pouvions qu'entrevoir ces délices.

Grande animation sur cette route comme sur l'autre : nombreux cavaliers, ânes minuscules écrasés sous d'énormes fardeaux, caravanes de chameaux, tout le mouvement habituel de la banlieue des grandes villes commerçantes.

Encore une course échevelée à travers les rues étroites, animées, ombreuses, bordées de longs murs, aux très rares ouvertures. La crête des toits seule flamboie sous les rayons d'un soleil furieux qui projette sur les murs, en traits nets et violents, l'ombre des toits voisins.

Au coin des rues enchevêtrées, de jolis clochetons, à coupole ronde, donnent au tableau sa note vraiment orientale, et l'on ne se lasse pas de se sentir emporté à toute vitesse à travers cet Orient de rêve.

Nous passons devant plusieurs fontaines sacrées; c'est partout le même grouillement, la même promiscuité de gens se lavant, jetant des immondices ou buvant. Puis, nous traversons des places couvertes des petites tentes de toile mobiles des marchands ambulants; et ce sont des mosquées, des médressehs, des monuments

religieux sans nombre, qui tous rappellent la disposition architecturale habituelle des mosquées de l'Asie
centrale.

On retrouve partout les coupoles en forme de tépé,
les arches en ogive et les décorations de briques émaillées; mais tous ces édifices semblent mesquins, en
comparaison des magnificences colossales des monuments de Samarkand, ils en paraissent la réduction
infime et, seul, le Mirah-Arab peut vraiment soutenir
le parallèle avec Shihr Dahr ou avec Bibi-Khanoum.

Nous voici à nouveau dans l'ombre et la fraicheur
du bazar. Nous quittons nos voitures et reprenons
notre flânerie à travers les galeries plus encombrées
encore qu'hier. Et nos ruineuses transactions reprennent de plus belle, car nous découvrons à chaque instant l'objet introuvable, l'occasion unique qui doit
constituer la perle de notre collection.

Tandis que nous marchandons avec ardeur un étonnant fusil à mèche, muni d'un support à fourche, un
grand remous se fait dans la foule et, malgré les efforts
de notre djiguit, nous sommes presque écrasés contre
l'étalage de notre marchand.

Nous voyons alors passer, à grande vitesse, comme il
convient, un cortège de Sartes somptueusement vêtus
d'étoffes bruissantes, précédé de quelques soldats de
l'émir et de quatre djiguits indigènes, distribuant
généreusement les coups de courbache.

Tout ce monde entoure un gros homme barbu, la
lèvre supérieure soigneusement rasée comme l'impose
la loi religieuse boukhare, le *Cheriat*, et vêtu d'un magnifique khalat de velours bleu, brodé d'arabesques
d'or et parsemé de turquoises. Un immense turban
de soie blanche ornait son front, et son cheval, de pure

race turkmène, était superbement caparaçonné de cuir
brodé de pierres fines et de ciselures d'argent.

Malgré les soies bariolées de couleurs voyantes de
ceux qui l'entouraient, la somptuosité de son costume
et de son équipage en imposait. C'était le *Kouch
Beghi* (1), premier ministre de l'émir, et ce haut dignitaire se rendait, paraît-il, à toute vitesse à une cérémonie religieuse.

Nous retrouvons nos voitures à l'une des issues du
bazar couvert, et nous repartons au galop à travers le
dédale des rues, ne sachant pas exactement où nous
emmène notre djiguit. Devant une porte cintrée, basse,
percée dans un long mur sans fenêtres, nous nous arrêtons.

Là se tient un Sarte très vieux, richement vêtu, qui
nous salue avec dignité. A tout hasard et au risque de
contrevenir gravement à l'étiquette, nous lui serrons
la main, puis, habitués dès longtemps à ne nous étonner de rien, nous entrons.

Des domestiques sartes, aux costumes splendides,
nous font traverser une large cour intérieure et nous
mènent à une longue pièce où est dressée une table. Il
paraît que nous sommes invités à déjeuner par ce riche
boukhare et qu'il est très heureux d'ouvrir sa maison
aux amis du résident russe; ce qui signifie que l'excellent M. Ignatief, voulant nous faire la surprise d'un
repas indigène, avait donné à ce brave Sarte, l'un des
plus riches de Boukhara, l'ordre de nous recevoir.

(1) Kouch Beghi est une charge souvent héréditaire qui correspond à celle de grand vizir ou de premier ministre ; souvent le
dignitaire cumule cette charge avec celle de gouverneur de Boukhara et de grand fauconnier.

Suivant la mode indigène, le rôle de l'hôte consiste à accueillir à la porte ses invités et à leur abandonner sa maison. Aussi ne voyons-nous plus notre Sarte qu'au moment de nous retirer.

La salle à manger spacieuse, élevée et fort bien décorée de versets du Koran et de peintures reproduisant le rosier héraldique, était décorée de jolies niches servant à placer la vaisselle et les plats : le plafond était à caissons et, sur le plancher, d'épais tapis orientaux assourdissaient le bruit des pas.

Au fond, deux lits bokhares, faits de cordes entrelacées, tendues sur un cadre de bois à quatre pieds et couverts de minces matelas et de tapis, sans draps, invitaient sans doute au repos, pendant la digestion. Au-dessus de ces lits, le mauvais goût le plus parfait éclatait, dans un tapis tendu au mur, horrible descente de lit sortie d'une fabrique européenne de bas étage et qui représentait, dans un paysage fantastique, un tigre informe. Combien ce misérable spécimen, tout au plus bon pour la chambre à coucher d'un petit rentier de Montrouge, détonnait au milieu des splendides tapis turkmens que nous foulions aux pieds.

Sans doute, pour notre hôte, c'était là un objet de prix ; tant la vanité humaine donne de valeur aux choses inaccoutumées, et partant fort chères, sans s'occuper le plus souvent de la valeur artistique de l'objet lui-même ; notre hôte était sans doute un *snob* boukhare !

Sur notre table est dressé un couvert complet, mais où manquent totalement les carafes, ce qui, par cette chaleur, ne laisse pas que de nous étonner quelque peu. Une table voisine est chargée de sucreries variées et nous y reconnaissons la féconde imagination de la confiserie orientale, mais nous n'avons garde de toucher à tous ces bonbons altérants, avant d'être sûrs de pouvoir étancher notre soif.

Un domestique sarte muet et glissant sans bruit sur les tapis, dépose sur la table des fruits magnifiques et une théière pleine de thé bouillant. Faute de mieux, raisins, figues et prunes contribuent avec le thé bouillant à calmer la soif qui, vraiment, commence à nous être pénible.

Mais nous nous demandons avec anxiété si notre hôte n'est pas un farouche végétarien, et si ces fruits ne constitueront pas tout le repas, ce qui nous semblerait fort insuffisant. Notre domestique reparaît portant triomphalement... une autre théière ! Et nous commençons à nous entre-regarder avec désespoir, d'autant plus que toute question à ce Sarte est naturellement impossible.

Nous attendons un temps qui nous semble fort long, puis notre homme revient avec une soupière pleine d'un potage fumant. Enfin, nous ne mourrons pas de faim ! Et joyeux, nous entamons le plat. Horreur ! le potage est fait avec de la graisse de mouton rance, et son goût ignoble le rend absolument immangeable. Aussi, après quelques vaines tentatives, devons-nous renoncer à absorber ce liquide nauséeux ; nous préférons endurer stoïquement la faim et la soif.

D'ailleurs, nos malheurs devaient prendre fin, et, après d'interminables attentes, parurent de nombreux plats où le mouton nous fut présenté, paré délicieusement par les ressources ingénieuses de la cuisine sarte : ragoût de mouton parfumé au clou de girofle ; ploff à la persane où le riz, mêlé de safran et de grains de raisins, est sec et cuit à la vapeur ; ploff sarte où le riz est préparé à la graisse de mouton et assaisonné de kari ; mouton bouilli, fortement épicé ; *mantuy*, sorte de gâteau de viande hachée, cuit à l'étouffée ; omelette à la farine épaisse et grasse ; pommes de terre frites, plat peu exotique ; cet ensemble permettait de rassasier amplement la faim la plus féroce, mais tous ces plats, épicés et plutôt lourds, auraient exigé des libations fréquentes.

Or, notre hôte paraissait ignorer complètement les affres de la soif, et jamais nous ne voyions poindre la moindre carafe, la moindre cruche, pour laquelle nous eussions, sans hésiter, donné toute la fin du repas ; les plats continuaient à défiler en pompeux cortège, mais la vue d'aucune bouteille ne venait réjouir notre palais desséché.

Sans doute notre hôte, fervent musulman, ne voulait pas mettre de vin sur sa table, et, connaissant les dangers de l'eau contaminée, il ne tenait pas à nous faire contracter le germe de la terrible richta. Nous étions donc condamnés au régime sec.

Une carafe se trouvait bien sur la table, pleine d'une eau vaseuse et destinée, semblait-il, à se laver le bout des doigts ; poussé à bout, l'un de nous, bravant la crainte de la *richta*, s'en versa un gobelet qu'il dut parfumer avec de l'élixir parégorique ! Voilà un raffinement inconnu des gourmets parisiens. Et plusieurs d'entre nous imitèrent son exemple ; le Dieu des voyages nous protégeait d'ailleurs, car, depuis, aucun d'entre nous n'a été affligé du fléau boukhare.

Enfin, ce long et sec repas se termine par de nouveaux fruits et une juteuse arbouse que nous dévorons pour nous désaltérer.

Puis, notre djiguit paraît et nous fait signe que le

repas est achevé et qu'il nous faut partir : notre petite troupe se lève, serre à nouveau la main de notre hôte qui nous attend à la porte, et donne l'ordre au djiguit de nous conduire à la *nomera Orient;* là, nous commandons force limonades et bouteilles de vin ; celui-ci, malgré sa mauvaise qualité, nous parait supérieur au plus délicat bordeaux, au plus moelleux bourgogne.

Ainsi finirent les souffrances que nous avait coûtées notre repas chez un riche Sarte.

Après une courte sieste, la curiosité nous ramena dans l'étonnante cohue du bazar. Le quartier des livres surtout nous attirait; il est certes bien agréable de flâner le long des quais de Paris, furetant dans les boîtes des bouquinistes, en quête de l'elzévir méconnu; mais bouquiner à Boukhara est, on en conviendra, encore plus tentant.

Aussi, passâmes-nous de délicieux instants à remuer tous ces livres aux caractères orientaux, indéchiffrables pour nous, et qui portaient dans leurs feuillets cette fameuse odeur d'Orient, si pénétrante et si typique, odeur qui plane d'ailleurs sur le bazar tout entier.

Certes, si l'on avait eu le temps, on aurait fait là des trouvailles, et enrichi sa collection de quelque vieux manuscrit oriental; mais le temps et la compétence philologique faisant défaut, il fallut nous contenter de remuer ces paperasses, besogne douce pour un bibliophile. Du moins, pûmes nous acquérir quelques reliures anciennes en cuir ouvragé et martelé, d'un travail fort curieux.

Tandis que nous traversions le quartier des merciers, un objet étrange frappa tout à coup nos yeux, un flacon au long goulot étroit et carré. Regardant de

plus près cette conception, sans doute de l'imagination orientale, nous reconnûmes une reproduction de
la tour Eiffel! Et cette image inattendue de notre
gigantesque et obsédant clou parisien nous laissa
rêveurs.

La foule était toujours aussi compacte et colorée :
les khalats multicolores, les turbans blancs dominaient,
surmontant les belles têtes tadjikes des Boukhares;
quelques larges bonnets de peau turkmens se voyaient
aussi, mais, depuis la suppression des *alamanes*, les
Turkmens viennent rarement à Boukhara.

Ils n'ont plus de butin ni d'esclaves à y échanger
contre les étoffes, les armes et le tabac des marchands;
la pauvreté est venue, qui interdit les achats, aussi
quelques rares Turkmens circulent-ils seulement dans
le bazar; les Khiviens sont plus nombreux, reconnais-
sables à leurs hauts bonnets noirs évasés; la domination
russe a fait cesser les hostilités fréquentes entre l'émir
et le khan, et les relations commerciales se sont constamment accrues entre les deux villes.

Les femmes ont la même inélégance qu'à Samarkand : enveloppées de l'horrible manteau-sac gris,
masquées de crin, elles paraissent ici plus farouches et
plus craintives, et souvent sur notre passage se retour-
nent contre le mur; deux ou trois cependant, chez
lesquelles la curiosité dominait la crainte, n'hésitèrent
pas à nous regarder attentivement et même à soulever
leur masque pour nous mieux voir; nous sommes en
effet ici de véritables bêtes curieuses et notre costume
européen attire l'attention de tous.

Il est vrai que dans nos multiples pérégrinations à
travers le bazar, nous ne rencontrâmes qu'un seul
Européen, dont la tenue nous sembla détonner étran-

gement, au milieu des costumes éclatants des Sartes.

Avant la conquête russe, nous n'aurions pas pu nous promener librement, dans nos vêtements occidentaux ; alors, on imposait aux Russes, les seuls Européens que l'on admettait parfois à Boukhara, une tenue spéciale qui les faisait immédiatement reconnaître ; cet usage a naturellement disparu pour eux, mais il est encore deux catégories de gens qui doivent porter un costume spécial : les juifs et les hindous.

Les juifs ont une robe de laine noire, d'étoffe grossière, avec une corde pour ceinture ; cette corde servait autrefois à les pendre, sitôt qu'ils avaient commis quelque exaction : elle leur rappelle seulement maintenant le sort réservé à leurs voleurs de pères.

Un bonnet de feutre entouré d'une bande de peau de mouton couvre leur tête, et deux longues boucles de cheveux encadrent leur visage ; ces boucles, nommées *païssés*, sont la caractéristique des juifs orientaux, elles sont d'ailleurs liturgiques et ils y tiennent énormément. Leur type les ferait reconnaître sous n'importe quel déguisement et leur nez busqué, leurs yeux faux et jaunes, leur barbe en tire-bouchon, leur donnent cet aspect typique qu'on retrouve immuable dès la Galicie et que l'on peut déceler, même chez les juifs de nos pays, si frottés qu'ils soient à notre civilisation aryenne.

A Boukhara, d'ailleurs, ils ne sont nullement métissés ; méprisés et bafoués par les musulmans, ils se marient exclusivement entre eux, ont leurs synagogues, leurs écoles, et gardent pure la loi de Moïse et le type de Jacob.

Tous sont commerçants : l'alcool, la soie sont en

grande partie en leur possession, ils y joignent l'usure et plusieurs juifs comptent parmi les plus riches marchands de Boukhara. Malgré tout, ils doivent subir la livrée stigmatisante et circuler à pied.

D'ailleurs, malgré le mépris dans lequel on les tient, ils n'ont jamais été réduits en esclavage, et toujours les musulmans leur ont laissé la libre pratique de leur religion et la possession de leurs biens et de leur liberté. Ils doivent cette situation privilégiée à ce fait qu'ils sont, d'après les musulmans, adorateurs du *Livre*.

Les mahométans admettent en effet qu'il existe quatre livres sacrés : le Pentateuque, les Psaumes de David, l'Évangile, le Koran. Quiconque croit à l'un de ces livres a droit au respect des musulmans ; les juifs ayant les deux premiers, les chrétiens croyant au troisième, ne peuvent être réduits en esclavage et voilà pourquoi les biens des juifs ont toujours été respectés.

Quant aux *Ourouss* (russes), ils les considéraient comme des païens n'admettant pas l'Évangile et les réduisaient en esclavage, de même que les Persans, mahométans hérétiques, Shiites, corrupteurs du Koran, et dignes par cela même de tous les maux.

Les Hindous, les *moultaïns*, comme on les nomme, portent aussi la robe noire ceinte d'une corde et, sur la tête, un bonnet carré de drap noir. Leur figure au teint cuivré, aux traits accentués, à la barbe très peu fournie, les sépare nettement du type sarte ; on voit de suite qu'on a affaire à une autre race : sur le front, un tatouage peint, jaune ou rouge, reproduit le trépied de Vichnou ou le triple trait horizontal de Sivah.

Ce sont donc des sectateurs du brahmanisme, des païens, et comme tels, passibles de tous les mauvais

BOUKHARA — TYPES D'HINDOUS
(v. p. 262)

BOUKHARA — BARBIER SARTE FAISANT L'OPÉRATION
DE LA RICHTA
(v. p. 262)

traitements : d'ailleurs, leur métier d'usuriers ne saurait leur attirer la faveur des Boukhares.

Ils se glissent donc rapides et humbles entre les groupes de Sartes, acceptant sans récriminer les injures et les bourrades ; ils viennent ici, depuis des siècles, pour amasser de l'argent et retourner ensuite dans l'Inde mourir au bord du Gange, le fleuve sacré.

Désireux de visiter un de leurs caravansérails, nous arrêtâmes deux Hindous et ils acceptèrent de nous mener chez eux. Autour d'une immense cour, où se trouvent pêle-mêle des voitures, des ballots, des ânes, est une série de petites portes toutes pareilles et sur deux étages. Chacune d'elles donne accès dans une chambre minuscule dont c'est la seule ouverture.

Là, habite un Hindou : une natte, une théière, un coffre, une statuette sacrée composent tout l'ameublement, qui se reproduit immuable chez tous. De la plupart des chambres sort un violent parfum de bois de santal brûlant dans des cassolettes, et on se sent transporté dans un tout autre pays, rien que par cette odeur spéciale.

C'est qu'en effet, nous sommes ici en plein pays brahmaniste, tous vivent ensemble et s'unissent pour lutter contre le mépris et la persécution. Qui sait quelles pensées secrètes ils agitent entre eux, quels desseins mystérieux ils poursuivent? La venue des Russes a fait cesser les mauvais traitements auxquels ils étaient en butte, ils ont pu apprécier la douceur et l'habileté de la politique moscovite en Asie; qui sait s'ils ne sont pas des agents actifs de l'expansion russe dans l'Inde? La diplomatie impériale n'a certes pas dû négliger ces auxiliaires inattendus et **précieux pour l'extension de l'influence russe.**

L'heure s'avance; il nous faut regagner nos voitures
et abandonner notre course captivante à travers les
galeries encombrées. Nous parcourons à toute vitesse
le dédale des rues, et sommes à nouveau salués par les
incompréhensibles injures des malheureuses lépreuses
alignées à la porte de la ville.

Après avoir longé le vaste cimetière, nous nous
arrêtons devant le palais d'été de l'émir. Un mur
immense et très élevé entoure le parc magnifique au
milieu duquel s'élève *Chir Baudane*, résidence favorite du prince. L'émir était en voyage et, par une amabilité nouvelle de M. Ignatief, l'autorisation de visiter
le palais nous avait été accordée. Nous fûmes reçus
à la porte par un des maîtres de cérémonie; sa mise
était d'ailleurs modeste et, à voir ce Sarte pieds nus, on
n'aurait pu soupçonner sa haute dignité.

Le palais immense est une succession de constructions de styles divers, séparées par des cours, et dont
il est difficile de dégager une impression d'ensemble.

La première cour carrée, très vaste, donne accès
aux appartements de réception par de larges degrés de
pierre qui en occupent tout un côté; les murs peints
de vives couleurs et rehaussés d'or offrent une belle
décoration.

De grandes baies éclairent l'immense salle où les
plafonds à caissons richement décorés et les murs,
peints de rosiers héraldiques et creusés d'élégantes
logettes, reproduisent le type classique des demeures
somptueuses de l'Asie centrale.

Puis c'est une succession de chambres de grandeurs
diverses, souvent irrégulières et absolument nues ; par
terre, de magnifiques tapis, mais pas un meuble, ce
qui donne au palais un air d'abandon complet.

Nous pénétrons ensuite dans une sorte de théâtre à scène minuscule, où sont rassemblés nombre de poupées et de jouets articulés dont, paraît-il, s'amuse beaucoup l'émir.

Les pièces se succèdent de toutes les hauteurs et de toutes les grandeurs ; les plafonds sont à poutres saillantes, mais aucune peinture n'en relève l'uniformité.

Nous arrivons dans une deuxième cour, qui est certainement la partie la plus originale du palais : au fond, un vaste bâtiment très élevé est orné de deux colonnades superposées ; au milieu, deux colonnettes, merveilleusement ciselées, supportent une véranda des plus élégantes et, sur les côtés, entre de vastes baies, des loggias munies de moucharabis, véritables dentelles de pierre, sont ornées des plus vives couleurs sur fond or ; l'ensemble en est vraiment riche et fort beau.

Ce sont encore des enfilades de petites chambres sans meubles, garnies de merveilleux tapis et qui font partie, nous dit-on, de l'appartement des femmes.

Puis, par un couloir tournant dans deux sens différents, en pas de vis contraire, nous aboutissons à une salle octogone élevée, fraîche, recevant le jour du plafond seul et dont la porte se ferme hermétiquement, sans former aucune saillie à l'intérieur ; on peut se perdre en conjectures sur le but de cette pièce étrange qui respire le mystère ; et les drames du harem viennent hanter l'imagination.

Nous voici à nouveau sous des péristyles à colonnettes de formes variées ; trapues mais élégantes, peintes de tons violents, rouges, bleus, rehaussés d'or, elles sont séparées par des arcades d'un joli dessin ; celles-ci supportent un étage qui surplombe sur le rez-de-chaussée et dont les murs ont une ornementation très riche.

Cet immense palais, sans style précis, a bien un cachet d'Orient à lui; c'est la demeure d'un émir, telle qu'on la peut concevoir avec ses bizarreries imprévues et ses splendeurs architecturales.

La magnificence des jardins qui l'entourent complète l'impression féerique. Très verts, délicieux, frais, ils sont couverts d'une végétation luxuriante, comme en produit la terre, ici, chaque fois qu'elle est arrosée ; les grands arbres touffus, les bouquets d'arbustes verts se mélangent dans un délicieux ensemble; puis ce sont des berceaux de vignes grimpantes, chargées de raisins merveilleux et d'une grosseur étonnante ; des grenades, des figues, des pêches offrent de toutes parts leurs splendides couleurs au travers des feuillages. Et l'on vit quelques délicieuses minutes à se promener ainsi dans ces allées ombreuses et solitaires.

Notre guide nous mène, pour terminer, à l'immense salle du trône ; le trône trop classique (velours rouge et bois doré) s'élève au milieu de la pièce que recouvrent, ô horreur! des tapis de fabrication européenne. Nous avions foulé dans les plus petites pièces des tapis orientaux inestimables et dans la salle du trône nous en trouvions d'une navrante banalité ; d'ailleurs, des chaises de soie rouge, telles que Belloir en fournit pour toutes les soirées, venaient jurer, de toute leur platitude, dans cet Orient merveilleux.

Un *dasterkhâne* somptueux nous attend, auquel nous convie l'un des ministres de l'émir, revêtu d'un merveilleux khalat de brocart; nous goutons les fruits exquis, semblables à ceux que nous avions admirés tout à l'heure, puis, prenant congé du ministre et du maître de cérémonies, que nous gratifions chacun d'un rouble, nous regagnons notre voiture, accompagnés des saluts et des louanges de ces puissants seigneurs, vraiment faciles à contenter.

Le soir, nous allâmes remercier chaleureusement M. Ignatief dont la bienveillance nous avait permis de voir très complètement Boukhara en aussi peu de jours et surtout de visiter, chose rare, *Chir Baudane*, le palais d'été de l'émir. Il nous convia à dîner et nous passâmes une charmante soirée en compagnie d'une dizaine de fonctionnaires russes et de leurs femmes qui tous savaient parler notre langue.

A sept heures du matin, le départ dans un wagon qui nous avait été réservé. La campagne de Boukhara semée de kichlaks, puis la steppe brûlée et inféconde...

... Nous retrouvons bientôt les terribles dunes de sable du Kizil-Koum, mornes et désertes, et nous atteignons l'Amou Dariah de plus en plus jaune et boueuse, avec sa bordure d'inextricables roselières, peuplées de fauves.

Le pont est presque entièrement réparé, mais l'accès en est encore interdit et nous devons, à nouveau, affronter les péripéties de la traversée ; le sang-froid et l'habileté du capitaine amènent notre barque à vapeur à bon port ; mais les circuits énormes, les menaces d'échouage et d'enlizement n'avaient pas manqué, corsant notre traversée de petites angoisses, tôt réprimées d'ailleurs.

Sur la rive opposée, invasion subite d'énormes bonnets de peau de chèvre ; nous avons atteint le pays des nomades Turkmens, nous ne verrons plus les

Sartes sédentaires, enturbannés de blanc et vêtus de somptueux khalats.

Après la verdure de la campagne de Tjardjoui, après les pâturages et les champs cultivés, parsemés de *kala*, ayant l'allure de forteresses abandonnées, voici les longues lignes droites, interminables et nues, de la steppe turkmène.

Au déclin du jour, nous atteignons la terrible solitude du Karakoum, et c'est au milieu de ce paysage mort et désolé que disparaît peu à peu le soleil, dans une apothéose de gloire.

Le lendemain, une longue journée à travers les horizons plats et immuables des steppes turkmènes.

Une seule note colorée dans la grisaille de ce morne trajet : le passage d'une noce turkmène aux couleurs éclatantes. La mariée, revêtue de somptueux habits, coiffée d'une haute tiare et parée comme une châsse, est en tête sur un dromadaire richement caparaçonné. A sa suite est une longue file de dromadaires, entourés de cavaliers turkmens qui exécutent une fantasia étourdissante : les coups de fusil, les acclamations se mêlent et les bonds des cavaliers dessinent autour du cortége de charmantes et vivantes arabesques. A travers la portière du wagon, dans notre fuite rapide, c'est comme une vision d'un instant, étincelante et pleine de vie.

A longs intervalles, Merw, Aschabad, Géok-Tépé, noms familiers, frappent nos oreilles. Ils marquent les étapes de ce pénible trajet de retour, à travers les plaines surchauffées qui n'avaient plus pour nous, comme en venant, l'attrait de la nouveauté, de la chose non encore vue ailleurs.

Au milieu du jour, cependant, l'horizon parut

s'animer. Tout là-bas, par delà la plaine de sable nue
et grillée, courait une ligne bleu pâle, dentelée de
bouquets de verdure un peu flous, et enveloppée dans
ces vibrations d'ondes caloriques qui, aux temps
d'extrême chaleur, s'élèvent de terre comme une buée.
Sans doute là-bas existait quelque fraîche oasis, où un
lac avait créé la vie et la verdure; mais la vision continuait longtemps, avec les mêmes aspects immuable-
ment répétés : c'était un mirage, cette trompeuse apparence que crée le mensonge de la lumière. Et l'on
conçoit l'angoisse qui doit étreindre le voyageur égaré,
torturé par la soif, lorsqu'il poursuit vainement la
décevante illusion.

Vers Kizil Arvat, le soleil disparaît derrière la ligne
dentelée du petit Balkan et bientôt l'immense plaine
s'efface dans la nuit.

Au petit jour, nous traversons le défilé du Grand
Balkan, d'une aridité pierreuse si caractéristique ;
le soleil se lève, « mettant sur les crêtes nues ces
caresses de rose et de lilas, éclatantes et douces, que
connaissent seules les roches d'Orient. »

Et bientôt nous entrons dans la fournaise de
Krasnovodsk, au terme de notre merveilleux voyage
transcaspien.

# CHAPITRE X



Pendant la longue route du retour, nous ne cessions de rêver aux pays merveilleux que nous avions parcourus. La visite de Bakchi-Saraï, la capitale des anciens Khans tartares de Crimée ; un trop court séjour à Constantinople, étape terminale et triomphante de la race turque dans sa lutte contre l'Europe ; tout contribuait à ramener notre esprit sur cette question si intéressante de l'avenir des races asiatiques, question sur laquelle les événements qui se dérouleront en Asie centrale auront une influence prépondérante.

Tout ce que nous avons vu, tout ce que nous avons observé contribuait à nous confirmer dans une idée qui nous était particulièrement chère, et que nous avons exposée dans la préface de cet ouvrage : l'étroite parenté qui existe entre l'ancien empire mongol et l'empire russe actuel. C'est surtout dans les colonies asiatiques que l'on peut observer l'influence qu'exerce la méthode d'administration préconisée au treizième siècle par Gengiskhan sur la conduite adoptée par le gouvernement du Tsar en Asie centrale. Lorsque nous aurons exposé brièvement la politique que suivent les Russes, on comprendra combien ils ont eu raison de s'inspirer des sages principes du grand empereur

mongol. Ce serait cependant une erreur de croire que
cette imitation est raisonnée et voulue, c'est inconsciemment qu'elle s'opère ; la tradition seule en est la
cause, c'est elle qui a façonné l'empire du Tsar sur le
modèle de l'empire mongol.

Pourtant, la comparaison n'en conserve pas moins
toute sa valeur ; en effet, comme au temps de Gengiskhan et de ses successeurs, les indigènes du Turkestan
conservent leurs mœurs, leurs coutumes, leur administration locale ; en fait, rien n'est changé dans leur
vie quotidienne ; chaque groupement indigène reste
sous l'autorité de son *aksakal*, élu par lui et agréé
par le conquérant ; celui-ci est l'intermédiaire obligé
entre le Sarte et le Russe ; il se trouve être civilement
et politiquement responsable de ses administrés.

Cette méthode offre de grands avantages ; d'abord
elle évite le contact immédiat entre le fonctionnaire
européen et l'indigène, contact qui, dans d'autres régions, entretient constamment l'esprit de rébellion ;
l'*aksakal* garde pour lui tout l'odieux du pouvoir, et
c'est lui encore que parfois le Sarte charge de malé-
dictions. Dans les opérations commerciales faites par
les Européens avec les indigènes, l'existence de l'*aksakal*, responsable en quelque sorte de la collectivité
à la tête de laquelle il se trouve, constitue une garantie
importante pour les transactions et les paiements.

Sous la domination russe, comme sous la domination mongole, les libertés religieuses des musulmans sont sauvegardées ; les mosquées conservent leurs
biens, aussi comprend-on que, malgré le fanatisme
étroit et imbécile des mollahs, qui est là plus intense
peut-être que partout ailleurs, les révoltes dues au
zèle religieux soient relativement plus rares que dans

les autres pays de l'Islam soumis à des nations chrétiennes ; il est juste de dire que la répression est toujours immédiate et sévère.

Si nous retrouvons appliqués dans l'Asie russe les principes de Gengiskhan, il faut reconnaitre qu'ils sont singulièrement améliorés et ont bénéficié des progrès de la civilisation européenne. La tyrannie paperassière des *darogas* (1) mongols n'existe plus, la terreur des exigences du *Yassak* (2) ne hante plus les esprits ; les personnes et les biens sont garantis ; aussi, les sujets de l'émir de Boukhara, de l'émir d'Afghanistan, et du Khan de Khiva, lorsqu'ils voient la sécurité dont jouissent leurs coreligionnaires, en arrivent-ils facilement à les envier.

Ils songent, en eux-mêmes, que, dans leur pays natal, ils ne sont jamais sûrs de conserver les biens qu'ils ont péniblement acquis ; qu'un caprice du souverain ou de l'un de ses ministres peut les envoyer à chaque instant pourrir dans un cachot ou rendre leur âme à Allah, au milieu des plus affreux supplices. C'est ainsi que, chez tous ces gens, encore indépendants, germe le désir secret et inavoué de jouir un jour des bienfaits de la domination du Tsar blanc. Cet état d'âme, beaucoup plus fréquent qu'on ne pense, explique les progrès incessants et sûrs de la domination russe, et jouera un grand rôle dans la lutte qui ne peut

(1) Les *darogas* étaient les fonctionnaires civils que les Mongols installaient aussitôt la conquête d'un pays ; le *daroga* établissait aussitôt son *yamen* ou bureau et se faisait assister de scribes ordinairement d'origine chinoise.

(2) Le Yassak était le recueil de lois formulées par Gengiskhan, c'était une sorte de règlement aux allures militaires, devant lequel tous, grands ou petits, devaient s'incliner.

manquer de s'ouvrir un jour entre la Russie et la Grande-Bretagne.

Il faut encore remarquer dans cette méthode de colonisation appliquée à l'Asie centrale l'absence de cette manie d'unification, d'égalitarisme qui nous a fait commettre tant d'erreurs dans notre œuvre coloniale. Jamais l'idée n'est venue aux conquérants de tenter de fondre en un même moule ces populations si diverses. Chacune est utilisée suivant ses qualités et ses aptitudes naturelles. Des Turkmens, on a fait des soldats, et leur milice organisée à la façon des cosaques constituera un corps d'avant-garde de premier ordre, durant les luttes futures. Les Kirghises sont employés comme fonctionnaires, sous-officiers ou même officiers subalternes. Quant aux Sartes, vraies fourmis ouvrières, ils peuvent se livrer en paix à leurs occupations favorites, le négoce et la culture ; mais on n'a jamais rêvé de faire de tous ces gens des citoyens russes.

Bien que, dans la population russe de ces régions, les fonctionnaires et surtout l'élément militaire tiennent une place importante, les véritables colons commencent à constituer un chiffre respectable. Dans le nord, principalement chez les Kirghises, on rencontre de nombreuses colonies agricoles dont quelques-unes ne comprennent pas moins de quatre mille personnes. Dans les villes, le nombre des Russes augmente sans cesse ; à Tachkend, il s'élève à trente mille. Évidemment il y a, parmi eux, un grand nombre de mercantis, vivant exclusivement des fonctionnaires et de l'armée ; pourtant on commence à rencontrer bon nombre de gens hardis, venus là pour créer des entreprises commerciales ou industrielles. Cette colonisation a été précédée, comme nous l'avons dit dans un chapitre antérieur, par l'arrivée de nombreux Tatares de la vallée de la Volga, qui ont préparé la voie à l'élément russe proprement dit.

Dans notre pays, lorsque s'est achevée la conquête d'une colonie nouvelle, on voit paraître dans les journaux une série d'articles faits d'avance et toujours les mêmes. Ces articles peuvent se résumer ainsi : la période militaire est maintenant terminée, il s'agit de mettre en valeur ce domaine si péniblement acquis. Cette vérité est habituellement suivie de l'exposé des théories personnelles de l'auteur de l'article. Ces élucubrations, dont quelques-unes sont remarquables, ont cela de particulier, qu'elles n'exercent aucune influence sur le sort de la colonie en question. D'autres soucis décident ordinairement de ses futures destinées ; des lots importants de fonctionnaires ou d'aspirants fonctionnaires, dont on ne sait trop que faire dans la métropole, sont à placer. Il s'ensuit que l'élément militaire, dont l'action a créé la nouvelle colonie, est presque aussitôt remplacé par une administration civile, peu au courant de la mission qu'elle a à remplir. Les indigènes qui, dans tous les pays du monde, n'ont de respect que pour la force, prennent cette nouvelle attitude pour une faiblesse ; les révoltes ne se font pas attendre et il faut de nouveau refaire la conquête en détail au prix de luttes sanglantes. En Russie, où n'existe pas cet antagonisme entre les pouvoirs civil et militaire, singulière aberration qui cause tant de préjudice à notre pays, on ne constate pas cette période si funeste de heurts et d'hésitations. L'autorité militaire est restée maîtresse en Turkestan, consolidant l'œuvre qu'elle avait créé, et c'est seulement peu à peu que l'administration civile se substitue à elle (1). Il résulte de cette méthode, si différente de la nôtre, une unité de vues, une persistance dans le même but qui est le meilleur garant du succès. Il n'est pas rare de rencontrer, au Turkestan, dans les postes de gouverneurs, de sous-gouverneurs, de maîtres de la police, des officiers dont la carrière entière s'est écoulée en Asie. Le gouvernement des tsars met donc bien en pratique ce vieux principe de Gengiskhan : « L'âme d'une action est qu'elle soit menée jusqu'au bout. »

La mise en valeur de l'Asie centrale par la Russie est peut-être lente, on a pu commettre des erreurs dans les détails, car les hommes ne sont jamais parfaits nulle part; mais la marche vers le mieux y est constante et, grâce à cette méthode inflexible, le succès est certain.

La première chose qu'il importait de faire, c'était de réunir à l'empire, par des moyens de communication faciles, ce pays autrefois séparé du reste du monde. La construction du chemin de fer transcaspien, merveilleux tour de force dont l'exécution ne demanda pas moins de huit années, réalisa ce premier *desideratum*. Grâce au chemin de fer, Samarkand, point terminus de la ligne, n'est plus qu'à trois jours de la mer Caspienne. De là, des lignes de bateaux à vapeur permettent de gagner soit Bakou et la ligne de chemin de fer de Bakou-Tiflis, Batoum et la mer Noire, soit Petrowsk et les voies ferrées de l'Empire menant vers Wladikavkas, Rostov et Moscou. Des lignes télégra-

(1) C'est ainsi que le chemin de fer transcaspien créé par l'armée, en 1888, resta sous l'autorité militaire jusqu'en 1899, où il rentra sous la direction du ministère civil des voies et communications.

phiques aériennes et un service postal régulier mettent
en communication les différentes villes du Turkestan,
avec Orembourg, d'une part, et la Sibérie de l'autre.

Après une longue période d'arrêt, nécessitée par les
dépenses et les efforts immenses accomplis par le
gouvernement russe sur les autres points de l'empire,
le mouvement d'extension des voies ferrées a repris
avec une intensité nouvelle.

En 1899, toute une série de lignes ont été inaugu-
rées; désormais Samarkand n'est plus tête de ligne
et les trains, poursuivant leur route et traversant le
Syr Dariah, mènent le voyageur jusqu'à Tachkend.
Avant le passage du fleuve un embranchement se
détache et, remontant la vallée à travers la riche province du Ferganah, dessert Khokand, Marghelan se
terminant à Andidjan, au pied des cols montagneux
qui permettent d'atteindre Kachgar. Une nouvelle
voie se sépare du tronc primitif à Merw, remonte la
vallée du Mourghab et s'arrête à Koushk sur la frontière afghane, à quatre-vingts kilomètres seulement de
Hérat. Nous reviendrons plus tard sur l'importance
politique et militaire de cette nouvelle ligne.

L'effort du ministère des voies et communications
ne s'est pas porté seulement sur l'Asie centrale; il en
a facilité l'accès en réunissant Petrowsk à Bakou par
une ligne nouvelle qui longe la Caspienne. Désormais
l'obstacle, presque infranchissable en hiver, que créait
le Caucase, est définitivement tourné, et la même locomotive peut aller de Moscou à Tiflis et à Batoum;
c'est là un point des plus importants pour la concen-
tration de l'armée russe.

Une des plus grandes difficultés rencontrées par le
général Annenkof, dans la construction du chemin de

fer transcaspien, fut le passage de l'Amou Dariah : la largeur de ce fleuve, la violence de son courant, rendaient le problème presque insoluble. Il fut résolu cependant par la construction du gigantesque pont de bois qui traverse le fleuve et dont nous avons parlé. Malgré tous les efforts, les ruptures de ce pont sont encore fréquentes, et les marchandises séjournent quelquefois sur les rives, pendant des temps infinis, en attendant sa réparation. Le pont de fer que l'on est en train de construire en amont du précédent supprimera définitivement cet inconvénient.

Enfin la construction du chemin de fer d'Orembourg à Tachkend et de la voie qui doit joindre cette ville au Transsibérien achèvera, dans un temps très prochain (1), de donner au commerce de toute la région le développement qu'il comporte.

Mais il ne suffisait pas de créer des débouchés à l'Asie centrale, il fallait encore combattre et essayer d'arrêter l'œuvre néfaste des hommes, qui est une des causes de la mort lente de ce pays. Rétablir l'ancienne police des irrigations, faire revivre la réglementation indigène qui veillait à la sage direction des *aryks* ou canaux d'irrigation, en lui apportant les perfectionnements de la science européenne, tel fut le premier souci de l'administration russe. Cette œuvre, des plus difficiles, ne peut s'achever en un jour; cependant les premiers efforts accomplis dans ce sens n'ont pas été improductifs : il suffit de comparer l'irrigation du district de Samarkand, placé directement sous

(1) Le chemin de fer d'Orembourg à Tachkend sera achevé dans deux ans.

l'autorité de la Russie, avec celle du pays de Boukhara, livrée encore à l'initiative indigène, pour apprécier les progrès accomplis.

L'irrigation n'est qu'un simple palliatif ; le remède véritablement efficace à apporter aux maux dont souffre l'Asie centrale, est le reboisement et particulièrement celui des montagnes. De nos jours, les pentes des monts du Ferganah, du Zeraïchâne-taou et des autres massifs de la région sont entièrement dénudées ou recouvertes d'une maigre végétation ; seule la province de Semiretchinsk, dans la Sibérie, avec les monts Alataou, garde ses profondes et sombres forêts. Autrefois, il n'en était pas ainsi ; tous les témoignages historiques, jusque vers le seizième siècle, s'accordent à reconnaître l'existence de vastes étendues plantées d'arbres ; la sécheresse ne causait pas les mêmes maux qu'aujourd'hui, et bien des régions, qui ne sont maintenant que des déserts, étaient alors habitées et cultivées. La décadence physique de l'Asie centrale semble donc avoir correspondu à sa décadence politique.

Il est facile d'en donner l'explication ; la déchéance des gouvernements, des gens des villes, des sédentaires, des cultivateurs, eut pour résultat de laisser toute liberté aux nomades, insoucieux de l'avenir d'un pays, où ils ne font que passer ; pour eux, la forêt est un ennemi ou tout au moins une inutilité : ils la détruisent sans compter, pour leurs propres besoins et pour étendre la zone des prairies nécessaires à leurs troupeaux.

A côté de la forêt qui favorise la formation des pluies, il y a une autre végétation aussi précieuse, qui vit sur les confins des déserts et empêche l'invasion des sables sur la terre cultivable ; nous avons eu maintes fois déjà l'occasion de la nommer, c'est le *saxaoul* (1), cette plante dont les racines, faites d'un bois dur et cassant, pénètrent profondément dans le sable. Or le saxaoul, comme les arbres des forêts, a un même ennemi implacable, c'est le *koumirtchi* ou charbonnier. En effet, le bois et le charbon de bois sont les seuls combustibles en usage dans le Turkestan ; le saxaoul, en particulier, donne un charbon excellent et très apprécié, aussi les ravages commis par les *koumirtchi* sont-ils incalculables.

A diverses reprises, les anciens gouvernements indigènes essayèrent de réglementer ce fléau ; les khans de Khokand, entre autres, firent des effort dans ce sens ; mais l'anarchie qui accompagna forcément la conquête supprima ces digues insuffisantes, opposées à l'invasion du mal. Le climat se modifia même avec une rapidité assez grande pour que les indigènes aient pu le constater ; il devint de plus en plus continental, avec des oscillations considérables de la température. Cela suffit pour répandre, chez les Sartes, cette légende, que les Russes ont apporté dans leur pays le froid et la neige qui y étaient antérieurement inconnus.

La sollicitude des conquérants se porta rapidement sur ce mal menaçant et les résultats obtenus sont des plus encourageants : Tachkend qui, avant la conquête, s'élevait dans un pays entièrement dénudé, est aujourd'hui entouré d'une véritable forêt de verdure. La conséquence ne tarda pas à s'en faire sentir sur le climat, et la quantité des pluies (2) qui tombent sur cette

--------

(1) *Anabasis ammodendron.*

(2) Le pluviomètre indiquait dans les sept premières années (1867 à 1875) une moyenne de 0 m. 285 : elle dépasse actuellement 0 m. 400.

ville est actuellement double de ce qu'elle était autrefois.

En 1878, sur l'ordre du général Kauffmann, une pépinière, où sont élevées les essences forestières les plus favorables, était installée à Marghelan, en plein Ferganah. L'année suivante, le général Korolkoff organisait, non loin de Samarkand, les premières expériences de reboisement, toutes exécutées avec le plus grand soin, et dont les résultats ont été en s'améliorant.

Malgré tous ces efforts, il restait toujours l'ennemi terrible des forêts, le *koumirtchi*, le charbonnier que l'on ne pouvait supprimer; il était impossible de retirer aux indigènes le droit de se chauffer, sans leur fournir un autre combustible. Nous verrons, en mentionnant les richesses minières du pays, comment cette dernière difficulté est à la veille d'être vaincue.

Nous avons maintes fois, au cours de ce récit, parlé des richesses des possessions russes en Asie, il importe donc d'en donner un aperçu, et d'essayer d'en indiquer les conséquences, au point de vue du commerce d'exportation. L'Asie centrale, avons-nous dit, en étudiant la conformation physique de pays, se présente sous des aspects très divers. En dehors des déserts qui sont des non-valeurs, il y a les steppes où les nomades élèvent leurs troupeaux, les pays irrigués et cultivés, et enfin une région montagneuse des plus importantes; cette simple nomenclature nous permet de classer les richesses du pays.

Commençons par les territoires cultivés. Grâce à l'irrigation, la fertilité du sol y est extrême et n'a d'égale que l'habileté avec laquelle les Sartes savent en tirer parti. Dans ces produits agricoles, il faut distinguer deux groupes importants : le premier sert tout entier à la consommation locale et offre, par conséquent, pour nous un intérêt restreint : tels sont le riz, le froment et les plantes fourragères comme le maïs, le trèfle et le sorgho, qui, malgré leur rendement, suffisent à peine aux besoins de la population.

La culture maraîchère et celle des arbres fruitiers sont aussi très prospères. Cette dernière donne des résultats très remarquables et, depuis les temps les plus anciens jusqu'à nos jours, tous les auteurs sont d'accord pour vanter les melons exquis de Tchardjoui, les prunes de Boukhara, les cerises, les grenades et les pêches de Samarkand. La vigne est cultivée presque partout avec succès, le climat continental, l'absence de gelées tardives et l'intensité du soleil lui conviennent à merveille. Le vin de cette région fut renommé de toute antiquité ; n'est-ce pas pour avoir trop fait honneur au vin de Samarkand qu'Alexandre tua son ami Clytus ! Dans les contes orientaux, le vin du Turkestan est regardé comme un régal exquis, digne des princes et des Kalifes ; Baber, qui nous paraît avoir été un fin connaisseur, en fait le plus grand cas.

Les vins que l'on fait de nos jours, en Turkestan, ne méritent pas tous ces éloges. Ils sont très riches en alcool (1), ce qui surprend un peu les palais français ; mais surtout, ils sont ordinairement mal préparés et ont, de ce fait, un goût âpre auquel on s'habitue plus ou moins facilement. Il n'est pas douteux que, lorsqu'on appliquera les procédés scientifiques de la vinification moderne, cette industrie n'arrive à donner d'importants résultats,

______

(1) La plupart pèsent de 13 à 15 degrés.

tant au point de vue du goût que de la conservation.

Ce détail a son importance, car, malgré son étendue, la Russie est assez pauvre en pays vinicoles et, lorsque les voies ferrées, se dirigeant vers Orembourg et vers la Sibérie, seront construites, il est fort probable que l'exportation des vins du Turkestan prendra une extension considérable.

Ces quelques considérations sur l'avenir de la vigne nous amènent à parler du second groupe des produits agricoles du Turkestan, de ceux qui constituent un commerce avec l'Europe. En tête se place le coton. La culture du cotonnier est très ancienne dans le pays, Tamerlan en favorisa l'extension. Depuis plus d'un siècle, les cotons du Turkestan figurent sur le marché de Moscou ; mais l'essence spéciale au pays ainsi que les procédés de culture sont, pendant long-temps, restés très inférieurs. Depuis vingt à vingt-cinq ans seulement, grâce à des méthodes plus scientifiques, et surtout à l'importation de semis américains, cette culture a pris beaucoup de développement.

Un grand obstacle empêche, actuellement, le Turkes-tan de devenir un des centres cotonniers les plus impor-tants du monde : c'est l'extrême division de la propriété indigène, qui s'observe du reste dans beaucoup de pays de l'Islam. La grande culture, si favorable à l'applica-tion des procédés scientifiques et si rémunératrice, est donc rendue presque impossible. L'immense majorité des plants se trouve entre les mains des Sartes, or, il est très difficile de leur faire abandonner les anciens procédés de culture et de leur faire adopter les semis américains, dont le rendement est d'un tiers supérieur aux espèces locales ; le morcellement de la propriété est donc une cause de retard et d'infériorité. Malgré cela la production du coton va sans cesse en croissant, principalement dans le Ferganah (1), où elle atteint son maximum ; et l'on compte par millions les balles que le chemin de fer transcaspien transporte chaque année.

La soie peut être, dans notre énumération, rangée parmi les produits agricoles, puisqu'elle dépend de la culture du mûrier. Le Ferganah en est encore le grand centre de production. Cette exploitation est d'origine fort ancienne, mais, depuis la conquête russe, elle a bénéficié des travaux de la science moderne, grâce aux soins tout particuliers qu'y apporte l'administration.

Actuellement la soie, et spécialement les déchets du cocon, la bourre de soie ou le frison, font l'objet d'un commerce très important avec l'Occident.

Nous venons d'énumérer les richesses des terres cultivées. Quant à la steppe elle renferme d'immenses troupeaux ; ils sont déjà et ne cesseront d'être de plus en plus une source considérable de revenus.

Le mouton, soit comme laines, soit comme peaux, en constitue le principal élément. C'est par millions que l'on compte les moutons dans les plaines de la Transcaspie. Leur laine est de qualité ordinaire, elle ne peut être employée pour la fabrication des draps supérieurs, mais son abondance et son bon marché relatif compensent cette infériorité. Elles sont surtout employées en Amérique, par l'intermédiaire des marchés anglais. Sur le chemin de fer transcaspien se concentrent encore les laines du *Khorassan* (2) et de la Perse orientale, ainsi que de rares stoks venant de

(1) Dans la seule province du Ferganah on ne compte pas moins de deux cent quarante-cinq usines à décortiquer le coton.

(2) Celles-ci sont fort belles et l'on attribue leur qualité aux

la lointaine Kachgarie, dont les moutons se rapprochent sensiblement du type mérinos.

A côté de cette laine vulgaire il faut citer la grande richesse de la Boukharie, le mouton de Karakul, dont l'agneau non encore sevré donne la fourrure si appréciée, désignée en France sous le nom *d'astrakan*. Ces moutons vivent dans les prés salés qui avoisinent la ville de Karakul, où le Zerafchàne se perd, ainsi que dans ceux qui bordent l'Amou Dariah. Ils assurent des revenus énormes aux marchands du bazar de Boukhara; ceux-ci vont chercher les peaux chez les indigènes et les expédient ensuite par quantités considérables à la foire de Nijni-Novgorod.

Les chèvres et les chevreaux si abondants dans l'Asie centrale sont utilisés pour leurs peaux, objet d'un commerce assez important avec l'Angleterre et Hambourg.

Les peaux fournies par les immenses troupeaux de chevaux des Kirghises sont très appréciées sur le marché européen, à cause de leur poids; de plus, la plupart des animaux dont elles proviennent n'ont pas travaillé et sont employés presque exclusivement à l'alimentation; aussi ces peaux ne présentent-elles pas les traces de blessures qui constituent des tares très préjudiciables à l'opération du tannage.

Les chevaux des régions de Tachkend, de Tchimkend et de la Sibérie méridionale joignent à toutes leurs qualités, celle d'avoir des crins de crinière et de queue d'une longueur exceptionnelle; ils font prime en Occident bien qu'ils n'y soient encore importés que par faibles quantités.

prés salés de cette région, où le sel n'est cependant pas assez abondant pour anéantir toute végétation, comme il n'arrive que trop souvent en Asie centrale.

Pour en finir avec les ressources animales du Turkestan, citons le chameau à deux bosses de l'Asie, dont la laine épaisse est utilisée par les indigènes pour faire des feutres et qui, dit-on, est également employée par certains manufacturiers anglais.

Les richesses de la montagne ne le cèdent en rien à celles de la plaine, et l'importance minière du pays paraît devoir être un jour considérable.

Mais là, tout est encore à la période de début; cependant le témoignage des historiens et les traces laissées dans le Ferganah, surtout par les anciennes exploitations chinoises, sont là pour témoigner de la prospérité passée.

Les produits minéralogiques, dont les prospections ont révélé l'existence au Turkestan, sont très nombreux. A côté des pierres précieuses, rubis, émeraudes, topazes, cristal de roche, lapis-lazuli, turquoises, ou rencontre d'importants gisements de cuivre, de fer, de plomb argentifère, de zinc, de naphte, d'ozochérite (1), de soufre, de cinabre, de mica et d'amiante; tout cela est encore à mettre en valeur.

Enfin, tout récemment, la découverte a été faite du seul produit, manquant au Turkestan, pour assurer l'exploitation de ses richesses métallurgiques et permettre au gouvernement d'arrêter, d'une façon efficace, le déboisement qui menace de ruiner le pays. L'existence d'importants gisements de houille a été reconnue dans le Ferganah, notamment dans les environs de Marghelan, et leur exploitation a déjà été commencée par une société française.

(1) **Cire minérale.**

Ce qui manque encore à ce pays, pour assurer **sa** vitalité et ses progrès, ce sont les capitaux.

La Russie ne peut rien faire par elle-même dans cette région; elle ne dispose même pas de sommes suffisantes pour mettre en valeur son propre territoire. Quant aux capitaux européens en général, ils sont soumis à des fluctuations, à des alternatives d'engouement et de dédain aussi peu justifiées les unes que les autres, et qui font peu d'honneur à l'intelligence de ceux qui les détiennent. Une passion folle, irréfléchie, pour les affaires russes s'était emparée de l'esprit des capitalistes d'Occident, et particulièrement des Belges et des Français; elle a fait place à un découragement également injustifié et extravagant. Cet état d'âme ne sera qu'éphémère; c'est un des caractères particuliers de la psychologie de presque tous les gens d'affaires.

Il ne faudrait pas croire que les grands mouvements financiers soient toujours le résultat d'études approfondies, de sages calculs. Les hommes d'argent sont un peu de la race des moutons de Panurge; ils se précipitent sans grande réflexion là où l'un d'entre eux, désigné par la vogue, a ouvert la voie, et le *vulgum pecus* des petits capitalistes les suit aveuglément.

Malgré ces difficultés multiples que l'on observe du reste dans tous les pays neufs échappant à la compétence des financiers, le commerce de l'Asie centrale suit une marche sans cesse croissante. Non seulement cette région fournit à la métropole et à l'Europe un stock important de matières premières, mais encore elle sert de débouché aux produits manufacturés de la Russie; grâce à l'aide de droits protecteurs bien entendus ceux-ci ont pu vaincre la concurrence étrangère. Cette suprématie industrielle et commerciale des manufactures moscovites s'est étendue aux pays avoisinants.

Grâce au chemin de fer transcaspien, grâce aussi à la route carrossable qui unit Askhabad à Mesched, la capitale du Khorassan, la Russie bat l'Angleterre sur le marché persan. Dès 1896, le rapport du vice-consul d'Angleterre à Mesched ne permettait plus d'en douter. Il proclamait déjà la victoire des draps, des calicots, des indiennes, de l'andrinople, manufacturés à Moscou ; il en est de même pour le coton, le sucre, etc. Seuls, les toiles et *filés* de coton anglais, la gloire de Manchester, peuvent soutenir la lutte, et encore leur défaite prochaine est-elle à prévoir.

Le succès commercial de la Russie en Asie centrale est donc très probable ; quant à son triomphe politique il fait encore moins de doute. Infailliblement la Perse et l'Afghanistan doivent un jour ou l'autre tomber sous l'autorité des tsars, et dès lors les destinées des Indes seront entre leurs mains.

Nous avons dit que l'Angleterre avait essayé de créer des obstacles à la conquête de l'Asie centrale par la Russie. Depuis, cette lutte sourde et opiniâtre n'a pas cessé. Tous les moyens ont été employés par le gouvernement anglais ; à force de promesses et de dons, il a cru s'assurer du concours et de l'alliance de l'émir d'Afghanistan, dont les états devaient servir de tampon entre les deux adversaires : vain expédient. L'autorité de l'émir est plus factice que réelle. Comme chez tous les monarques orientaux, sa vie et son pouvoir sont soumis aux plus imprévus des hasards ; de plus, la duplicité et la mauvaise foi afghanes sont légendaires. Au jour du danger, l'émir, si chèrement acheté, n'hésitera pas un seul instant à abandonner ses alliés pour embrasser le parti du plus fort.

Afin d'être en meilleure posture pour recevoir l'ennemi, l'Angleterre a voulu reculer vers l'ouest les limites de son empire indien ; elle a achevé péniblement la conquête de la rive droite de l'Indus, au prix de luttes interminables avec les Afridis, au cours desquelles la cavalerie de Saint-Georges a fait d'heureuses opérations. Elle pense ainsi s'être rendue maîtresse de la passe de Khaïber qui mène à Kaboul et que couvre le camp retranché de Peschawer. Ruinant le trésor de l'Inde par de coûteuses campagnes, elle s'est emparée du Tchitral et a poussé ses bataillons jusqu'au pied du Pamir et de l'Hindou Koush. Précaution inutile, peine perdue ! Nul ne peut échapper à son destin et celui des possesseurs de l'Inde a toujours été d'être dépossédés par des gens venant de l'Asie centrale, comme, dans le cours des siècles, nous le montre l'histoire du Turkestan (1).

Au surplus, il n'y a là ni mystère ni miracle ; pour s'en convaincre il suffit d'examiner la situation réciproque des deux adversaires.

Grâce à la voie ferrée qui, remontant le Mourghab, va de Merw à Koushk, les avant-postes russes sont à quatre-vingts kilomètres d'Hérat, clef de la route des Indes. Derrière ces avant-postes, se trouve l'armée du Turkestan, c'est-à-dire près de cinquante mille

(1) Les conquêtes de Dupleix, puis celles des Anglais au dix-huitième siècle ont bénéficié de la décadence profonde de l'Asie centrale ; elles ne sont qu'une exception dans l'histoire des conquêtes successives de l'Inde. La domination russe a rendu à l'Asie centrale son ancienne puissance, et fatalement les événements doivent reprendre leur cours.

hommes aguerris (1), endurcis aux privations et aux rigueurs du climat, tous de race européenne, sobres et donnant le maximum d'effort pour le minimum de dépenses en approvisionnements. A la nombreuse cavalerie cosaque, qui compose l'avant-garde de cette armée, se joignent les milices turkmènes, dont le nom seul suffit encore à répandre la terreur.

Derrière ce premier échelon, c'est le puissant corps d'armée de Tiflis, puis l'immense réservoir d'hommes que constitue la Russie d'Europe. Grâce au réseau des voies ferrées, grâce surtout à la ligne nouvelle qui, longeant la Caspienne, va de Petrowsk à Bakou la mobilisation rapide de toutes ces troupes est maintenant assurée, et, sur un ordre du pouvoir central, c'est un véritable torrent d'hommes qui se précipitera sur l'Afghanistan (2).

Voyons maintenant quelles forces l'empire anglais des Indes peut opposer à cette gigantesque poussée. En ne tenant compte que de l'apparence extérieure des choses, on constate que l'ensemble de l'Hindoustan renferme près de 700,000 soldats. Un examen un peu attentif réduit, dans d'énormes proportions, ce chiffre considérable.

En effet, de cette masse de soldats, il faut déduire immédiatement 350,000 hommes qui représentent les troupes irrégulières des princes indigènes, auxquels les Anglais ont laissé les apparences de l'indépendance.

(1) Ces effectifs sont considérablement augmentés depuis quelque temps.

(2) Les chemins de fer russes qui, traversant la Perse, doivent réunir le Caucase au golfe Persique et à la frontière du Beloutchistan, constitueront une nouvelle et précieuse voie d'invasion pour les Russes.

Ces troupes mal armées, sans instruction, ont une valeur militaire à peu près nulle, elles constitueraient en cas de guerre plutôt un danger qu'une aide, car leur fidélité est des plus douteuses.

Retranchons encore près de 50,000 hommes de la police indigène, éléments peu sûrs et, en tout cas, tout à fait impropres à un service actif.

Nous en sommes réduits à 300,000 hommes ayant une instruction militaire suffisante et méritant véritablement le nom de soldats. Cette armée se répartit en trois classes : les troupes européennes, les troupes indigènes et les réserves.

Les troupes européennes, que l'Angleterre entretient aux Indes, s'élèvent au chiffre de 77,000 hommes qui constituent la base la plus solide de la puissance britannique dans le pays.

Elles sont recrutées dans la métropole par voie d'engagement volontaire, ainsi qu'il est de règle dans l'armée anglaise. Les hommes sont choisis avec le plus grand soin, ils sont admirablement équipés et installés ; en outre leur instruction militaire passe pour être supérieure à celle que reçoivent les autres soldats anglais. C'est donc une troupe d'élite, quoique non exempte des défauts ordinaires des armées britanniques.

Les *Native Troops* ou corps indigènes comprennent 133,000 hommes, tous recrutés par voie d'engagement volontaire, parmi les différentes populations de la péninsule, et particulièrement des vallées de l'Indus et du Gange. Cette armée indigène se compose presque exclusivement de cavaliers et de fantassins. Depuis la terrible révolte des Cipayes de 1858, les Anglais confient l'artillerie aux troupes européennes. Ces soldats indigènes, très bien équipés et instruits avec soin, sont commandés par des officiers anglais choisis parmi les meilleurs élèves de l'école militaire de Sandhurst. Ceux-ci doivent passer deux examens spéciaux avant d'être admis à l'honneur de faire partie de l'*Indian Staff Corps*. Ils font alors toute leur carrière aux Indes et reçoivent des traitements fort élevés ; ce corps d'officiers constitue une élite très remarquable, quoiqu'on puisse leur reprocher, comme à leurs autres camarades de l'armée britannique, d'être peu préparés à la lutte contre les armées européennes.

A ces troupes indigènes, il faut encore ajouter 30,000 hommes de l'*Imperial Service Troops* et 40,000 des **Subsidiary forces,** levés et soldés par les princes hindous, instruits et commandés par des officiers anglais.

A l'imitation de ce qui se passe dans la métropole, on a institué dans les troupes indigènes une réserve dont le chiffre s'élèverait à 25,000 hommes ; mais son organisation est encore très rudimentaire et sa valeur plus fictive que réelle.

On peut en dire autant du corps des 25,000 *volontaires* créés à l'image de ceux de la mère patrie, en ajoutant cette circonstance aggravante, que leur instruction militaire peut être regardée comme nulle.

En résumé, de cette masse de soldats, les seuls éléments vraiment utiles sont constitués par les troupes anglaises et les troupes indigènes régulières. Les premières ne sont pas toutes utilisables pour une guerre étrangère ; une bonne moitié doit être conservée pour garder et surveiller le pays. Quant aux corps indigènes, nous dirons tout à l'heure les réserves qu'il faut faire sur leur fidélité.

Évidemment des troupes peuvent être envoyées de la

métropole; mais l'Angleterre est loin et la Russie, grâce au chemin de fer, est proche. Dans la lutte future, la marine ne comptera pas et toutes les manifestations de la flotte anglaise ne compenseraient pas la marche d'une sotnia de cosaques; enfin les monts de l'Hindou Koush et du Pamir, malgré leurs formidables massifs, ne valent pas comme défense les quelques kilomètres de mer qui séparent Calais de Douvres.

Nous avons énuméré les qualités précieuses de l'armée anglo-indienne, mais elle a de nombreux défauts, dont quelques-uns sont considérables. Le nombre des bouches inutiles, qu'elle traîne derrière elle, est énorme et ne fait qu'accroître la besogne déjà difficile de l'intendance. Les troupes européennes sont suivies par un grand nombre de domestiques; ce nombre devient plus grand encore lorsqu'il s'agit des soldats indigènes. En effet, pour les hommes appartenant au culte brahmanique, ceux dont la fidélité est la moins douteuse, on se trouve en présence de difficultés insurmontables; le combattant, recruté dans la caste des guerriers, ne consentira jamais à faire autre chose qu'à se battre. Il lui faut un nombre relativement élevé d'aides, auxquels leurs castes permettent de se livrer à tous les travaux accessoires d'une armée en campagne.

Tous ces gens veulent être suivis par leurs femmes qui ne rendent aucun service. Tous réclament une nourriture particulière, préparée d'une façon spéciale, qui, seule, peut la rendre pure à leurs yeux. On voit qu'il y a là de quoi affoler l'administration la plus sage et la mieux réglée.

Nous avons présenté les adversaires au lecteur, examinons maintenant de quelle façon peut s'effectuer la lutte. Le colonel Lebedef, dans son livre intitulé : *Vers l'Inde*, l'a résumé de la façon la plus claire et la plus précise. Il est de toute évidence que les Russes ne tenteront pas d'attaquer de front le formidable massif de l'Hindou Koush et d'envahir la partie la plus montagneuse et la plus difficile de l'Afghanistan, la province de Kaboul, par la passe de Bamian. Ils contourneront l'obstacle par l'ouest. C'est Hérat qui sera leur première étape : la voie ferrée de Merw à Koushk leur en permet la facile conquête, et la toute-puissance qu'ils ont acquise en Perse assure la tranquillité de leur flanc droit.

D'Hérat, la marche des armées du tsar se poursuivra vers Kandahar, et là elles n'auront plus devant elles que les massifs relativement peu élevés des monts Souliman, qui les sépareront de l'Indus; c'est un obstacle insuffisant pour arrêter ces troupes d'élite.

Évidemment ces marches seront dures et pénibles; les habitants, même en admettant qu'ils voient plus favorablement les Russes que les Anglais, pourront créer de grandes difficultés aux colonnes des envahisseurs; les perfidies et les trahisons des Afghans sont légendaires depuis des siècles; mais lorsque l'on connaît l'endurance et l'opiniâtreté des troupes russes, il est permis de croire que ces obstacles ne seront pas invincibles.

Comment cette marche pourra-t-elle s'effectuer? Sera-ce d'un trait ou par étapes successives, ou encore par cette invasion lente, insensible, coutumière aux Russes, et que l'on a très heureusement qualifiée d'*endosmose*. On ne peut le dire, mais elle s'effectuera, et même, si elle se produisait sous cette dernière forme, la plus bénigne en apparence, elle n'en serait que plus terrible, et l'Angleterre se trouverait fort désarmée pour l'arrêter.

Admettons le cas le plus probable, celui de la lutte violente ; que fera le gouvernement britannique ? Deux plans sont, paraît-il, en présence. Le premier consiste à aller combattre l'envahisseur au delà de Kandahar, en territoire afghan ; mais alors, comment ravitailler et faire vivre, dans ce pays difficile et pauvre, les masses si nombreuses et si exigeantes que forment les armées anglo-indiennes ? Le second, plus sage et attribué à lord Roberts, se résume dans l'abandon des positions avancées et dans la défensive sur l'Indus. Évidemment, bien des difficultés se trouveraient aplanies, mais ce serait jouer la partie sur une seule carte ; en cas d'échec on s'exposerait à un soulèvement immédiat et terrible des populations de l'Inde.

Il est en effet temps de revenir sur la question si délicate de la fidélité des Hindous à l'autorité britannique. Lorsque les Anglais eurent assis leur domination sur les Indes, ils se trouvèrent en présence d'une population divisée en deux éléments fort distincts et hostiles l'un à l'autre. D'une part les brahmanistes, représentant plus particulièrement l'élément autochtone, habitués depuis longtemps à toutes les dominations, et rendus impuissants par leurs divisions et leurs haines de castes ; d'autre part les musulmans, élément vigoureux, énergique et vaillant, subissant sans cesse l'influence des autres pays de l'Islam. Il était presque impossible de concilier les deux, il fallait donc s'appuyer sur l'un pour dominer l'autre : c'est ce qui fut fait.

Les brahmanistes semblaient les plus dociles ; la crainte qu'ils avaient des musulmans paraissait être une garantie de fidélité ; aussi furent-ils choisis comme point d'appui.

L'autorité anglaise s'aliéna ainsi toutes les populations musulmanes de l'Indus et du Gange. Peut-elle se fier à l'élément brahmaniste ? oui, tant que la puissance semblera résider dans les mains de l'Angleterre ; mais si la chance tourne, tous ces gens, habitués depuis si longtemps aux dominations étrangères, se résoudront peut-être aisément à changer de maîtres.

Toujours est-il que le manque de fidélité des populations de la vallée de l'Indus, si importante au point de vue militaire, est notoire et évidente.

Alors que nous étions en Asie centrale, un compatriote, M. Noblemaire, lieutenant d'artillerie, visitait Peschaver, la grande forteresse anglaise, la tête de ligne des caravanes qui vont de l'Inde au Turkestan. L'autorité britannique ne voulut pas lui laisser visiter le bazar sans la compagnie d'une dizaine de policemen, qui devaient lui faire un rempart de leur corps. Le pays était si peu sûr, qu'un capitaine anglais, peu de temps auparavant, avait été, en plein jour, sur le quai de la gare, assassiné par un fanatique. De tels faits étaient, paraît-il, constants. Or dans ce bazar de Peshaver on rencontre les mêmes éléments de population que dans ceux de Samarkand et de Boukhara, où nous nous étions promenés dans la plus parfaite sécurité, seuls, sans escorte, à toute heure du jour et de la nuit.

Un tel rapprochement en dit assez long et suffit à montrer quelles conséquences terribles aurait le moindre échec des troupes anglaises, sur cette frontière, dans cette lutte dont nous venons d'énumérer les phases probables.

Les musulmans ne nourrissent pas la même haine à l'égard des Russes. Évidemment ceux-ci sont des infidèles et doivent exciter la légitime suspicion d'un bon croyant; mais la tolérance qu'ils ont témoignée vis-à-vis des sectateurs du Prophète, le bien-être, la sécurité dont jouissent en Asie centrale tous les mahométans, prêtres ou laïcs, l'estime que leur a procurée leur valeur militaire, ont beaucoup adouci les choses; ce sont, après tout, des maîtres acceptables.

Ces considérations ne sont pas les seules qui militent en leur faveur. Le tsar jouit, dans tous ces pays d'Asie, d'une renommée et d'une puissance légendaires qu'il faut expliquer.

Il constitue un des personnages mythiques dont on retrouve des traces dans des légendes turkes et mongoles fort antérieures à l'établissement du pouvoir des empereurs de Moscou. Dans les temps les plus reculés, les nomades, encore païens, croyaient que le monde était composé de cinq éléments : la terre, le bois, le métal, le feu et l'eau. Ces cinq éléments étaient incarnés dans cinq personnages légendaires : l'empereur jaune au centre, l'empereur bleu à l'est, l'empereur rouge au sud, l'empereur noir au nord, et l'empereur blanc à l'ouest.

Le tsar est l'empereur blanc, son existence et sa puissance font donc, aux yeux de tous, partie de l'ordre juste et normal des choses; c'est pourquoi les Turks continuent à l'appeler *Ak Padishah*, et les Mongols, *Tchaghan Kaghan* (1).

Mais il y a plus, le tsar est encore l'héritier de Gen-

_______

(1) Ces deux mots, nous l'avons déjà dit, signifient en turk et en mongol empereur blanc.

giskhan; une légende, recueillie par le général Prje-
valsky, va nous en donner l'explication. Un jour, le
grand empereur mongol était à la chasse, il rencontra
un chasseur russe.

« Qu'as-tu tué, lui demanda-t-il.

— Je chasse depuis plusieurs années et je n'ai tué
qu'un loup; mais ce loup dévorait chaque jour des
dizaines d'hommes et un grand nombre d'animaux,
répondit le Russe.

— Si tu as fait cela, tu es un brave et je te promets
tout ce que tu désireras, répondit le Khan.

« Le chasseur choisit la plus aimée des femmes du
conquérant, et celui-ci, esclave de sa parole, la lui
donna. » Il lui fit, en plus, don d'une des huit bannières
blanches qu'il avait reçues du ciel.

On ignore ce qu'est devenu le chasseur; mais ce
que l'on sait bien, sous les *yourtes* des nomades, c'est
que l'étendard blanc du grand empereur mongol est
aujourd'hui entre les mains du tsar blanc : on le voit
du reste flotter à la tête de ses armées, portant la croix
bleue de Saint-André.

Ces légendes et ces croyances sont articles de foi
chez tous les nomades et chez beaucoup de sédentaires.
Dans la province d'Ordos, au centre du coude formé
par le Hoang-Ho, au nord de la province chinoise du
Chen-Si, se trouve le tombeau de Gengiskhan. Il est
gardé par des chefs mongols portant les titres militaires
institués par le conquérant. Le grand empereur repose
dans un cercueil, conservé sous une tente de feutre; il
n'est point mort, il dort et son sommeil doit durer en
tout de huit à dix siècles; donc, dans deux ou trois
cents ans, il se réveillera et, avec ses fidèles sujets,
recommencera la conquête du monde.

La dynastie mandchoue, qui règne actuellement en Chine, respecte cette légende, et tous les ans, le 21ᵉ jour de la 3ᵉ lune, anniversaire de la mort de Gengiskhan, l'empereur de Pékin envoie solennellement, au lieu de sépulture, le *Livre du fort et du vaillant*, où sont relatés les hauts faits du héros mongol.

Le tombeau est invisible toute l'année; conformément au *Vassak* qui consacrait la suprématie laïque de l'empereur, aucun prêtre n'est admis à le voir; c'est en vain que certains missionnaires ont essayé de le visiter.

A la fête de l'anniversaire dont nous venons de parler, la foule des anciens sujets de Gengiskhan est admise à contempler le cercueil du grand empereur (1) et certains objets lui ayant appartenu et que

(1) Il est contenu sous une grande tente de feutre blanc, accolée à une autre plus petite réservée aux cérémonies et richement tendue de soie. Le cercueil est en argent massif orné de rosaces gravées : il est posé à même sur le sol. A côté est la selle et le sabre du conquérant : ce ne sont que des reproductions, les originaux sont cachés en lieu sûr. Le Khan de Van, qui se dit le trente-septième descendant direct de Gengiskhan, possède la selle véritable en or massif, qui a, paraît-il, la forme de toutes les selles mongoles encore en usage : le pommeau est orné de deux dragons, qui, d'après la légende, s'animaient pendant les batailles et déchiraient les ennemis. Le jour de la fête, on sacrifie un cheval, un coq et un mouton. Un homme, durant toutes les cérémonies, reste enterré jusqu'au cou, sans nourriture, avec une bride de cheval entre les dents : c'est là une tradition qui rappelle la punition infligée par Gengiskhan à un soldat qui avait volé le poteau d'or placé devant sa tente et où il attachait son cheval. On transporte devant son cercueil, pour cet anniversaire, une série de reliques gardées en différents points du pays : la selle, l'arc, les restes de son cheval de guerre, les cendres de son écuyer et de sa deuxième épouse. Quant à son étendard, il est planté au milieu du désert, à cinquante lieues au sud du tombeau : la hampe est en

l'on conserve comme des reliques. Les chefs mongols, qui ont la garde du tombeau, sont parfaitement au courant de l'histoire de leur maître défunt. Un jour, un Russe, le capitaine Potanine, passant par ce pays, se vit refuser l'accès du tombeau, sous prétexte qu'étant ancien sujet de l'empereur mongol et de la même race que lui, il ne pouvait être admis à contempler le cercueil qu'avec les autres, à la fête de l'anniversaire (1).

Ainsi, pour tous ces gens, le tsar et les Russes sont des héritiers de Gengiskhan, et il est légitime qu'avant le réveil du grand empereur, ils cherchent à reconstituer l'empire.

Ces légendes un peu naïves sont des plus intéressantes; elles expliquent en partie la facilité de la conquête russe et, grâce à elles, on comprend pourquoi les musulmans de l'Asie centrale acceptent aisément cette domination. Leurs coreligionnaires de l'Inde pourront se rallier un jour à cette tradition et faire ainsi défection à l'Angleterre.

En Extrême-Orient, où les événements se précipitent actuellement et prennent un caractère si aigu, ces légendes nous permettent de comprendre pourquoi, lorsque les troubles présents seront passés, l'hégémonie russe s'établira fatalement sur la Chine du nord, qui fut toujours entre les mains de dominateurs, mongols de race (2).

*

bois noir et le fer qui la surmonte ne se rouille jamais. La terreur qu'il inspire est telle que personne n'ose y toucher.

(1) Un Français, M. Bonnin, fut plus heureux : il put contempler le cercueil, le Yassak n'ayant pas prévu le cas d'un étranger laïque.

(2) Depuis que ces lignes sont écrites, les événements se sont chargés de confirmer ce que nous avançons; partout dans la Chine

La Chine du sud, la Chine vraiment chinoise, opposera par contre la plus grande résistance; l'Europe s'épuisera en vain à vouloir l'absorber : cette tâche est impossible. Toutes les victoires militaires ne donneront jamais que des résultats éphémères; les empereurs mongols du treizième siècle, qui avaient réussi à conquérir la Chine du sud, ont été absorbés par elle et sont devenus chinois. Or, les Européens ne deviendront pas chinois, donc ils échoueront là où tout le monde a échoué.

Quel que soit l'avenir, il est intéressant de constater que les destinées du monde asiatique sont encore régies par l'œuvre de Gengiskhan, et que c'est sous l'égide de la bannière mongole que l'aigle moscovite vole à la conquête de l'Asie.

du nord, les Mongols se sont rendus, d'eux-mêmes, auprès des autorités russes pour faire leur soumission. Un des hommes qui connaissent le mieux l'état d'âme de la Chine, M. Marcel Monnier, dans un livre intitulé : *le Drame chinois*, conclut également au triomphe facile et final de la Russie dans la portion septentrionale du Céleste-Empire.

FIN

# TABLE ANALYTIQUE DES MATIÈRES

## CHAPITRE III
### MERW — L'AMOU DARIAH



## CHAPITRE IV
### SAMARKAND — LES SARTES



## CHAPITRE V
### SAMARKAND — LES VESTIGES DU PASSÉ

# TABLE DES GRAVURES

PARIS

TYPOGRAPHIE PLON-NOURRIT ET C$^{ie}$

Rue Garancière, 8,